上海对外经贸大学马克思主义学院马克思主义理论学科建设系列

生态批判与生态唯物史观

福斯特与奥康纳的
生态学马克思主义思想
比较研究

何山青 著

图书在版编目（CIP）数据

生态批判与生态唯物史观：福斯特与奥康纳的生态学马克思主义思想比较研究 / 何山青著. —北京：中央编译出版社，2022.9

ISBN 978-7-5117-4234-6

Ⅰ.①生… Ⅱ.①何… Ⅲ.①马克思主义-生态学-研究 Ⅳ.①A811.693

中国版本图书馆 CIP 数据核字（2022）第 139015 号

生态批判与生态唯物史观：福斯特与奥康纳的生态学马克思主义思想比较研究

责任编辑	郑永杰
责任印制	刘 慧
出版发行	中央编译出版社
地　　址	北京市海淀区北四环西路 69 号（100080）
电　　话	（010）55627391（总编室）　（010）55627312（编辑室）
	（010）55627320（发行部）　（010）55627377（新技术部）
经　　销	全国新华书店
印　　刷	北京时捷印刷有限公司
开　　本	710 毫米 × 1000 毫米　1/16
字　　数	236 千字
印　　张	17.5
版　　次	2022 年 9 月第 1 版
印　　次	2022 年 9 月第 1 次印刷
定　　价	85.00 元

新浪微博：@中央编译出版社　　　微　信：中央编译出版社（ID: cctphome）
淘宝店铺：中央编译出版社直销店（http://shop108367160.taobao.com）　（010）55627331

本社常年法律顾问：北京市吴栾赵阎律师事务所律师　闫军　梁勤
凡有印装质量问题，本社负责调换，电话：(010) 55626985

谁是真正的生态学马克思主义者
（代序言）

在西方生态学马克思主义形成、发展的过程中，有两个非常有代表性的学者，一位是詹姆斯·奥康纳（James O'Connor），另一位是约翰·贝拉米·福斯特（John Bellamy Foster）。近年来，奥康纳和福斯特的生态思想被国内外学界所熟悉，并且有些学者把他们的生态思想归纳为生态学马克思主义重要的两个代表和分支。然而，在约翰·贝拉米·福斯特和保罗·伯克特（Paul Burkett）于2016年出版的《马克思与大地：一种反批判》（*Marx and the Earth: An Anti-Critique*）一书中提出的观点，认为生态学社会主义目前已经发展了三个阶段，即以詹姆斯·奥康纳等学者为代表的第一阶段，以福斯特等为代表的第二阶段和以布雷特·克拉克（Brett Clark）等学者为代表的第三阶段。虽然至今我们没有看到奥康纳的正式回应，但是，显然福斯特正在试图把自己的生态思想与奥康纳做区分，无论这个区分是否客观或是否会被其他学者所认同这已引发学界提出了"谁是真正的生态马克思主义者"的疑问。显然，要回答这个问题并非一件简单的事情。

学界大致形成的基本共识认为，奥康纳和福斯特生态思想分别代表了生态学社会主义的两个阶段，而奥康纳代表的是第一阶段的生态学社会主义，福斯特则代表的是第二阶段的生态学社会主义。换句话说，总体上是认为他们的生态思想无论是在理论逻辑上还是在实践批判逻辑上没有本质上的不同，只有阶段上的差异。当然这样的认知，多少给人有点"眉毛胡子一把抓"的感觉，无法让人感到满意，同时对于我们在新时代建设生态文明，渴望生态文明思想指导的今天，需要通过对生态学马克思主义更加全面、深刻理解汲取其更加丰富的思想启迪而言，也是难以接受的。

我们现在所见到的这部书稿是何山青博士在其博士论文基础上修改、补充和完善而成。何山青博士在攻读博士学位前，便在关注生态学马克思主义经典代表人物的思想流变，进行了相关的研究。特别是，经过攻读博士学业的数年研究、积累，何山青博士对生态学马克思主义流派，尤其是关于福斯特和奥康纳的生态思想有了更多的思考，并经过系统梳理和研究，终于形成了将与读者见面的研究专著。

虽然国内外已出版过同类的研究论著，但是何山青博士的这部专著可以说是一部比较系统全面地对福斯特与奥康纳的生态学马克思主义思想进行比较研究的专著。该著作对福斯特和奥康纳两位学者的生态思想进行系统、全面的比较研究，尤其梳理分析了他们在生态学马克思主义思想方面主要的异同，进而通过以福斯特和奥康纳对马克思生态思想的继承与批判为逻辑起点，全面梳理了他们之间有关马克思生态思想的根源、形成和发展等一系列的理论问题，并对他们的思想进行了评述，试图对"谁是真正的生态马克思主义者"的疑问给出自己的回答。

从整体上看，奥康纳的生态思想侧重于生态政治哲学的方法论，而福斯特的生态思想更多的是侧重政治经济学的方法论。就连福斯特本人也认为他和奥康纳在生态学马克思主义理论方面是不同的，甚至是直接对立的。我们可以关注到福斯特和奥康纳的生态思想的本质区别至少体现在以下几个方面：

一是理论出发点不同。奥康纳的生态思想本质上强调了资本主义的合理性，虽然最后提出了要给资本主义穿上生态学社会主义的外衣，但本质上仍然是非生态马克思主义的。与之相对应，福斯特的生态思想强调对资本主义的全面批判，尤其强调从理论出发点对资本逻辑的批判，实现生态的文明，在本质上是生态马克思主义的。

二是理论发展进路不同。奥康纳的生态思想构建首先是从对历史唯物主义的重构开始的。他甚至认为，马克思在分析关于生产力和生产关系的关系时缺乏文化和自然的维度。社会劳动被奥康纳解释为连接生产力和生产关系的中介，因此，奥康纳认为历史唯物主义在研究社会劳动时还应该增加文化维度和自然维度。奥康纳认为，无论是马克思本人，还是其他的马克思主义者，都没有能够发展出一种理论，来解释由生态危机所导致的资本主义生产条件与生态学社会主义的生产条件之间建立的关系问题。由此，奥康纳指出，我们需要构建出一种资本主义理论，旨在帮助我们客观地分析和反思全球生态环境遭到破坏的问题。这样的理论可以从经济发展、社会运动和政治运动等方面进行反思，同时基于日常经验领域开展包括生态维度、政治经济学维度和社会学维度的理论批判。然而，福斯特（阵营）研究马克思生态思想的目标是"揭示生态内容在历史唯物主义的早期发展过程中的关键性地位，为历史唯物主义的生态批判奠定基础"。福斯特对马克思的生态思想的挖掘和构建采用了对思想史研究的方法，他研究了从旧唯物主义到新唯物主义中有关生态思想的几乎所有重要的代表人物。福斯特认为，唯物主义理论对于化解当今生态危机是至关重要的，而马克思的历史唯物主义正是这样一种对生态危机的解决有益的唯物主义，它不仅解释了生态危机的根源，而且提出（隐含）了解决问题的方案——发动生态革命，推翻资本主义制度。正如 M. 卡德（Maarten de Kadt）和 S. E. 马洛（S. E. Mauro）指出的那样，福斯特通过著作《马克思的生态学》（*Marx's Ecology*：*Materialism and Nature*）的理论贡献是："福斯特以马克思时代的科学为背景，从思想史的角度考察了马克思科学思想的发展过程，追溯了马克思和恩格斯为现代生态思想的发展所做出的贡献。"福斯特代表的是第二阶段的生态学社会主义，这个阶段的思想家从方法论角度来讲，都是力争回到马克思的文本，从经典马克思主义著作中挖掘生态思想，并赋予马克思主义以生态维度，这个阶段的思想家可以称得上是马克思主义者。

三是对生态危机根源的判断不同。奥康纳从社会基本矛盾角度出发，指出生态危机的根源在于资本主义的第二重矛盾，而第二重矛盾的本质是资本主义的生产不足。在当今的资本主义社会中，资本不仅要面对各种上升的成本，而且还有不景气的市场需求，也就是说，资本要同时面对双重矛盾。在奥康纳看来，"第一重矛盾"描述了这样一个事实：资本主义的生产不仅包括商品的生产，而且还包括剩余价值的生产，资产阶级通过生产对无产阶级进行剥削。对无产阶级劳动的剥削引发了阶级斗争和经济危机，而经济危机被称为"资本的生产过剩"，传统马克思主义对经济危机的探讨焦点往往在于交换价值。奥康纳认为，"第二重矛盾"恰恰与之相反，当今世界资本主义中不仅存在资本的生产过剩的危机（经济危机），也存在资本的不充分发展的危机（生态危机）。危机不仅来源于传统马克思主义所说的需要的层面，也来源于生态学马克思主义所说的成本的层面。福斯特则认为生态危机的根源是资本主义制度（或资本逻辑），由此，他从政治经济学角度对生态危机进行了深刻的揭露和批判。福斯特强调，自然科学家们尽管采用各种办法来警告大众认识人类和自然所面临的生态危机，然而危机的根源始终没有触及，因为科学家们并没有深入研究生态危机与人类社会之间的内在关联。福斯特指出，只有认清资本积累在资本主义制度发展中的关键地位和性质，我们才能更加清晰地认识全球生态危机的本质。

四是解决生态危机的出路不同。如何重建人类与自然的可持续发展关系？奥康纳认为只有国家才有这个控制力和协调力，正如奥康纳强调的"在市民社会的民主化控制之下，国家将会成为重建自然界，以及重建我们人类与自然界之间的关系的基础"。从奥康纳的论述中，我们不难看出，一方面，他通过提出资本主义的第二重矛盾，进而重建马克思的生态思想和历史唯物主义为当今资本主义制度辩护；另一方面，他通过提出生态学社会主义，给人们以假象，认为资本主义制度只要通过发动几次社会民主运动就可以得到（脱胎换骨式的）改良，解决生态危机。

福斯特代表的第二阶段的生态学社会主义（或者说是生态马克思主义）提出，生态危机的解决途径只能是通过生态革命，全面地否定资本主义制度（或资本逻辑），最终实现生态文明。福斯特认为生态革命可以被划分为两种主要途径：一是被描述为生态工业革命的一种新型的工业革命，它几乎完全通过技术手段，例如更加有效的能源系统，从而为社会的可持续发展创造基础。另一种是更为彻底的生态社会革命，一方面以技术手段为依托，另一方面更重要的是改变人与自然之间的关系，进而改变基于目前生产关系的社会构成。这是一个可持续性的人类发展过程。它实行的是走向平等和公有的生产、分配、交换和消费方式，从而打破占据主导地位的社会秩序的逻辑。目标不是进一步扩大人类与自然之间的新陈代谢的断裂间隙（当前世界经济以此为特征），而是恢复到更加有机和可持续性的社会（生态）关系。这些革命包括基于文化革命以及经济和社会革命基础之上的文明转型。福斯特强调，一种真正的生态革命，将同时也是一种社会和文化的革命。它需要在全球社会的每一个层面上实现平等，同时根据真正的需要理性地组织生产。

总之，作为生态马克思主义者，福斯特描绘的生态革命是以实现人与自然和谐共处的生态社会为目标。在这个社会里，人类的物质资料的生产不是为了利润的增长，不是为了商品积累，不是在资本逻辑的驱使下无限制的发展，而是为了全人类和地球实现的内在的、共同的和可持续的新陈代谢；在这个"共同的"共同体社会里，人类在每一个层面实现了真正的平等，消除了纯粹的个人经济交换，实现了"各尽所能，按需分配"。

欧阳光明

2022年6月于上海

前　言

生态学马克思主义是北美马克思主义哲学的典型形态，也是美国马克思主义最具有原创性的方面。它是北美马克思主义哲学家们贡献于世界的新的马克思主义哲学形态。福斯特的生态唯物主义与奥康纳的资本主义的"双重矛盾理论"分别在生态和历史的层面上对马克思主义的生态观进行了解读和构建，揭示了马克思主义生态理论对于我们思考和解决全球化时代的生态问题的重要意义。**福斯特与奥康纳的生态学马克思主义理论分别代表了目前西方理论界的最新和最高水平，尤其是在生态学马克思主义理论研究方面做了开创性的工作**。因此，针对他们生态思想的研究必然是具有重大的价值。

本书系统地研究了福斯特与奥康纳的生态思想。他们的生态思想分别代表了生态学社会主义的两个阶段，奥康纳代表的是第一阶段的生态学社会主义，福斯特代表的是第二阶段的生态学社会主义。他们构建的生态思想都是建立在对传统历史唯物主义的批判的基础上展开的，但是无论是理论出发点、理论发展进路和对生态危机根源的判断，还是提出解决生态危机的路径都有本质的不同。

福斯特侧重**哲学范式和政治经济学范式**，而奥康纳侧重**政治经济学范式**。福斯特和奥康纳的生态学马克思主义思想本质区别体现在以下几个方面：

1. 两者的理论出发点不同：福斯特的生态思想本质上是反资本主义的，其理论出发点是为了颠覆资本主义制度（或资本逻辑），实现生态文明；奥康纳的生态思想本质上是为了维护资本主义的合理性，是为了改良资本主义，是为了资本主义发展得更好，通过重构历史唯物主义，最后提出了给资本主义穿上生态学社会主义的外衣。

2. 两者的理论发展进路不同：福斯特代表的是第二阶段的生态学社会主义，这个阶段的思想家从方法论角度来讲，都是力争回到马克思的文本，从经典马克思主义著作中挖掘生态思想，并赋予马克思主义以生态维度，这个阶段的思想家可以称得上是马克思主义者；而奥康纳代表的是第一阶段的生态学社会主义，他的研究进路是首先否定马克思包含生态思想，并且在提出生态危机的根源时，提出了资本主义的第二重矛盾，这样的思想家充其量只能称作改良的资本主义者，而不能称作马克思主义者。

3. 两者对生态危机根源的判断不同：福斯特认为生态危机的根源是资本主义制度（或资本逻辑），由此，他从政治经济学视角对生态危机进行了深刻地揭露和批判；奥康纳认为生态危机的根源是资本主义的第二重矛盾，他从政治哲学视角分析了生态危机产生的原因。

4. 两者关于生态危机的解决出路不同：福斯特代表的第二阶段的生态学社会主义（生态学马克思主义）提出，生态危机的解决途径只能是全面地否定资本主义制度（或资本逻辑），发动生态革命，最终实现生态文明；奥康纳代表的第一阶段的生态学社会主义认为生态危机的解决可以通过发动社会民主运动（新社会运动），例如环保运动、女权主义运动和社区/城市运动等新社会运动，是对资本主义制度的改良，最终实现生态学社会主义（改良版的资本主义）。

5. 研究两者对马克思主义理论创新的意义：福斯特和奥康纳的生态思想启示我们，要建设生态文明必须有正确的理论指导，这一理论只能是基于历史唯物主义的，构建中国形态的生态文明理论正是指导我们建设生态文明的科学指南。中国形态的生态文明理论，应当是以马克思主义生态哲学为理论基础，是对生态学马克思主义理论的超越，以构建**"人与自然生命共同体"**为价值诉求的新型生态文明理论。

本书以唯物史观为指导，立足于福斯特与奥康纳的理论文本，坚持文本解读与哲学分析法、比较研究法和历史与逻辑分析法，研究福斯特与奥康纳的生态思想，并通过研究两者的理论论题及其内在联系，揭示其理论逻辑和理论实质。

本书在充分借鉴前人研究成果的基础上，确定了研究对象，更加全面系统地对福斯特和奥康纳的生态思想进行了比较研究，在一定程度上弥补了以往就其中一个学者思想研究的不足；突出历史逻辑和理论逻辑的结合，注重从唯物史观的角度开展研究，在一定程度上弥补了以往偏重范畴研究、个例研究的不足；在文献选择上，注重最新文献的收集和挖掘，在一定程度上克服了以往资料比较陈旧的不足。

本书的**创新点**主要表现在：第一，在**研究对象**上，本书是目前国内**首本**关于福斯特与奥康纳的生态思想比较研究的专著；第二，在**研究视角**上，本书注重对最新文献的运用（更新后的文本出版时间至2020年），并将其放在整个学术流派产生的历史背景当中，再运用唯物史观的思维进行综合的全面的分析研究；第三，在**研究方法**上，注重历史逻辑和理论逻辑的结合，强调史论结合、历史与理论的统一；第四，在**观点结论**上，本书主张无论是福斯特还是奥康纳的生态思想都显示其显著的个性差异，都有其理论价值和实践价值，但也有其需要扬弃的因素。

研究福斯特与奥康纳的生态思想具有重要的**理论意义和实践意义**。**首先**，本书是针对福斯特与奥康纳的生态思想的比较研究，为国内有关生态学马克思主义的研究提供了知识增量，进一步推进了国内学界马克思主义哲学的相关研究，为国内知识界哲学研究提供了一个有益的视角。**其次**，研究两位学者的思想，有助于我们了解西方马克思主义理论的最新发展，旨在构建中国化马克思主义生态理论，从而更好地服务于中华民族伟大复兴的崇高事业。**再次**，福斯特对马克思的新陈代谢断裂理论的建构和奥康纳的资本主义第二重矛盾理论的建构为我们思考人与自然关系、城市与乡村关系等问题提供了哲学上的启发。**最后**，研究福斯特和奥康纳的生态思想为我国的生态文明建设和社会主义生态文明理论的构建提供有益的启发。

本书的研究思路如下：

导论是为了点明选题的背景和依据以及相关概念的界定。主要包括：第一，对生态学社会主义和生态学马克思主义流派的发展脉络做一个简要的梳理，点明本书的写作背景、研究的方向和逻辑起点；第二，相关概念的界定，如生态学、生态学马克思主义、生态学社会主义等；第三，回顾和梳理学术界对福斯特和奥康纳的生态思想的研究现状与未尽之处，从而引出本书的出场。

第一章聚焦福斯特与奥康纳对马克思思想继承的比较。本章主要是从福斯特与奥康纳对马克思生态思想的不同态度为切入点，由此引出他们各自构建的生态思想的理论出发点和逻辑起点，进而从整体上把握他们的生态思想的本质区别。主要形成了以下观点：（一）福斯特通过对马克思文本的分析，发现马克思有深刻的生态思想，提出生态唯物主义的概念，认为辩证唯物主义其核心是生态唯物主义。（二）奥康纳认为马克思的思想中缺乏"生态"的维度，提出为马克思的思想填补"生态学的空白"，引入了"生产条件"这个概念。（三）通过对比，得出结论：福斯特的理论出发点是回到马克思，继承和发展马克思的生态思想；而奥康纳则是通过解构马克思，提出对马克思唯物史观的"重建"。

第二章聚焦福斯特与奥康纳对马克思生态思想解读的比较。本章主要是通过对福斯特和奥康纳生态思想中的核心概念（新陈代谢断裂与第二重矛盾理论）的介绍和分析，进一步呈现他们在解读和解构马克思生态思想方面构建的理论体系。主要形成了以下观点：（一）福斯特通过对马克思文本的深度挖掘和分析，从唯物主义思想史的维度考察了马克思生态思想的形成过程，进而对马克思生态思想进行了深刻阐释。（二）奥康纳通过对"生产条件"的重新诠释，提出了他的"资本主义的第二重矛盾"，以支撑他"重建"历史唯物主义的目的。（三）通过对福斯特和奥康纳的研究进路的对比，得出结论：由于在马克思是否有生态思想方面存在巨大的争议，福斯特和奥康纳对马克思思想的解读和解构形成了鲜明的对比。

第三章聚焦福斯特与奥康纳关于解决生态危机的不同路径。本章主要是介绍和分析福斯特和奥康纳阐述生态危机的解决路径的差异。基于他们对生态危机的产生根源的认识不同，在危机的解决路径上也出现了巨大的差异。主要形成了以下观点：（一）福斯特认为生态危机的产生是资本主义制度和资本逻辑发展的必然结果。他提出通过发动生态革命，消灭资本，实现生态正义，从而最终消除生态危机。（二）奥康纳则认为关于生态危机的根源问题，既有资本积累的原因也有经济危机的原因，它们导致了不同类型和程度的生态问题。为了化解生态危机，他提出了构建生态学社会主义的方案。通过发动广泛的新社会运动或生态运动，资本主义将逐步实现生态学社会主义。（三）通过对比，得出结论：无论是福斯特还是奥康纳的生态危机解决路径，都或多或少具有乌托邦的色彩。

第四章以"福斯特与奥康纳：谁是真正的马克思主义者？"为题。本章介绍了福斯特和奥康纳阵营之间发生的一次重要论战，并在此基础上，进一步介绍其他国家的生态学马克思主义代表性学者，最后提出生态学马克思主义者与生态学社会主义者的区别。主要形成了以下观点：（一）福斯特是马克思主义者，奥康纳不是马克思主义者，而是一位标榜生态学社会主义理念的资本主义学者。（二）其他国家的生态学马克思主义代表性学者在观点立场上既有对福斯特和奥康纳的支持，也有反对。（三）生态学马克思主义者与生态学社会主义者之间既有内在的联系，也有本质的不同。

第五章聚焦福斯特和奥康纳的生态学马克思主义思想的后续效应和当代意义。本章重点介绍包括福斯特与奥康纳阵营在内的，生态学社会主义划分为三个重要阶段；再一方面，我们反思福斯特和奥康纳的生态思想对当代我们继承和发展历史唯物主义具有启示性；最为重要的是，研究两者的生态思想对我们构建中国化马克思主义生态思想和开展生态文明建设有参考价值。主要形成了以下观点：（一）福斯特和奥康纳的生态思想在欧美生态学马克思主义流派中具有显著的代表性。（二）审视福斯特和奥康纳的生态思想对我国知识界研究历史唯物主义的创新具有启发意义。（三）研究福斯特和奥康纳的生态思想对我们构建中国形态的生态文明理论和开展生态文明建设都有重要的理论价值和实践价值。

目 录

导 论 ………………………………………………………………… 1

第一章 生态唯物主义与重构唯物史观：福斯特与奥康纳对马克思思想继承的比较 ……………………………… 16

　第一节　福斯特对唯物主义方法论的继承和"马克思的生态学"的提出 ………………………………………… 17

　第二节　奥康纳对历史唯物主义的重构 ………………… 26

　第三节　福斯特与奥康纳对马克思生态思想继承的比较 …… 34

第二章 "新陈代谢断裂"与"第二重矛盾"：福斯特与奥康纳对马克思生态思想解读的比较 ……………… 43

　第一节　福斯特对马克思生态思想的构建：新陈代谢断裂理论 ………………………………………………… 43

　第二节　奥康纳对马克思的社会基本矛盾理论的发展：资本主义的第二重矛盾 ……………………………… 93

　第三节　福斯特与奥康纳对马克思生态思想解读的比较 …… 102

第三章 生态革命与新社会运动：福斯特与奥康纳生态危机解决的不同路径 111
第一节 福斯特的社会生态正义 111
第二节 奥康纳的生态学社会主义 131
第三节 生态危机解决的不同路径：生态革命与民主运动 139

第四章 福斯特与奥康纳：谁是真正的马克思主义者？ 146
第一节 理论出发点不同 147
第二节 理论发展进路不同 149
第三节 对生态危机根源的判断不同 156
第四节 解决生态危机的出路不同 158
第五节 两个讨论：福斯特的生态思想与21世纪《共产党宣言》 164

第五章 福斯特和奥康纳的生态学：马克思主义思想的后续效应和当代意义 184
第一节 福斯特阵营与奥康纳阵营之间的论战 184
第二节 其他国家和地区的生态学马克思主义代表 194
第三节 人类世时代生态学马克思主义的演进 208
第四节 反思福斯特和奥康纳的生态思想与捍卫历史唯物主义 242
第五节 研究两者的生态思想对中国生态文明建设和构建中国形态的生态文明理论的启示 246

参考文献 250

后记 262

导　论

一、文献综述

党的十八大之后，生态文明建设被纳入建设中国特色社会主义五位一体的总布局，了解和借鉴西方有关生态文明的理论就具有了重大的理论意义和现实意义。国内对生态学社会主义（生态学马克思主义）的研究自 20 世纪 80 年代末至今已经有三十多个年头了。对于福斯特和奥康纳的生态学马克思主义思想的研究在国内已有一些成果。笔者在中国知网以"约翰·贝拉米·福斯特"为"篇关摘"，检索到 230 余篇文章，以"詹姆斯·奥康纳"为"篇关摘"，检索到 150 余篇文章，多数研究都在 2004 年之后；而对福斯特和奥康纳进行对比研究的文章相对较少，只有 20 余篇。目前为止（截至 2022 年），学界还没有一本专门对福斯特和奥康纳生态学马克思主义思想进行对比研究的专著或博士论文。

关于福斯特的著作，国内的译本包括：刘仁胜、肖峰译的《马克思的生态学——唯物主义与自然》，耿建新、宋兴无译的《生态危机与资本主义》。关于奥康纳的著作，国内的译本目前只有唐正东、臧佩洪译的《自然的理由——生态学马克思主义研究》。有关福斯特和奥康纳的生态学马克思主义思想研究，目前国内形成以刘仁胜、郭剑仁、何萍、康瑞华等为代表的主要以约翰·贝拉米·福斯特（John Bellamy Foster,

1953— ）为主要研究对象的一批学者；以唐正东、陈永森、解保军等为代表的主要以詹姆斯·奥康纳（James O'Connor, 1930— ）为主要研究对象的一批学者；另外，还有以陈学明、王雨辰、曾文婷等为代表的以生态学马克思主义流派这个整体为研究对象的一批学者，其中也包括对福斯特和奥康纳生态思想的研究。

下面，本研究通过对有关福斯特和奥康纳生态学马克思主义思想的国内外研究做一些简单的梳理、分析和论述，以期能够呈现出对当前这一研究的全貌。

（一）关于生态学马克思主义理论发展的三个阶段及其特点的有关研究

1. 生态学马克思主义理论发展的第一个阶段是20世纪60年代至70年代初。这一时期的代表人物主要有：安德烈·高兹（André Gorz）、特德·本顿（Ted Benton）、贾安·马丁内兹·阿里尔（Juan Marlinez Alier）、詹姆斯·奥康纳（James O'Connor）。这些人可以被看作生态学马克思主义的先驱。他们的理论创造的特点可以概括为两点：第一，把马克思主义和绿色运动联系起来，提出了社会主义的绿色思想；第二，在政治经济学批判的层面上批判传统的马克思主义理论，甚至批判马克思和恩格斯对待环境的态度。[①]

2. 生态学马克思主义的第二阶段是从20世纪80年代中期到21世纪初。在这一阶段，生态学马克思主义的理论建构是在马丁内兹·阿里尔、奥康纳、福斯特、伯克特、布雷特·克拉克之间的争论中展开的。马丁内兹·阿里尔和奥康纳为了克服他们的理论缺陷，返回到马克思和恩格斯，力图从马克思和恩格斯的政治经济学批判中发现经典马克思主义的生态学思想根源。但是，他们依然对马克思和恩格斯的生态学思想

---

① 郭剑仁：《生态地批判——福斯特的生态学马克思主义思想研究》，人民出版社2008年版。

及其在政治经济学中的运用存有疑问。福斯特、伯克特和克拉克反对马丁内兹·阿里尔和奥康纳在这两个问题上的否定态度,力求对这两个问题做出肯定的解答。他们把马克思主义生态学的研究由政治经济学扩展到哲学,由对马克思《资本论》的生态学思想的探讨扩展到对马克思的博士论文的唯物主义传统资源的重新发掘。伯克特在 1999 年发表的《马克思和自然》(*Marx and Nature*) 和福斯特在 2000 年发表的《马克思的生态学:唯物主义和自然》(*Marx's Ecology*:*Materialism and Nature*) 就是他们在这一阶段的标志性成果。

3. 生态学马克思主义发展的第三个阶段。自 21 世纪以来,全球生态危机的形成凸显了人与自然之间的矛盾、人的生存意义问题。在这种情况下,探讨马克思的生态学思想的哲学内涵和方法论意义也就成为生态学马克思主义理论建构的最突出的问题。不仅如此,马克思主义的生态学理论建构也已经不能再在马克思主义自然观和马克思主义的政治经济学批判理论的分离中展开,而必须把马克思主义的自然观和马克思主义的政治经济学批判理论结合成一体,把社会和自然、人的生存和环境的关系等问题融为一体,从哲学的层面上提出和思考生态学马克思主义理论的建构问题。这就形成了生态学马克思主义研究的新问题、新方向。福斯特、伯克特和克拉克自 2006 年以来发表的著作和论文均是沿着这一方向提出和研究生态学马克思主义理论的。[①]

(二) 对福斯特生态学马克思主义理论的研究

1. 新陈代谢断裂:马克思生态学的核心命题

(1) 新陈代谢断裂理论科学地反映了马克思生态学的哲学基础

福斯特认为马克思生态学的哲学基础是生态唯物主义。其核心理念强调人与自然不仅是物质关系的而且是实践关系的。所谓物质关系是指

---

① 何萍:《生态学马克思主义的理论困境与出路》,载《国外社会科学》2010 年第 1 期。

人与自然及社会的发生关系、存在关系和认识关系。福斯特认为马克思关于人与自然新陈代谢关系的许多讨论都是建立在这种哲学基础上,并给予完整而科学的表述。①

(2) 新陈代谢断裂理论紧紧扣住了马克思生态学的主题

福斯特认为,马克思生态学不是单纯的环境生态学,也不是单纯的社会关系学,而是自然历史学或者环境社会学。因此,自然与社会的关系才是马克思生态学的主题。福斯特指出,在马克思看来,自然与社会是交互式的辩证关系,其间不仅有生存的斗争而且充满生存的和谐。它是一个相互影响的自然历史生态过程。只不过在马克思生活的那个生态学尚不明朗的年代,马克思用接近生态学的词称之为"新陈代谢"罢了。这就是为什么马克思对摩尔根用生存技术作为社会演化标准提出不满看法的原因。②

2. 福斯特对唯物主义的认识

福斯特将唯物主义称为"生态唯物主义",他把唯物主义划分为决定论和非决定论两种类型,通过对马克思思想发展史的考察,指出马克思继承的是古希腊伊壁鸠鲁唯物主义传统和近代有机论的唯物主义,因此马克思的唯物主义中包含了大量的生态学思想。③

3. 学界对福斯特生态学马克思主义理论的评价

(1) 福斯特对马克思哲学境域的双重误读

当福斯特指认着"马克思对人类和自然之间新陈代谢关系的许多讨论,都可以被看作建立在早期马克思试图更加直接地从哲学上解释人类和自然之间复杂的相互依赖关系的基础之上"的时候,他已经犯了双重

---

① 郭剑仁:《生态地批判——福斯特的生态学马克思主义思想研究》,人民出版社 2008 年版。
② 陈学明:《寻找构建生态文明的理论依据——评福斯特对马克思的生态理论的内涵及当代价值的揭示》,载《中国人民大学学报》2009 年第 5 期。
③ 郭剑仁:《生态地批判——福斯特的生态学马克思主义思想研究》,人民出版社 2008 年版。

性的误解:第一,马克思对人类与自然界之关系的本质追问,并不存在所谓的"早期马克思试图更加直接地从哲学上解释",而在"成熟的政治经济学理论中"从经济学上进行解释的"从自然转向历史"的断裂。第二,在"感性活动"或"劳动"的本质规定中,马克思对人与自然、实体与主体之内在关系在根基处的理解,已经完全不再是福斯特所理解的"相互依赖""相互作用"所能表达的了。①

(2) 从道德的层面理解生产或劳动过程的解放道路的代表人物

唐正东认为:福斯特是一个没有哲学"味道"的、基于社会学立场的批判理论家,他擅长于对问题的发现及对问题之严重性的揭示,但显然不擅长于对一些具有思辨性的问题的理解,如意识形态的霸权、社会主体的历史性生成等。这使他只能停留在事实与规范的二元论框架中,在对事实进行深度描述的基础上,致力于对相关伦理性规范的设想与期盼。②

(3) 从生态角度梳理马克思的唯物主义

福斯特的生态学马克思主义代表了到目前为止的肇始于 20 世纪 60—70 年代的生态学马克思主义这一股西方思潮的最新和最高水平,他的主要贡献在于从生态角度重新梳理了马克思的唯物主义思想发展史。③

(三) 对奥康纳生态学马克思主义理论的研究

1. 国外学者的有关研究

有关奥康纳对历史唯物主义重构的理论,国外的马克思主义学者早有研究,并取得了显著的理论成果,主要包括以下两种不同的观点:

---

① 卜祥记:《福斯特生态学语境下的马克思哲学——〈马克思的生态学〉的旧唯物主义定向》,载《哲学动态》2008 年第 5 期。
② 唐正东:《基于生态维度的社会改造理论——利比兹、奥康纳、福斯特的比较研究》,载《马克思主义研究》2009 年第 1 期。
③ 郭剑仁:《生态地批判——福斯特的生态学马克思主义思想研究》,人民出版社 2008 年版。

第一种观点,赞同奥康纳重构历史唯物主义的理论,认为其有利于当代历史唯物主义的发展,有利于生态学马克思主义理论和实践的结合。奥康纳还接受后马克思主义的批评,大意是历史唯物主义没有充分了解的地方和新的社会运动的意义。同时,奥康纳也在考虑和研究以生态危机和社会主义为政治导航走向生态可持续发展的未来社会的最佳路径。

第二种观点,质疑奥康纳对历史唯物主义的重构。2002年,乔尔·克沃尔出版了《自然的敌人》一书,在书中他提出奥康纳构建生态学社会主义的理论构想是一种资本主义改良性质的,他表明了理论构想的不现实、不彻底性是导致生态学社会主义并不是解决生态危机的正确路径的根本原因,反而使得生态危机进一步恶化的态度,所以他主张实行生态学社会主义革命。

2. 国内学者的有关研究

(1) 对奥康纳生态学马克思主义理论的整体评价

有学者认为奥康纳对历史唯物主义的重构是建立在他对传统历史唯物主义理论的缺失、误解或缺乏了解的基础上。[①] 奥康纳明确提出他的生态学马克思主义理论的核心范畴是"生产条件"。但是,遗憾的是,奥康纳并没有认真研究马克思,他在书中对马克思的指责基本上都是凭着他对"传说中的马克思思想"的了解所做的推论,而不是建立在认真解读马克思的原著基础上,并且他又总是把这些思想加盖到马克思的头上。[②]

奥康纳把生产条件突出出来并把其与生产力、生产关系构成一对矛盾,从而揭示了资本主义新的危机——生产不足的生态危机,应该说是

[①] 陈食霖:《生态批判与历史唯物主义的重构——评詹姆斯·奥康纳的生态学马克思主义思想》,载《武汉大学学报》(人文科学版)2006年第2期。

[②] 何怀远:《寻求"自然"的历史唯物主义理论空间——奥康纳对传统历史唯物主义的生态学批评》,载《南京社会科学》2004年第12期。

一种理论贡献。生态学社会主义经历了不同的发展阶段,有不同的阵营。就奥康纳的主张看,他的生态学社会主义更接近民主社会主义,而离科学社会主义很远。①

(2) 关于生态危机

在奥康纳看来,生态危机是资本追逐利润和资本主义生产方式运行的必然结果,这是因为:第一,资本追逐的本性决定了资本必然要不断扩大资本主义的再生产,这就必然与自然的有限性之间发生矛盾,矛盾运动的结果就体现为生态危机;第二,资本主义第二重矛盾的运动会导致生产成本的不断上升,从而导致资本主义生产的危机。②

(3) 关于奥康纳的"生产条件"与"第二重矛盾"

奥康纳认为,唯物史观的第一重矛盾理论缺乏自然维度。通过自然、文化和劳动范畴的融合,奥康纳建立了以生产条件为核心范畴的第二重矛盾理论,对资本通过危机而积累的过程进行了深入分析,揭示了资本积累、生态危机、经济危机之间的内在联系,预示了对生产条件进行社会主义式重建的趋势。以第二重矛盾理论为基础,奥康纳反思了社会主义运动的经验和教训以及生态运动的现状和问题,探讨了生态学与社会主义结合的可能性和现实性。③

(四) 对福斯特和奥康纳的生态学马克思主义理论的比较研究

1. 国外研究现状

《马克思的生态学——唯物主义与自然》(2000 年) 一书,是福斯

---

① 陈永森:《奥康纳"交换价值从属于使用价值"与"抽象劳动从属于具体劳动"思想论析》,载《社会主义研究》2013 年第 2 期。
② 胡莹:《生态唯物主义诠释中的自然、人与社会——论福斯特生态学马克思主义的思想基础》,载《学术交流》2012 年第 9 期。
③ 彭学农:《生产条件与第二重矛盾——论奥康纳的生态学马克思主义理论》,载《自然辩证法研究》2007 年第 2 期。

特在生态学领域研究的代表作,出版后引发了很多学者的讨论,并在福斯特的生态学马克思主义理论周围形成了支持与反对的阵营。而关于福斯特理论在西方学界引发的一系列讨论的最高峰则出现在奥康纳阵营与福斯特阵营的两次论战之中。之前已经论述过,这里就不再赘述了。

2. 国内研究现状

国内对福斯特和奥康纳的生态学马克思主义思想进行比较研究的成果不是很多,基本上都是以论文的形式。

(1) 关于社会改造理论

南京大学唐正东教授在其论文《基于生态维度的社会改造理论——利比兹、奥康纳、福斯特的比较研究》中,以生态维度为视角,对福斯特和奥康纳的社会改造理论予以批判。①

(2) 理论实质:自然资本主义还是生态学社会主义

福斯特阵营和奥康纳阵营的争论向人们提供了重新理解历史唯物主义基本问题的契机。奥康纳阵营紧紧抓住马克思的生产条件概念,宣布引申出导致资本主义生态危机的第二重矛盾,以填补历史唯物主义对生态问题解释的空白,但奥康纳阵营的实质是自然资本主义而非真正马克思主义;福斯特阵营试图重构马克思的唯物主义哲学,通过再发现完整系统的马克思的生态唯物主义思想以更新历史唯物主义,福斯特阵营的基本立场和政治规划是生态学社会主义的,因而是真正激进的。②

(3) 对西方生态学马克思主义的理论贡献

以阿格尔、奥康纳和福斯特的思想为代表,西方生态学马克思主义的理论成果体现在三个层次上:(1) 从"社会与自然的辩证关系"出

---

① 唐正东:《基于生态维度的社会改造理论——利比兹、奥康纳、福斯特的比较研究》,载《马克思主义研究》2009 年第 1 期。

② 韩欲立:《自然资本主义还是生态学社会主义——评福斯特与奥康纳之间的生态学马克思主义论战》,载《学术月刊》2010 年第 2 期。

发，修正历史唯物主义或重构唯物主义；（2）以"资本主义与生态的关系"为核心问题，建构具体的社会理论，发展马克思主义对资本主义的生态批判并尝试与其他理论综合起来；（3）以上述两个方面的研究为理论基础，从理论和（或）当代新社会运动出发，提出未来社会的特征和（或）过渡到未来社会的策略。要注意的是，并不是每位学者在三个层次上都有系统的理论建构，而是在不同的层次上各有侧重。①

（4）有待解决的问题

当前，国内外学术界对福斯特和奥康纳的生态学马克思主义理论的研究已经有了较为丰富的理论成果，但从总体上看还存在着一些不足和需要研究的方面：一是目前国内外学术界对福斯特生态学思想的研究主要集中在其早期的著作，例如《马克思的生态学》《脆弱的星球》《反对资本主义的生态学》（或译为《生态危机与资本主义》）等，而对其2002年以后新的研究进展和思想中的新变化关注较少。二是国内学术界目前缺少有关福斯特和奥康纳的整体性对比研究成果，现有的许多成果大都是就其中一个学者或某一方面进行研究，主要是就一些局部理论的研究，缺乏系统性和全面性。三是截至目前，国内还没有一本（篇）对福斯特和奥康纳生态学马克思主义理论进行系统对比研究的专著或博士论文。本书撰写的目的就是尝试对福斯特与奥康纳的生态学马克思主义理论进行系统性的研究，以形成一定的成果，为学界做些贡献。

二、研究意义

生态学马克思主义是北美马克思主义哲学的典型形态，也是美国马克思主义最具有原创性的方面。它是北美马克思主义哲学家们贡献于世界的新的马克思主义哲学形态。福斯特的自然唯物主义生态哲学和奥康

---

① 郭剑仁：《奥康纳学术共同体和福斯特学术共同体论战的几个焦点问题》，载《马克思主义与现实（双月刊）》2011年第5期。

纳的文化唯物主义的生态哲学分别在自然和历史的层面上复兴了马克思主义自然观，揭示了马克思主义自然理论对于我们思考和解决全球化时代的政治、经济发展问题的意义。① 福斯特和奥康纳的生态学马克思主义理论分别代表了目前学界的最新和最高水平，针对他们思想的研究必然意义重大。

（一）理论意义

作为当代马克思主义的一个流派，生态学马克思主义紧密结合社会现实，把研究的重点聚焦在人类赖以生存的生态环境，是马克思主义理论在新的历史时期的重要的具体的理论形态。生态学马克思主义理论的重要代表福斯特和奥康纳，他们的生态学马克思主义思想研究目前在国内却缺乏应有的重视。相比较而言，他们的研究有着不同的路向：奥康纳主要从发达资本主义国家的新社会运动出发来修正马克思主义，为我们了解西方资本主义国家的学者提供了一个视角；福斯特主要从马克思和马克思主义思想史出发来重构马克思的相关思想，并且没有忽略对当代资本主义的批评，因此，他的学说理论意义较大。②

（二）实践意义

福斯特和奥康纳对19世纪末、20世纪初的资本主义发展史的梳理，以及福斯特对马克思的新陈代谢断裂理论的建构和奥康纳的资本主义第二重矛盾理论的建构为我们思考人与土地关系、人与自然关系、城市与乡村关系以及城镇化发展过程中的环境与生态的影响等问题提供哲学上的启发。

福斯特和和奥康纳的生态学马克思主义虽然更多的是在分析资本主

---

① 何萍：《自然唯物主义的复兴——美国生态学的马克思主义哲学评析》，载《厦门大学学报》（哲学社会科学版）2004 年第 2 期。
② 郭剑仁：《生态地批判——福斯特的生态学马克思主义思想研究》，人民出版社 2008 年版。

义社会的发展问题，但是理论本身预示了一个研究方向——生态学社会主义。我国正在进行着社会主义建设，如何正确处理社会全面的持续发展和生态环境的平衡仍将是未来很长一段时间需要研究和解决的实际问题。吸收和借鉴西方的有益理论和做法，为我国的生态文明建设，为世界的发展做出应有贡献。

本研究是一个典型的对比研究，之所以选择这样一个课题，一方面，是基于对两位重要的代表人物提出的重要观点的关注，这些重要的观点和理论对于当今全球社会（无论是资本主义社会还是社会主义社会）具有重要的现实意义和现实关怀，对于解决目前和今后全球生态危机具有解决意义；另一方面，是作为后发国家（发展中国家），"处在发展过程中的我们，在学术的境地无不尴尬：当我们尚未享受到现代性成就带来的诸种益处时，我们不得不陪着西方学者咀嚼现代性的苦果；当我们尚未得到现代性制度的基本保障时，我们又跟在别人后面指责启蒙方案的巨大弊端。"[①] 为了避免发展中的重蹈覆辙，我们不得不要去研究西方发达资本主义国家在过去几十年中（主要是"二战"后）在人类发展与生态环境之间出现的断裂和矛盾，从他们那里汲取可资借鉴的经验和教训。中华民族的伟大复兴需要人与自然的和谐发展，党的十八大提出从新的历史起点开始生态文明建设，并做出了"大力推进生态文明建设"的战略决策，从10个方面勾画出生态文明建设的宏伟蓝图。

20世纪70年代以来的生态学马克思主义根据当代西方社会历史条件的新变化，注重对马克思的历史唯物主义、资本主义的历史使命、社会主义的未来、阶级和国家问题以及生态问题与资本主义制度的关系等重大理论问题和现实问题的探讨，他们所探讨的这些问题对我们发展马克思主义理论和中国特色社会主义建设具有极大的参考价值。研究西方

---

① （美）威廉·朱利叶斯·威尔逊：《真正的穷人：内城区、底层阶级和公共政策》，成伯清、鲍磊、张戌凡译，上海人民出版社2007年版，译者前言第3—4页。

马克思主义理论根本是为构建属于我们中国自己的马克思主义哲学理论，从而更好地服务于中华民族伟大复兴的事业。

三、研究方法

1. 文献研究与哲学分析法

文献研究和哲学分析法是本研究的主要研究方法。本研究通过广泛收集国内外各个时期的有关文献，从生态学马克思主义成立起到目前的各类文献资料，不断跟踪最新的国内外文献。重点关注福斯特和奥康纳的相关理论文献，有限扩充生态学马克思主义其他代表性学者。运用马克思主义哲学的基本方法，注重分析、归纳、总结，整理相关文献，按照类别区分，形成对研究有价值的资料库。

2. 比较研究法

本研究的核心是对两位学者的生态思想的比较研究。通过系统地比较两者的差异和共同点，从而提出有价值的观点和结论。

3. 历史与逻辑分析法

从马克思主义哲学史的维度分析两位学者的生态思想的生成逻辑、发展逻辑和实践逻辑，追寻其理论的历史逻辑与现实逻辑的内在统一性。

四、主要观点、创新点和计划进一步研究的问题

（一）主要观点

福斯特侧重政治经济学视域，而奥康纳侧重生态政治哲学视域。福斯特和奥康纳的生态学马克思主义思想本质区别体现在以下几个方面：

1. 两者的理论出发点不同

福斯特的生态思想本质上是反资本主义的，其理论出发点是为了颠

覆资本主义制度（或资本逻辑），实现生态文明。奥康纳的生态思想本质上是为了维护资本主义的合理性，是为了善意地改进资本主义，是为了资本主义发展得更好，通过重构历史唯物主义，最后提出了给资本主义穿上生态学社会主义的外衣。

2. 两者的理论发展进路不同

福斯特代表的是第二阶段的生态学社会主义，这个阶段的思想家从方法论角度来讲，都是力争回到马克思的文本，从经典马克思主义著作中挖掘生态学思想，并赋予马克思主义以生态维度，这个阶段的思想家可以称得上是马克思主义者。而奥康纳代表的是第一阶段的生态学社会主义，他的研究进路是首先认为马克思缺乏生态学思想，在经典马克思主义著作（思想）中根本就没有生态思想，并且在提出生态危机的根源时，他提出了资本主义的第二重矛盾，这些思想家充其量只能称作改良的资本主义者，而不能称作马克思主义者。

3. 两者对生态危机根源的判断不同

福斯特认为生态危机的根源是资本主义制度（或资本逻辑），由此，他从政治经济学视角对生态危机进行了深刻地揭露和批判。奥康纳认为生态危机的根源是资本主义的第二重矛盾，他从政治哲学视角分析了生态危机产生的原因。

4. 两者关于生态危机的解决出路不同

福斯特代表的第二阶段的生态学社会主义（生态学马克思主义）提出，生态危机的解决途径只能是全面地否定资本主义制度（或资本逻辑），发动生态革命，最终实现生态文明。奥康纳代表的第一阶段的生态学社会主义认为生态危机的解决通过发动社会民主运动（新社会运动），例如环保运动、女权主义运动和社区/城市运动等新社会运动[1]，是

---

[1] 奥康纳指的新社会运动（new social movement）包括女权主义和其他一些"身体政治学"，以及许多种环保和社区/城市运动（包括各种职业和社区的健康和安全的运动，这些运动横跨了新社会运动的所有三种类型）。

对资本主义制度的改良,最终实现生态学社会主义(改良版的资本主义)。

5. 研究两者对马克思主义理论创新的意义

福斯特和奥康纳的生态思想启示我们,要建设生态文明必须有正确的理论指导,这一理论只能是基于历史唯物主义的,构建中国形态的生态文明理论正是指导我们建设生态文明的科学指南。中国形态的生态文明理论,应当是以马克思主义生态哲学为理论基础,是对生态学马克思主义理论的超越,以构建"人与自然生命共同体"为价值诉求的新型生态文明理论。

(二) 创新点

1. 研究方法上的创新

主要体现在两个方面:(1)本书是目前国内首本关于福斯特和奥康纳生态学马克思主义对比研究的专著;(2)与被研究者通过邮件进行有效的对话交流,并且研究的观点得到了福斯特本人的认可。

2. 研究观点上的创新

通过一系列的论述,本研究提出福斯特和奥康纳的生态思想的本质区别,福斯特是马克思主义者,而奥康纳不是马克思主义者。奥康纳和福斯特的生态思想分别代表了生态学社会主义的两个阶段,奥康纳代表的是第一阶段的生态学社会主义(或称为"非生态学马克思主义"),福斯特代表的是第二阶段的生态学社会主义(或称为"生态学马克思主义")。他们的生态思想无论是从理论出发点、理论发展进路、对生态危机根源的判断,还是提出解决生态危机的路径都有本质的不同。通过分析我们得出结论:作为第一阶段的生态学社会主义代表的奥康纳不能称为生态学马克思主义的代表,他充其量只能称作改良的资本主义者,而不能称作马克思主义者;而作为第二阶段的生态学社会主义代表的福斯特才是生态学马克思主义的真正代表。福斯特和奥康纳对马克思生态思想的不同解读代表了不同的话语体系，其本质是一种对话语权的争夺。

3. 文献资料上的创新

本研究不仅采用了福斯特最新发表的文献，而且也运用了福斯特尚未发表的观点，这些观点是通过笔者与福斯特之间的邮件往来获得的。本研究深度地挖掘研究对象，尤其是采用了福斯特的最新理论成果，使相关研究处于学界前沿（或领先）水平。目前国内学术界关于福斯特的研究大多数成果仅仅停留在关于他早期出版的著作和一些学术论文，例如：*The Vulnerable Planet：A Short Economic History of the Environment*（1994，1999）、《马克思的生态学》（2000）、《生态危机与资本主义》（2002）和《生态革命——与地球和平相处》（2009）等，对这之后的理论成果研究和介绍的不多。作为一个仍然处于学术创新黄金期的学者而言，福斯特最近20多年的学术成果有了新的变化，这些变化和成果是需要/值得研究的。例如福斯特最近几年出版的四本专著 *Capitalism in the Anthropocene：Ecological Ruin or Ecological Revolution*（2022）、*The Return of Nature：Socialism and Ecology*（2020）、*The Robbery of Nature：Capitalism and the Ecological Rift*（2020）、*Marx and the Earth：An Anti-Critique*（2016），就是对之前"马克思的生态学"（2000）研究基础上的重大推进。在福斯特的推荐和支持下，笔者已经翻译了他的一篇具有代表性的长篇论文和一本最新出版的著作的部分章节。

（三）计划进一步研究的问题：

1. 本研究还将从哲学范式和政治经济学范式的角度进一步对美国生态学马克思主义内部的比较，以及与其他国家和地区的生态学马克思主义的区别进行研究。
2. 对中国生态文明建设的启示的相关研究。
3. 探索构建中国化马克思主义的生态思想体系的相关研究。
4. 探索社会主义生态文明理论的构建。

第一章 生态唯物主义与重构唯物史观：福斯特与奥康纳对马克思思想继承的比较

生态学马克思主义是肇始于20世纪60—70年代的一股西方思潮。本书将讨论的是包括福斯特和奥康纳在内学者的相关思想，研究重点是对两位重要的代表人物的生态思想的对比研究。按照福斯特的归类，他把奥康纳和阿兰·利比兹（Alain Lipietz）等思想家划为生态学马克思主义的第一阶段的代表人物，而把保罗·伯克特（Paul Burkett）和自己划为第二阶段的代表人物。为什么这样划分？福斯特是这样解释的：他认为作为第一阶段的生态学马克思主义者（利比兹和奥康纳）是基于一些特定的有选择的社会主义者（马克思主义者）的思想，试图寻找与自由绿色理论的融合；而与此相反，以保罗·伯克特和福斯特为代表的第二阶段的生态学马克思主义者认为劳动的第一性，一个更加强大的生态和社会批判是依靠历史唯物主义作为基础，回到马克思的思想。近年来，福斯特和弗莱德·马格多夫（Fred Magdoff）正在对生态文明概念进行研究，他们部分地受到中国倡导的生态文明建设理念的启发。

第一节 福斯特对唯物主义方法论的继承和"马克思的生态学"的提出

福斯特对马克思的生态学挖掘是从分析唯物主义开始的,他借用诠释学和思想史的方法来解剖和分析马克思的生态学思想,进而提出,马克思的生态学核心是围绕新陈代谢概念展开的,并且"把生态问题作为马克思的主要思想来解释马克思"①,进而构建了自己的生态哲学。最近几十年,马克思主义学者最重要的研究就是恢复和发展马克思关于社会和生态新陈代谢的研究,这些在马克思的政治经济学批判中占据中心作用。②

一、对唯物主义的理解:生态唯物主义

从方法论的层面上讲,福斯特的生态学马克思主义的研究特点在于:从马克思、恩格斯的文献出发,通过梳理,特别是马克思的思想发展史,发展出生态唯物主义分析方法。生态唯物主义方法的核心观点是:唯物主义和生态学相互内在包含,彻底的唯物主义内在包含生态学思想,科学的生态学要求彻底的唯物主义。③

(一) 对唯物主义的理解

福斯特指出,唯物主义作为一种关于万物本质的理论起源于最初的

---

① John Bellamy Foster, Marx's Ecology: Materialism and Nature, *Monthly Review Press*, 2000, p. ⅵ.
② John Bellamy Foster, Brett Clark and Richard York, *The Ecological Rift: Capitalism's War on the Earth*, Monthly Review Press, 2010, p. 402.
③ 郭剑仁:《西方生态学马克思主义的方法论研究》,载《马克思主义哲学研究》2008 年第 1 期,第 225 页。

希腊哲学。他借用英国科学哲学家罗伊·布哈斯卡（Roy Bhaskar）的观点作为参照系，提出关于马克思的唯物主义的看法。布哈斯卡认为，作为一种复杂世界观的理性的哲学唯物主义包括：（1）本体论的唯物主义；（2）认识论的唯物主义；（3）实践的唯物主义。福斯特进一步指出，马克思对待唯物主义的态度在很大程度上是受到了他的博士论文的研究对象——伊壁鸠鲁的启发。① 同时马克思热情地吸收了卢克莱修、培根、休谟和霍尔巴赫等广博的唯物主义者/自然主义者的观点（在反对亚里士多德的意义上）。② 马克思似乎已经把伊壁鸠鲁的唯物主义融入他内在的思想。由此可见，伊壁鸠鲁对于马克思的影响之大。

（二）生态唯物主义自然观的提出

福斯特对马克思的生态思想的认识是在不断深入和变化中的，从《马克思的生态学》书名的变更就可见一斑。马克思常常被一些学者看作一位反生态的思想家。起初，福斯特出于一直非常熟悉马克思的作品，从来没有认真对待过这种批判。但是，当福斯特进行了一系列的考察后，他意识到："马克思的世界观是一种深刻的、真正系统的生态世界观，而且这种生态观是来源于他的唯物主义的。"③《马克思的生态学》全书围绕19世纪两位最伟大的唯物主义者达尔文和马克思的著作而展开。④

马克思认为，这种关系明显地属于有机关系——不仅在生理上超越

---

① John Bellamy Foster, Marx's Ecology: Materialism and Nature, *Monthly Review Press*, 2000, p. 2.
② 休谟也因为其反对神学的立场而在马克思的博士论文的序言中得到了表扬；康德也因其在《纯粹理性批判》中反驳上帝存在的本体论证明而同样在马克思博士论文的附录中得到表扬。培根则早在1842年就在马克思对宗教进行批判的时候被提引过。转引自 John Bellamy Foster, Marx's Ecology: Materialism and Nature, *Monthly Review Press*, 2000, p. 61. 中文参见《马克思恩格斯全集》第1卷，人民出版社1995年版，第30、104、201页。
③ John Bellamy Foster, Marx's Ecology: Materialism and Nature, *Monthly Review Press*, 2000, p. viii.
④ John Bellamy Foster, Marx's Ecology: Materialism and Nature, *Monthly Review Press*, 2000, p. 2.

第一章 生态唯物主义与重构唯物史观：福斯特与奥康纳对马克思思想继承的比较

了，同时在实践上也扩展了人类实际上的身体器官——因此他把自然称作"人的无机的身体"。① 福斯特指出，马克思关于自然异化的概念（他认为来源于人类的实践生活）其本质并不比他的劳动异化概念更加抽象。两种异化都是基于马克思对资本主义社会中政治经济问题的理解。

福斯特指出，正是在《1844 年经济学哲学手稿》中体现了马克思的生态唯物主义自然观的思想。马克思去世后，将马克思的想象力推向前进的责任最初落在了恩格斯的肩上。马克思认为伊壁鸠鲁第一个发现了通过宗教而植入人类自然观中的异化。黑格尔第一个发现劳动的异化（但仅仅是以作为观念异化的唯心主义的方式）。然而，福斯特认为，恩格斯是在最后几年才开始认识到马克思关于伊壁鸠鲁的博士论文的重要性，以及它同唯物辩证法的发展之间的关系。恩格斯曾经托人转告普列汉诺夫（G. V. Plekhanov, 1856—1918）：辩证地进入唯物主义（即唯物主义自然观）的基础正是在这里而不是在对法国机械唯物主义者的研究中被发现的。遗憾的是，普列汉诺夫并没有接受恩格斯的看法。

关于土壤危机的讨论使马克思提出了关于自然与社会之间的新陈代谢断裂（metabolic rift）理论。同时，马克思和恩格斯也提出了人类社会的诸多重大生态问题：城乡分离、土壤贫瘠、工业污染、城市畸形发展、健康状况的下降和工人的致残、营养不良、有毒物质、圈地、农村的贫困和孤立、滥伐森林、人为洪水、荒漠化、水源短缺、区域气候变化、自然资源（包括煤炭）的枯竭、能量守恒、熵、工业废弃物再生利用的必要性、物种与其环境之间的相互关联、人口过剩的历史条件问题、饥荒的原因，以及科学和技术的合理利用问题。② 可以看出，马克

---

① John Bellamy Foster, Marx's Ecology: Materialism and Nature, *Monthly Review Press*, 2000, p. 73.
② John Bellamy Foster, The Ecological Revolution: Making Peace with the Planet, *Monthly Review Press*, 2009, p. 266.

思和恩格斯虽然没有直接使用"生态"这个概念来表述，但从他们所涉及的研究对象和范围来看，显然即当今我们称为"生态"的内容。这种生态理解源自深刻的唯物主义自然观——马克思基础理论中的一个本质性组成部分。

二、"马克思的生态学"

在我国传统的马克思经典著作中，德语 Stoffwechsel 往往被译为新陈代谢①，但在英语中被译为 Metabolism，在福斯特的文章中，我们也把 Metabolism 翻译为新陈代谢。正是在《资本论》中，马克思将唯物主义自然观和唯物主义历史观完整地结合在一起。马克思采用了"Stoffwechsel/Metabolism"（新陈代谢）这一概念来定义劳动过程"是人和自然之间的过程，是人以自身的活动来引起、调整和控制人和自然之间的新陈代谢的过程"。② 这就是之后马克思的新陈代谢断裂理论。福斯特认为，新陈代谢理论构成了马克思生态学的核心内容。

（一）对新陈代谢概念的理解

福斯特指出，正是马克思认识到了自然与社会之间的新陈代谢断裂，导致马克思把注意力转向了深入细致的生态学研究，尤其是他生命中的最后20年，这有助于激发恩格斯对自然辩证法的探索③。对于马克

---

① "新陈代谢"（德语是 Stoffwechsel，英语是 metabolism）一词在《马克思恩格斯全集》中译本中被译为"新陈代谢"和"物质变换"。福斯特的《马克思的生态学：唯物主义与自然》中译本则统译为"新陈代谢"。我们沿用这一译法，即统译为"新陈代谢"。同时，将"metabolic rift"通称为"新陈代谢的断裂"。对于引用《马克思恩格斯全集》中译本中的相关论述时，则遵照中译本的原文引用，不论是被译为"新陈代谢"还是"物质变换"，都不作改动。

② John Bellamy Foster, *Marx's Ecology: Materialism and Nature*, *Monthly Review Press*, 2000, p. 141.

③ John Bellamy Foster, "Marxism in the Anthropocene: Dialectical Rifts on the Left", *International Critical Thought*, 2016 (3), p. 19.

第一章 生态唯物主义与重构唯物史观：福斯特与奥康纳对马克思思想继承的比较

思而言，资本主义制度下的"社会新陈代谢"是一种特定的"自然和社会的新陈代谢"的异化形式，发生在"自然的普遍的新陈代谢"之中，在某些情况下，它构成了"新陈代谢交互"过程的"断裂"形式。①

马克思的"新陈代谢断裂"概念是在以下背景中提出来的，即德国、英国、法国和美国的农业化学家和农学家发出如下警告：向城市输送食物和纤维导致土壤养分——诸如氮、磷和钾——的流失。这些必要的养分，没有像在传统农业生产中一样回到土壤中，而是被运送到数百甚至是数千英里之外，最终变成污染城市的垃圾。此外，土壤养分的废弃物在城市当中就变成污染物和垃圾。②

福斯特认为，马克思将原始积累和新陈代谢断裂均作为从根本上理解资本主义作为一种世界性制度的发展所体现出来的全球性意蕴。对原住民的种族灭绝和对新大陆的财富掠夺结合在一起。"在欧洲以外直接靠掠夺、奴役和杀人越货而夺得的财宝，源源不断流入宗主国，在这里转化为资本。"巨大的财富建立在掠夺外围国家的自然资源和剥削生态资源的基础上。福斯特总结道，这种为向欧洲出口商品作物而产生的单一栽培——以及奴役或半奴役种植它们的劳动人口——是资本主义世界经济发展的结果，是为了中心国家的利益而对外围国家的公开掠夺。③

在谈新陈代谢概念之前，需要分析一下马克思当时社会的背景。在1830年至1870年，因土壤养分流失而造成的土地自然肥力的损耗是欧洲和北美资本主义社会所关心的中心生态问题。研究土地肥力危机问题的中心人物是德国化学家尤斯图斯·冯·李比希（Justus von Liebig），但对其更广泛的社会含义剖析得最为深刻的人是卡尔·马克思。当时，

---

① John Bellamy Foster, "Marxism in the Anthropocene: Dialectical Rifts on the Left", *International Critical Thought*, 2016 (3), p. 12.
② John Bellamy Foster, The Ecological Revolution: Making Peace with the Planet, *Monthly Review Press*, 2009, p. 236.
③ John Bellamy Foster, The Ecological Revolution: Making Peace with the Planet, *Monthly Review Press*, 2009, p. 237.

英国骨粉（Bone）的进口量从1823年的14400英镑，增长到1837年的254600英镑。从1835年起，英国从秘鲁进口海鸟粪便做肥料，1841年进口了1700吨，而到1847年大约进口了220000吨。与此同时，欧洲农场主急需肥料，他们甚至到拿破仑时期的战场（滑铁卢、奥斯特里茨）寻找骨头撒到田间。① 李比希的发现最初只是增强了资本主义农业的危机感，使农场主们更加意识到土壤矿物质的损耗和肥料的匮乏。这一矛盾在美国北部的纽约州和南方从事种植业经济的农场主中表现得尤其尖锐。由于英国的垄断，秘鲁的肥料很难得到，美国国会通过法案，支持大企业到殖民附属地强占岛屿肥料。但是，这样的肥料扩张主义政策并没有成功地给美国带来所需要的大量高品质的自然肥料。② 詹姆斯·安德森（James Anderson）在《关于导致不列颠目前粮荒的情况的冷静考察》（1801）中认为，城镇与农村的分离导致自然肥料资源的丧失。他断言，只要合理利用人畜肥料，"就能够长久维持土地肥力而不需添加别的肥料"。关于这个问题，马克思和列宁在一些文献中也有论述。③

"新陈代谢"一词，马克思最早是借鉴了李比希的用法，然后把它运用到社会科学领域。马克思在19世纪60年代早期写作《资本论》的时候深受李比希分析方法的影响。在李比希的影响下，马克思开始系统地批判资本主义对土地的"剥削"。福斯特强调，"新陈代谢"概念可见于马克思著作的经典代表性文本中，只不过表述上略有差异。在马克思的分析中，经济循环是与物质变换（material exchange）紧密地联系在一

---

① John Bellamy Foster, Ecology against Capitalism, *Monthly Review Press*, 2002, pp. 155 – 156.
② John Bellamy Foster, Ecology against Capitalism, *Monthly Review Press*, 2002, pp. 156 – 157.
③ 马克思在《资本论》第3卷对土地租金的分析中做了系统阐述，他说："在伦敦，450万人的粪便，就没有什么好的处理方法，只好花很多钱来污染泰晤士河。"列宁在《土地问题和"马克思的批评家"》（1901）一书中写道："人造肥料替代自然肥料的可能性以及这种代替（部分地）的事实，丝毫也推翻不了下述事实：把自然肥料白白抛掉，反而污染市郊和工厂附近的河流和空气，这是很不合理的。"参见 John Bellamy Foster, Ecology against Capitalism, *Monthly Review Press*, 2002, pp. 161 – 162。

起的,而物质变换又与人类和自然之间新陈代谢的相互作用相联系。

(二) 建构新陈代谢断裂理论

福斯特认为,马克思对人类和自然之间新陈代谢关系的许多讨论,都可以看作建立在早期马克思试图更加直接地从哲学上解释人类和自然之间复杂的相互依赖关系的基础之上。更为重要的是,"新陈代谢"概念成了马克思一个表述自然异化概念的具体方式,在马克思早期的文本中,自然异化概念往往处于重要地位①。

福斯特指出,新陈代谢概念的本质内容就是它构成了人类生活持续和增长的基础,并且使再生产成为可能。② 马克思使用了"新陈代谢断裂"的概念,来描述在资本主义社会中,人类与自然之间,由人类的介入对其作为生产基础的自然导致出现的异化现象。③ 正如马克思所说:"资本主义生产只是在它的影响使土地贫瘠并使土地的自然性质耗尽以后,才把注意力集中到土地上去。"④ 而且,这一现象不仅在与土地的关系上是如此,在城乡之间的对立关系上也是如此。

马克思在《资本论》中描述了这样一个场景:一个拥有数百万居民的大城市没有更好的措施来处理粪便,而是将花费大量的资金来污染泰晤士河。同样,恩格斯深有体会,在《论住宅问题》中指出:"仅仅伦敦一处每天就要花费很大笔钱,才能把整个萨克森王国所排出的粪便倾

---

① John Bellamy Foster, Marx's Ecology: Materialism and Nature, *Monthly Review Press*, 2000, p. 158. 另见 John Bellamy Foster, The *Ecological Revolution: Making Peace with the Planet*, Monthly Review Press, 2009, p. 178。

② John Bellamy Foster, Marx's Ecology: Materialism and Nature, *Monthly Review Press*, 2000, p. 163.

③ John Bellamy Foster, The *Ecological Revolution: Making Peace with the Planet*, Monthly Review Press, 2009, p. 180.

④ Karl Marx, *Theories of Surplus Value*, Part 3, Progress Publishers, 1971, p. 301, 转引自 John Bellamy Foster, The Ecological Revolution: Making Peace with the Planet, *Monthly Review Press*, 2009, p. 180.

倒到海里去。"①

正如在最近发现的卢卡奇（Georg Lukács）的《尾巴主义》手稿中，卢卡奇不仅在《历史与阶级意识》中没有拒绝自然辩证法，而且也没有否定马克思通过劳动生产的社会和自然的新陈代谢概念为这种前景提供关键的本体论—认识论基础。②当梅扎罗斯在1971年德意志奖颁奖仪式上提供第一次全面的马克思主义对全球生态危机的批评时，我们不应该感到惊讶——时间仅在罗马俱乐部出版《生长的极限》之前一年——他认为，美国垄断资本主义的基于浪费的积累将在破坏整个地球的生态预算的情况下在全球范围内扩展。③

在马克思的分析中，社会代谢代表了劳动和生产过程（且是最广泛意义上的社会再生产过程），人类以共同进化的方式改变了物质关系，包括劳动和自然。商品不仅是通过交换价值和价值（或抽象劳动的结晶）的内在关系构成的，而且从社会观点来看，主要是与使用价值相关的外部（环境）关系。马克思关于自然界普遍代谢的概念清楚地表明，社会新陈代谢是这种普遍新陈代谢中的一组关系。在资本主义制度下，这最终是一种异化关系，反映了"社会代谢的相互依存过程中的一个无法弥补的裂痕，一种由生命本身自然规律所规定的新陈代谢"④。正如大卫·哈维（David Harvey）所说："马克思关于'与自然的代谢关系'的概念的'普遍性'在他的现实概念中构成了一种外部（以及内部）条件或边界"⑤，

---

① John Bellamy Foster, The Ecological Revolution: Making Peace with the Planet, *Monthly Review Press*, 2009, pp. 180 – 1.

② John Bellamy Foster, "Marxism in the Anthropocene: Dialectical Rifts on the Left", *International Critical Thought*, 2016 (3), p. 21.

③ John Bellamy Foster, "Marxism in the Anthropocene: Dialectical Rifts on the Left", *International Critical Thought*, 2016 (3), p. 21.

④ Marx, K. *Capital*. Vol. 3. London: Penguin. 1981, p. 949.

⑤ Harvey, D. "History versus Theory: A Comment on Marx's Method in Capital", *Historical Materialism*, 2012 (2), p. 12 – 14.

这使得他将他对政治经济学的批判的所有"不同时刻"——以及他的生态批判——联系在一起。①

城乡分离导致自然肥料资源的丧失,然而,城乡分离也促进人类社会文明的高度发展,如何平衡这一关系,是一个悖论。有两种发展趋势为养料循环的第二次断裂提供了舞台。首先是第二次世界大战后廉价氮肥的生产带来的一系列变化。其次是畜牧生产的高度集中。这两个因素为养料循环的第二次断裂加速提供了条件。② 在新古典主义经济学中,土地意指所有的自然资源——所有"自然的免费馈赠"——所有这一切在生产过程中都是可用的。土地没有生产成本,它是"免费的、不可再生的自然馈赠"。③

三、资本主义与生态学:矛盾的本质

马克思关于新陈代谢断裂的概念是其生态批判思想的核心内容。福斯特认为,这种新陈代谢过程中的断裂完全是对"人类生活的永恒的自然条件"的破坏。在马克思看来,资本主义制度的本性决定了人类和自然之间的新陈代谢断裂必将愈加扩大,因此,资本主义必将是不可持续的。事实上,福斯特指出,在分析新陈代谢断裂的过程中,马克思和恩格斯并没有停留在土壤养分的循环或者城乡之间的关系上。他们在其著作的不同地方还提出并分析了以下诸多问题,比如森林砍伐、土地沙漠化、气候变化、森林中鹿群的消失、物种的商品化、污染、工业废弃物、有害物质的污染、循环利用、煤矿资源耗竭、疾病、人口过剩,以

---

① John Bellamy Foster, "Marxism in the Anthropocene: Dialectical Rifts on the Left", *International Critical Thought*, 2016 (3), p. 21.
② John Bellamy Foster, Ecology against Capitalism, *Monthly Review Press*, 2002, p. 163.
③ John Bellamy Foster, Marx's Ecology: Materialism and Nature, *Monthly Review Press*, 2000, p. 167.

及物种进化（协调进化）等。① 福斯特认为，马克思的文本中涉及的人与自然之间新陈代谢方面的众多论述，折射出马克思曾试图就人类与自然之间的复杂关系进行过深刻的哲学反思。

第二节 奥康纳对历史唯物主义的重构

奥康纳生态思想的构建是通过一系列对唯物史观的重构展开的。这个过程包括：首先指出历史唯物主义的理论缺陷，基于对劳动概念的分析，引入自然维度和文化维度；进而展开对马克思的"生产条件"概念的重新解读，形成其重要的资本主义双重矛盾理论。

一、自然、社会劳动和文化的三位一体

在奥康纳看来，历史唯物主义在两个方面是有缺陷的。马克思倾向于把对社会劳动即劳动分工的讨论从文化和自然中抽象出来。这就引出了自然维度和文化维度。传统历史唯物主义存在着理论缺失，这个指认直接影响到历史唯物主义与生态危机之间的关系。奥康纳认为，生态学马克思主义的使命是将自然和文化的因素融入传统历史唯物主义，构建一种新的方法论范式。

奥康纳的生态思想构建首先是从对历史唯物主义的重构开始的。他认为，在马克思关于生产力和生产关系的概念解释中，"自然"和"文化"的维度是缺失的。事实上，生产力和生产关系都是文化的和自然的。② 在马克思主义理论中，生产力往往被界定为包括科学技术、机械

---

① John Bellamy Foster, The Ecological Revolution: Making Peace with the Planet, Monthly Review Press, 2009, p. 148.
② James O'Connor, *Natural Causes: Essays in Ecological Marxism*, The Guilford Press, 1998, p. 36.

工具和掌握一定技术的工人;生产关系被界定为人类在进行日常生产活动中构建起的各类社会关系。通常而言,生产关系被认为是包含社会产品的占有关系在内的财产形式和权力关系。[1] 经典马克思主义理论把文化归为上层建筑范畴,而奥康纳认为,文化与经济基础关系密切,如果仅从劳动工具、技术和机械等因素来规定生产力和生产关系,必然会导致"技术决定论"。

奥康纳指出文化范畴往往内化于生产力和生产关系中。他以19世纪和20世纪早期的工人为例,指出在这些工人的实践中,手工技术和文化技能是完全融合的。他还对比了日本和美国两国在资本占有和工厂管理体制方面的不同,日本人强调责任、秩序和荣耀的企业文化,而这些概念对大多数美国人来说是比较陌生的。奥康纳认为,"劳动既是一种物质性的实践,也是一种文化实践"。[2] 他指出,生产力概念具有两种维度:一是客观性的维度,包括天然从大自然获取的生产资料和劳动工具,或通过劳动从自然界中获得;二是主观性的维度,包括马克思指出的人类在从事劳动过程中的各种组合或协作方式,这部分往往会受到当时科学技术水平的限制和文化因素的影响。[3] 具体受到哪些文化因素的影响以及如何影响,奥康纳并没有展开论述。

奥康纳认为,生产关系概念也具有两重维度[4]。同样,一方面是客观维度,涉及生产关系与一定的社会规律相一致;另一方面是主观维度,包括各个社会制度和环境下的文化因素,从而形成独特的生产方式(例如,强迫劳动和剩余劳动的剥削)。例如,日本的那种强调责任感的工作文化在美国公司中可能会收到对牛弹琴的效果,而美国的以个人主义为核心的工作文化在日本公司中也许会遭遇同样的命运。正如有的人

---

[1] James O'Connor, *Natural Causes: Essays in Ecological Marxism*, The Guilford Press, 1998, p. 35.
[2] James O'Connor, *Natural Causes: Essays in Ecological Marxism*, The Guilford Press, 1998, p. 36.
[3] James O'Connor, *Natural Causes: Essays in Ecological Marxism*, The Guilford Press, 1998, p. 37.
[4] James O'Connor, *Natural Causes: Essays in Ecological Marxism*, The Guilford Press, 1998, p. 36.

类学家指出的那样，人力资源本质上就是文化的产物，之所以有价值或有用本身就是由于文化因素而赋予的内在意义。① 总之，奥康纳提出生产力和生产关系具有自然和文化双重维度。

奥康纳进一步分析道，自然与文化因素之所以被弱化或被忽视，其重要原因在于，马克思在分析"协作"（cooperation）② 这个主题的时候，把它单方面的处理了。从方法论的层面来说，协作被边缘化了。马克思弱化或者忽视了协作的自然维度和文化维度的内涵，因此，在马克思主义理论中，很难说有什么自然或文化维度的生产力和生产关系理论。

正如理查德·比尔纳基（Richard Biernacki）在《劳动的组合：1640 至 1914 年间的德国和英国》一书中指出，劳动作为一种商品，其本质在不同的民族文化语境中是不同的。奥康纳正是试图以"协作"这个范畴为突破口对历史唯物主义观念进行修正，进而来重构自然、社会劳动与文化之间的辩证关系，社会劳动被视为调节文化和自然的作用。

具体地，奥康纳是"通过重新理解传统历史唯物主义中的生产力和生产关系范畴来完成他的方法论的建构及实现修正历史唯物主义这一目标的"。③ 奥康纳认为马克思主义理论中存在着"技术决定论"的理论倾向，最为突出的方面是马克思把协作模式归因于"技术的必然性"。基于此，奥康纳在重构唯物史观的过程中，其理论的核心正是明确反对"技术决定论"，"强调人类社会和自然界之间的文化和生态联系，这为他揭示由资本主义制度所引发的生产条件异化奠定了

---

① James O'Connor, *Natural Causes*: *Essays in Ecological Marxism*, The Guilford Press, 1998, p. 36.
② 《马克思恩格斯文集》第 5 卷，人民出版社 2009 年版，第 374—389 页。马克思在《资本论》中，专门有一章论述了"协作"。马克思对协作的定义是："许多人在同一生产过程中，或在不同的但互相联系的生产过程中，有计划地一起协同劳动，这种劳动形式叫做协作"，第 378 页。
③ 郭剑仁：《西方生态学马克思主义的方法论研究》，载《马克思主义哲学研究》2008 年第 1 期，第 223 页。

理论基础"①。

二、生产条件：一个理论核心范畴

奥康纳重构历史唯物主义的另一个重要方面是对"生产条件"的阐发。在分析了生产力和生产关系之后，奥康纳进一步阐释了他的第二重矛盾理论的核心范畴——"生产条件"。奥康纳解释说，他沿用"生产条件"的概念，是因为他想用马克思自己的术语及基本理论来重新阐释一些问题，同时也因为他的讨论仅限于资本的生产和流通过程中的危机态势，而不是把整个社会形态的社会性在生产过程全都包括在里面。他指出生产条件"不是作为商品，并根据价值规律或市场力量而生产出来的，但却被资本当成商品来对待的所有东西"②。

奥康纳指出，地球上的物种、自然环境和生态系统诚然是生态学的范畴，但是同时也异化为政治的、文化的和意识形态方面的范畴。这一事实具有两个方面的意义：第一，生态危机可以被界定为政治斗争中的一个转折点，比如，那些试图保护生态系统或"荒野"的环境主义者，与那些被投资和获取利润的动力所驱动的资本主义的促进者之间的斗争中的转折点，即当还没有人知道哪一方将会获胜的情况之下的某一时刻或时间；第二，这种转折点在最主要的意义上是一种政治上的转折点，因为，人们在此时还不知道对湿地或物种的毁坏是否已经超过了它们可能被拯救的边际点。③

受到波兰尼的《大转折》中思想的影响，奥康纳把马克思的"生产条件"概念与波兰尼的"劳动与土地"概念等同起来。之所以"等同起

---

① 郭剑仁：《北美生态学马克思主义对唯物史观的重构及其启示》，载《鄱阳湖学刊》2010年第2期，第75页。
② James O'Connor, *Natural Causes: Essays in Ecological Marxism*, The Guilford Press, 1998, p. 307.
③ [美]詹姆斯·奥康纳：《自然的理由——生态学马克思主义研究》，唐正东、臧佩洪译，南京大学出版社2003年版，第220页。

来",那是因为马克思有时候在特定意义上使用"生产条件"来描述有关的概念,它包括"资本所有权"和"土地所有权"。从上帝造世界的角度来说,就像个人条件及一般条件一样,外在性的条件也没有交换价值。①

奥康纳指出,对于马克思来说,至少有以下三点是可以被确认的:第一,生产条件或"自然条件"的缺乏可能会引发经济危机。第二,在一种更为一般性的命题中,马克思相信,尽管有些妨碍生产的因素的确是外在于生产方式的(例如,"劳动者的生产能力是由身体条件所决定的"),但在资本主义制度下,这些妨碍性因素会以经济危机的形式把自己表现出来。第三,马克思相信,资本降低了自然的价值,例如,资本主义的农业对土壤是有害的,资本主义的剥削方式无论是从身体的角度还是从生物学的角度,对工人都是有害的,这种剥削方式还对社区产生破坏作用。总而言之,马克思相信资本主义的农业毁坏了土壤的质量。②奥康纳强调,马克思虽然在一些著作中做出了一定的暗示,但最终没有发展出这样的观念:基于对资本主义潜在生态危机的批判理论。

为了弥合马克思的经典理论(劳动价值论和剩余价值论),奥康纳指出,在传统马克思主义理论中,资本的生产与流通之间的矛盾是内在于资本主义制度的,其中就包括各种矛盾和危机。"资本主义是一个充斥着危机(crisis-ridden)的制度"③,譬如金融危机、国家的财政危机、流动性危机以及其他相关的社会和政治危机等。资本主义与危机之间的关系是相互依存又相互排斥的。因为,资本往往会采用对生产力和生产关系的调整来利用危机,并以有利于资本发展的方式去解决这种危机。

---

① [美]詹姆斯·奥康纳:《自然的理由——生态学马克思主义研究》,唐正东、臧佩洪译,南京大学出版社2003年版,第234页。

② James O'Connor, *Natural Causes*: *Essays in Ecological Marxism*, The Guilford Press, 1998, pp. 159–160.

③ James O'Connor, *Natural Causes*: *Essays in Ecological Marxism*, The Guilford Press, 1998, p. 163.

基于此，人类的协作成为最大的生产力。① 奥康纳总结道，危机在本质上就创造出了一种向社会主义转型的可能性。

传统马克思主义危机理论认为，经济危机的生产源于生产过剩，而奥康纳的生态理论认为，生态危机的生产恰恰是因为生产不足。② 奥康纳提出的生产不足是不是暗含了促进资本主义发展的潜台词？由于生产的"不足"，所以要发展资本主义，从而为资本主义的发展提供了理论空间。在传统马克思主义理论中，由危机所导致的生产力和生产关系方面的变化，是由削减成本、增加劳动强度、对资本结构进行重组等方面的需要所决定的。生产力和生产关系有向更具社会性的形式转型的趋势。

在奥康纳看来，危机有力地促使了资本与国家对生产条件实施更为有力的控制或更为有效的计划（对资本本身的生产与流通也起同样的作用）。奥康纳进一步预测，相对于传统马克思主义的社会主义构建，新型的"社会主义的重构"将在"三个世界"中有不同的状态：在"第一世界"（first world），重构将被视为首先是希望得到的，其次是必需的；在"第二世界"（second world），同样也是首先是希望得到的，其次是必需的；但是在"第三世界"（third world）则首先是必需的，其次才是希望得到的。奥康纳指出，在资本主义制度中，生产条件的变化更多受到政治因素的影响，它们往往被当局合法化，从而保护了很多的政治色彩。③

三、对资本主义社会基本矛盾的判断

在奥康纳看来，随着资本主义社会的发展，传统马克思主义关于资本主义社会基本矛盾的判断已经不能解释当代发生的多重社会危机，尤

---

① James O'Connor, *Natural Causes: Essays in Ecological Marxism*, The Guilford Press, 1998, p. 164.
② James O'Connor, *Natural Causes: Essays in Ecological Marxism*, The Guilford Press, 1998, pp. 166–167.
③ James O'Connor, *Natural Causes: Essays in Ecological Marxism*, The Guilford Press, 1998, pp. 170–171.

其是生态危机。在马克思生活的那个年代，马克思更多关注的是经济层面上的危机，而对生态问题缺乏足够重视和思考。基于对传统马克思主义和生态学马克思主义的区分，奥康纳把资本主义社会的基本矛盾做了划分，提出了两重矛盾论。

（一）资本主义第一重矛盾：生产力与生产关系

在奥康纳的话语体系中，奥康纳把传统马克思主义中所论述的资本主义的生产力与生产关系之间的矛盾称作"资本主义的第一重矛盾"，并简单地作如下的概述："剥削率既是一个社会学的范畴，也是一个经济学的范畴。它所反映的是超越劳动的社会性和政治性的权力，以及资本主义所固有的走向现实危机的内在趋势，或者资本的生产过剩的危机趋势。"① 资本主义的第一重矛盾是内在于这种体制的，它与生产条件（不管是经济维度上的还是社会经济维度上的生产条件）没有什么关系。

第一重矛盾是从需求的角度对资本构成冲击，与之相对应，第二重矛盾是从成本的角度对资本构成冲击。② 第一重矛盾作为一种现实性危机彰显其最纯粹的形式，第二重矛盾则展现为一种流动性的危机。在第一种情况中，剩余价值的生产方面是没有问题的，只是在价值和剩余价值的实现方面才存在问题；而在第二种情况中，价值及剩余价值的实现是没有问题的，有问题的恰恰是在剩余价值的生产方面。③

在奥康纳看来，"第一重矛盾"源自这样一个事实：资本主义的生产不仅是商品的生产，还是剩余价值的生产，即对劳动的资本主义剥削过程。对劳动的剥削仅仅意味着阶级斗争及经济危机存在于资本主义的本质之中——这种危机有时候被称为"资本的生产过剩"，这种对经济危机的探讨焦点在于交换价值。参见图1。

---

① James O'Connor, *Natural Causes*: *Essays in Ecological Marxism*, The Guilford Press, 1998, p.176.
② James O'Connor, *Natural Causes*: *Essays in Ecological Marxism*, The Guilford Press, 1998, p.176.
③ James O'Connor, *Natural Causes*: *Essays in Ecological Marxism*, The Guilford Press, 1998, p.177.

第一章 生态唯物主义与重构唯物史观：福斯特与奥康纳对马克思思想继承的比较

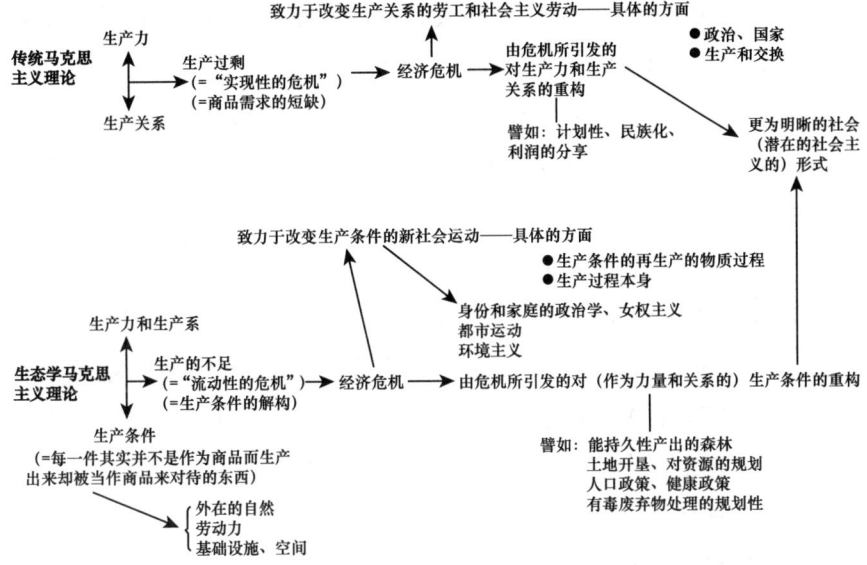

图 1 资本主义第一重矛盾与第二重矛盾①

（二）资本主义第二重矛盾：生产力、生产关系与生产条件

奥康纳认为，当今世界资本主义不仅有资本的生产过剩的危机（经济危机）——源于第一重矛盾，而且也有资本的不充分发展②的危机（生态危机）——源于第二重矛盾。危机不仅来源于传统马克思主义所说的需要的层面，而且也来源于生态学马克思主义所说的成本的层面。使用价值其实是很重要的，奥康纳强调，在任何一种关于资本主义的第二重矛盾的阐释中，使用价值或多或少都一定与交换价值处于同等重要

---

① 此图由雅考夫-加勃（Yaakow Garb）所画。James O'Connor, *Natural Causes: Essays in Ecological Marxism*, The Guilford Press, 1998, p. 172.
② 不充分发展意味着鼓励资本的发展，鼓励资本主义的发展，奥康纳的最终目的并不是建设马克思意义上的社会主义，而是重构社会主义，是按照资本主义标准的重构。正如奥康纳所说："如果我们真的这样做了，那么，其结果必然是，我们能够清晰地看出今日我们所需要的，其实并不是'社会主义的建设'，而是对自然的'社会主义式的重建'——包括我们自身的'自然'在内。"见［美］詹姆斯·奥康纳：《自然的理由——生态学马克思主义研究》，唐正东、臧佩洪译，南京大学出版社2003年版，第207页。

的地位。"我们越是在理论上接近使用价值,在实践中,我们就越能够接近真实的实践语境以及真实的、活生生的人们。"① 资本主义的第二重矛盾则需要一种更为复杂的术语来进行分析,这些术语实际上内含在使用价值这一范畴之中:消费部分所占的份额及其价值内容、固定资本的大小及其价值内涵、自然性因素进入不变资本与可变资本领域所付出的代价、作为剩余价值之扣除的地租以及所有的各种消极性的外在因素(例如,城市拥挤所付出的成本,这些成本会进入个体资本的成本之中)。在第二重矛盾中,没有哪个单一的范畴能像剥削率这一范畴在第一重矛盾中所起的作用那样,起到了理论上的核心作用(这是为什么当今会出现多种多样的社会运动的原因之一)。当然,上述的所有范畴都既是社会政治性的,又是经济性的。

奥康纳指出,出现第二重矛盾的根本原因是资本主义从经济的维度对劳动力、城市的基础设施和空间,以及外部自然界或环境的自我摧残性的利用和使用——之所以是"自我摧残性"的,那是因为,当私人成本转化为"社会成本"的时候,健康和教育的成本、城市交通的成本、房屋及商业性的租金,以及从自然界中榨取资本要素所要付出的代价都将会上升。今天,资本所面临的不仅是成本的上升,还有市场需求的疲软,也就是说,资本同时面临着第一重矛盾和第二重矛盾。②

第三节 福斯特与奥康纳对马克思 生态思想继承的比较

比较福斯特与奥康纳的生态思想,我们发现他们对马克思生态学思

---

① [美]詹姆斯·奥康纳:《自然的理由——生态学马克思主义研究》,唐正东、臧佩洪译,南京大学出版社2003年版,第203—204页。
② James O'Connor, *Natural Causes: Essays in Ecological Marxism*, The Guilford Press, 1998, p. 177

想的"继承"是从不同的路径出发的。福斯特是回到马克思的文本,进行深度地挖掘,认为马克思的思想宝库里已经存在丰富的生态学思想;而奥康纳则相反,他认为马克思那个年代人与自然之间的矛盾还没有演变成生态危机,因此,他不可能关注和产生现代意义上的生态思想,更不可能形成马克思的生态学。

一、福斯特:生态唯物主义是马克思生态思想的核心

对马克思来说,人类是客观"自然的",是自然的一部分。人类对自然的依赖有两种形式。其一,自然是人的身体,要求和接受持续的物质给养;其二,自然也是人的灵魂,它独自为劳动活动中人的自我实现和人化提供某种依托的对象。①

福斯特指出,虽然一些批判者,比如麦克劳夫林(McLaughlin)坚持认为马克思"将物质极大丰富作为共产主义的社会基础",因而没有发现"可以确认的将自然从人类统治中解放出来的任何基本兴趣",但是,福斯特进一步强调,大量与此相反的证据表明:马克思深切关注生态限制和可持续性问题。② 而且,在马克思的著作中,没有任何迹象表明,马克思相信人与自然的可持续性关系去随着向社会主义的过渡而自动地出现。相反,他强调在这一方面需要进行计划,包括诸如通过人口的更加分散以消除城乡差别,以及通过土壤养分的循环利用以恢复和改善土壤等措施。③ 最终,人与自然的关系必然是需要通过改变生产关系来实现。

福斯特的生态思想本质上是反资本主义的,其理论出发点是为了颠覆资本主义制度(资本逻辑),实现生态文明,他是生态学马克思主义

---

① R. N. Berki, *The Genesis Of Marxism: Four Lectures*, J. M. Dent & Sons Ltd. 1988, pp. 155 – 156.
② John Bellamy Foster, *The Ecological Revolution Making Peace with the Planet*, Monthly Review Press, 2009, p. 183.
③ 《马克思恩格斯选集》第 2 卷,人民出版社 2009 年版,第 52—53 页。

的。与奥康纳对比，福斯特提出了完全相反的看法，他认为在马克思的经典著作中包含了大量的生态学思想①，"马克思的世界观是一种深刻的、真正系统的生态（指今天所使用的这个词中的所有积极含义）世界观，而且这种生态观是来源于他的唯物主义的"②，福斯特在马克思的《1844年经济学哲学手稿》《德意志意识形态》《共产党宣言》和《资本论》等重要的经典著作中挖掘出了马克思的生态学思想。这些生态学思想与马克思的其他思想融为一体，是马克思的历史唯物主义的核心思想（地位）。福斯特的"生态学马克思主义"的核心观点是：资本主义制度一切异化的根源，从本质上来看，资本主义与（自然和社会）生态是根本对立的。这也是福斯特构建的新陈代谢断裂理论的核心内涵③。

二、奥康纳："填补"马克思生态思想的空白

奥康纳不满意传统马克思理论对资本主义基本矛盾的判断，认为马克思在生态学方面存在"理论缺失"，因此，他要完善和发展马克思主义，他选择了历史唯物主义为突破口，确切地说是重构历史唯物主义。他认为，历史唯物主义中关于生产力和生产关系之间的矛盾只能解释资本主义社会经济危机的根源，但是，面对当今社会普遍存在的生态危机，用过去的理论显然是无法解释的。于是，奥康纳提出了生产力、生产关系和生产条件之间的矛盾，这个矛盾被他称作资本主义的第二重矛盾（马克思关于生产力与生产关系之间的矛盾，他称之为资本主义的第一重矛盾），正是这个矛盾导致了生态危机的产生。同时，奥康纳指出，

---

① 有其他一些学者的佐证，认为马克思的经典著作中本身已有生态学思想。例如帕森斯、伯克特等。
② John Bellamy Foster, Marx's Ecology: Materialism and Nature, *Monthly Review Press*, 2000, p. viii.
③ Paul Burkett, *Marx's Ecology and the Limits of Contemporary Ecosocialism*, Capitalism Nature Socialism, 2001, Vol. 12, Iss. 3, p. 130.

以往的历史唯物主义更多的是分析了人类发展史,而遗忘或缺乏对自然史的分析。基于对生态危机的分析,奥康纳认为新的历史观应该将自然维度和文化维度融入历史唯物主义构成新的研究范式。

奥康纳坚持从生产条件的角度来分析资本主义的生态危机,在他看来,自然资源如果一旦被规定为生产条件,被政治化就在所难免。生产条件维度上的这种资本主义在导致生态危机的同时,也为国家等政治力量干预生态危机提供了可能性;正是在这种干预的过程中,国家与资本等要素之间的关系将会更加紧密,构建起新的合作模式,这种模式将有助于资本主义向社会主义的转化。奥康纳的这种解读思路是用政治观来压制历史观,其最主要的缺陷在于,无法理解政治活动背后历史性社会关系的重要性,因而在根本上无法进入马克思历史唯物主义的理论视域,也解决不了资本的矛盾运动所产生的社会历史问题。正如奥康纳所说,"生产条件问题看似经济问题,但实际上是政治问题,因为它已经被政治化了"①。

奥康纳代表的是第一阶段的生态学社会主义,他们的研究进路是首先认为马克思缺乏生态思想,在经典马克思主义著作(思想)中根本就没有生态思想,并且在分析生态危机的根源时,他们提出了资本主义的第二重矛盾,这些思想家充其量只能称作改良的资本主义者,而不能称作马克思主义者。

三、回到马克思(福斯特)与解构马克思(奥康纳)

福斯特对马克思的生态思想的认识是在不断地深入和变化的,他的理论进路首先是回到马克思的经典文本,从马克思和恩格斯的经典著作中挖掘相关的生态思想。福斯特意识到马克思的思想往往被一些学者解读为具有反生态性。福斯特起初认为自己对马克思的著作相当熟悉,因

---

① 唐正东:《生产条件的政治化与资本主义的生态危机——詹姆斯·奥康纳的资本主义危机论探析》,载《南京大学学报》(哲学社会科学版)2015年第1期。

此没有认真反思这样的批判。即便是福斯特在写作《脆弱的星球：短暂的环境经济史》(*The Vulnerable Planet: A Short Economic Nistory of the Environment*) 的时候，也同样认为生态思想在马克思的整体思想中不是处于重要地位。但是，当福斯特进行了一系列的研究考察后，他指出生态思想已然是马克思主义思想的核心。

从研究方法上来看，福斯特采用了思想史研究的方法，着重对马克思的生态思想进行了深入地挖掘和构建，他研究了从旧唯物主义到新唯物主义中有关生态思想的几乎所有重要的代表人物。在研究的过程中，福斯特发现，无论是培根、马克思，还是达尔文的唯物主义都指向了同一个理论起点：伊壁鸠鲁的古代唯物主义哲学①。福斯特认为，唯物主义理论对于化解当今生态危机是至关重要的，而马克思的历史唯物主义正是这样一种对生态危机的解决有益的唯物主义，它不仅解释了生态危机的根源，而且提出（隐含）了解决问题的方案——发动生态革命，推翻资本主义制度。

正如 M. 卡德（Maarten de Kadt）和 S. E. 马洛（S. E. Mauro）指出的那样，福斯特通过著作《马克思的生态学》的理论贡献是："福斯特以马克思时代的科学为背景，从思想史的角度考察了马克思科学思想的发展过程，追溯了马克思和恩格斯为现代生态思想的发展所做出的贡献。"② 福斯特代表的是第二阶段的生态学社会主义，这个阶段的思想家从方法论角度来讲，都是力争回到马克思的文本，从经典马克思主义著作中挖掘生态思想，并赋予马克思主义以生态维度，这个阶段的思想家可以称得上是马克思主义者。

福斯特认为，马克思关于生态问题的分析是十分深刻和系统的。他

---

① John Bellamy Foster, *Marx's Ecology: Materialism and Nature*, Monthly Review Press, 2000, p. IX.
② Maarton Kadt, S. E. Mauro, "Failed Promise", *Capitalism Nature Socialism*, 2001, Vol. 12, Iss. 2, p. 50.

第一章 生态唯物主义与重构唯物史观：福斯特与奥康纳对马克思思想继承的比较

的这些深刻分析是基于对当时的科学革命和生态环境的系统研究得出的，这些研究建立在他富有哲学视野的对唯物主义自然观的全面理解的基础上。在《1844年经济学哲学手稿》中，马克思就人类与自然的异化问题做过详细地分析。这种异化导致的核心问题就是城乡对立。马克思曾断言，李比希在关于资本主义农业发展的贡献方面超过了当时所有的政治经济学家。而达尔文的自然选择理论"为我们的观点提供了自然史的基础"[1]。这些思想都包含了一组关系，即唯物主义自然观和唯物主义历史观，只有我们深刻理解了二者的辩证关系，才能够全面理解马克思的生态思想，才能够从马克思的角度反观人类社会和自然之间的密切关系。

马克思采用了"Stoffwechsel/Metabolism"（新陈代谢）这一词语来定义劳动过程"是人和自然之间的过程，人以自身的活动来引起、调整和控制人和自然之间的新陈代谢的过程"[2]。然而，资本主义的生产关系和城乡之间产生了对立的关系，从而出现了新陈代谢断裂，这就是马克思的新陈代谢断裂理论。福斯特认为，新陈代谢断裂理论构成了马克思生态学的理论核心。

福斯特认为，马克思的"新陈代谢"概念可以从两个维度来分析：从狭义维度，人类与自然以劳动为媒介完成了新陈代谢；从广义维度，业已存在的但是被资本主义异化的各种需求和关系，其中包括人类自由问题，通过人类劳动组织形式得以表现的，被看作人类与自然之间的新陈代谢关系。总之，新陈代谢概念包含了特定的生态维度和社会维度。[3]福斯特指出，马克思使用新陈代谢概念能够很好地表述人与自然的关

---

[1] 《马克思恩格斯全集》第30卷，人民出版社1974年版，第131页。
[2] John Bellamy Foster, Marx's Ecology: Materialism and Nature, *Monthly Review Press*, 2000, p. 141.
[3] John Bellamy Foster, *Marx's Ecology: Materialism and Nature*, Monthly Review Press, 2000, p. 158.

系，尤为重要的是，马克思通过新陈代谢概念把他早期著作中的核心概念（自然异化）表现得更为具体化。

相比较而言，福斯特（阵营）研究马克思生态思想的目标是"揭示生态内容在历史唯物主义的早期发展过程中的关键性地位，为历史唯物主义的生态批判奠定基础"①。然而，奥康纳（阵营）认为由于生活的年代不同，马克思的生态思想与当前的资本主义现状存在巨大的差异，他们之所以强调两者的差异，旨在重构历史唯物主义②。

奥康纳代表的是第一阶段的生态学社会主义，他的研究进路首先认为马克思缺乏生态思想，在经典马克思主义著作（思想）中根本就没有生态思想，并且在分析生态危机的根源时，他提出了资本主义的第二重矛盾，这样的思想家充其量只能称作社会主义者或改良的资本主义者，而不能称作马克思主义者。奥康纳的生态思想指向本质上是对历史唯物主义的重构。他认为，马克思在分析生产力和生产关系的关系时缺乏文化和自然的维度。然而，事实上，生产力和生产关系同时都是文化的和自然的。③ 社会劳动被奥康纳解释为连接生产力和生产关系的中介，因此，奥康纳认为历史唯物主义在研究社会劳动时还应该增加文化维度和自然维度。

奥康纳指出，无论是生产力还是生产关系都是与文化规范问题融合在一起的。他以 19 世纪和 20 世纪早期的工人为例子，指出在这些工人的实践中，手工技术和文化技能是完全地融合的。他还对比了日本和美国两国在资本占有和工厂管理体制方面的不同，日本人强调责任、秩序和荣耀的企业文化，而这些概念对大多数美国人来说是比较陌生的。奥

---

① Paul Burkett, "Marx's Ecology and the Limits of Contemporary Ecosocialism", *Capitalism Nature Socialism*, 2001, Vol. 12, Iss. 3, pp. 126 – 133.

② Maarton Kadt, S. E. Mauro, etc., "Rejoinders", *Capitalism Nature Socialism*, 2001, Vol. 12, Iss. 3, pp. 139 – 147.

③ James O'Connor, *Natural Causes: Essays in Ecological Marxism*, The Guilford Press, 1998, p. 36.

第一章 生态唯物主义与重构唯物史观：福斯特与奥康纳对马克思思想继承的比较

康纳认为，"劳动既是一种物质性的实践，也是一种文化实践"。① 他指出，生产力概念从主客观两个方面考虑：从主观性角度，即包含一般的或不同的以特定方式的劳动力协作或组合，而这些方式不仅受到科学技术能力的影响，而且还受到文化实践能力的影响。② 从客观性角度，即由生产资料、生产方式和生产对象的角度来说，或通过劳动从自然界中获得。

奥康纳认为，生产关系概念也可以从主客观两个方面考虑：主观方面包含财产的文化内涵和生产关系所具有的独特的剥削方式（例如：强迫劳动和剩余劳动的剥削）通过独特的文化实践活动进行调解。例如：日本的那种强调责任感的工作文化在美国公司中就可能会收到对牛弹琴的效果，而美国的以个人主义为核心的工作文化在日本公司中也会遭遇同样的命运。正如有的人类学家指出的那样，人力资源本身就是文化产品，因为在它们被认为是有价值的或有用的之前，它们首先就包含文化的意义。③ 客观方面包含生产关系的发展与一些社会发展规律相一致。

奥康纳进一步强调，在历史唯物主义中，文化与自然的维度通常被忽视或被削弱，那是由于"协作"（cooperation）这个概念被边缘化了④。在《资本论》中，马克思专门有一章论述了"协作"。马克思对"协作"的定义是："许多人在同一生产过程中，或在不同的但互相联系的生产过程中，有计划地一起协同劳动，这种劳动形式叫做协作"⑤。奥康纳认为，"协作"的主题在它需要被全面理解的时候，却被加以单方面的处理。

在分析了生产力和生产关系之后，奥康纳提出了他的理论核心范

---

① James O'Connor, *Natural Causes: Essays in Ecological Marxism*, The Guilford Press, 1998, p. 36.
② James O'Connor, *Natural Causes: Essays in Ecological Marxism*, The Guilford Press, 1998, p. 37.
③ James O'Connor, *Natural Causes: Essays in Ecological Marxism*, The Guilford Press, 1998, p. 37.
④ James O'Connor, *Natural Causes: Essays in Ecological Marxism*, The Guilford Press, 1998, p. 38.
⑤ 《马克思恩格斯文集》第5卷，人民出版社2009年版，第378页。

畴——"生产条件",他这样给出了定义:"它并不是作为商品,并根据价值规律或市场力量而生产出来的,但却被资本当成商品来对待的所有东西。"① 他分析了马克思所界定的三种不同的生产条件:(1)"生产的个人条件",例如:工人劳动力;(2)"自然条件"或"外在的物质条件",例如,土地;(3)"公共的、一般性条件",例如,交通设施。奥康纳进一步解释说,他沿用"生产条件"的概念,是因为他想用马克思自己的术语及基本理论来重新阐释一些问题,同时也因为他的讨论仅限于资本的生产和流通过程中的危机态势,而不是把整个社会形态的社会性的生产过程全都包括在里面。②

奥康纳认为,无论是马克思本人,还是其他的马克思主义者,都没有能够发展出一种理论,来解释由生态危机所导致的资本主义生产条件与生态学社会主义的生产条件之间建立的关系问题。③ 由此,奥康纳指出,我们需要构建出一种资本主义理论,旨在帮助我们客观地分析和反思全球生态环境遭到破坏的问题。这样的理论可以从经济发展、社会运动和政治运动等方面进行反思,同时基于日常经验领域开展包括生态维度、政治经济学维度和社会学维度的理论批判。奥康纳认为"资本主义的第二重矛盾"理论或许就是这样一种关键性的理论反思。

---

① James O'Connor, *Natural Causes: Essays in Ecological Marxism*, The Guilford Press, 1998, p. 307.
② James O'Connor, *Natural Causes: Essays in Ecological Marxism*, The Guilford Press, 1998, p. 155.
③ James O'Connor, *Natural Causes: Essays in Ecological Marxism*, The Guilford Press, 1998, p. 167.

第二章 "新陈代谢断裂"与"第二重矛盾":福斯特与奥康纳对马克思生态思想解读的比较

福斯特和奥康纳通过对马克思生态学思想的解读或否定性批判,进而构建了他们自己的生态学思想。对于福斯特而言,他从马克思的经典文本中构建了新陈代谢断裂理论;而奥康纳为了"填补"马克思关于生态思想的空白,提出了资本主义的第二重矛盾理论。以下就对他们各自的理论进行论述。

第一节 福斯特对马克思生态思想的构建:新陈代谢断裂理论

可以说,福斯特对于马克思主义最大的贡献在于,他从生态学维度阐释了马克思主义关于人与自然的学说,使马克思主义的生态思想在新的历史时期得以凸显。福斯特通过梳理马克思和恩格斯的著作,尤其是马克思的思想发展史,提出了生态唯物主义分析方法论。福斯特在马克思的《1844年经济学哲学手稿》《德意志意识形态》《共产党宣言》和

《资本论》等重要的经典著作中挖掘出了马克思的生态学思想。这些生态学思想与马克思的其他思想融为一体,是马克思的历史唯物主义的核心思想(地位)。福斯特的"生态学马克思主义"的核心观点是:资本主义制度(资本逻辑)与自然(生态)之间本质上是对立的,前者必然地导致了生态危机。

一、马克思生态思想的来源:对唯物主义思想史的考察

"在经过对马克思关于生态论述的诸多文献进行了数十年的探索和研究以及科学技术笔记出版之后"①,福斯特对马克思的生态思想的认识经历了一个不断深入和变化的过程。从他写作《马克思的生态学》一书的前后书名变更就可见一斑。马克思常常被一些学者看作一位反生态的思想家。起初,福斯特认为自己一直非常熟悉马克思的作品,从来没有认真对待过这种批判。即便是福斯特在撰写《脆弱的星球:短暂的环境经济史》(1994)的时候,依然没有意识到生态思想在马克思的整体思想中处于何等位置。但是,当福斯特进行了一系列的考察后,他认识到:"马克思的世界观是一种深刻的、真正系统的生态世界观,而且这种生态观是来源于他的唯物主义"②。福斯特的研究过程是对西方生态思想史的梳理,而马克思的生态学思想是汇聚了伊壁鸠鲁、费尔巴哈、李比希和达尔文等思想家的伟大思想,运用辩证唯物主义和历史唯物主义的方法对当时的社会进行深刻分析和判断的成果。

在研究的过程中,福斯特发现,培根和马克思,甚至达尔文(虽然不是很直接)的唯物主义原来有一个共同的理论源头:伊壁鸠鲁的古代唯物

---

① John Bellamy Foster, The Ecological Revolution: Making Peace with the Planet, *Monthly Review Press*, 2009, p. 143.
② John Bellamy Foster, *Marx's Ecology: Materialism and Nature*, Monthly Review Press, 2000, p. viii.

第二章 "新陈代谢断裂"与"第二重矛盾":福斯特与奥康纳对马克思生态思想解读的比较

主义哲学①。福斯特的《马克思的生态学》一书的基础是为了了解生态学的起源,重点是论述唯物主义和科学的发展如何促进了生态学思维方式的产生(实际上是使这种思维方式成为可能)。《马克思的生态学》全书是围绕19世纪两位最伟大的唯物主义者达尔文和马克思的著作而展开的。②

福斯特认为,马克思对生态的见解通常都是相当深刻的,这些见解并不只是一位天才瞬间闪烁的火花。这种思想的核心是关于城乡对立问题。③ 福斯特强调,对马克思博士论文讨论最多的,是马克思本人和青年黑格尔派学者总体上受到古希腊哲学(斯多亚主义、伊壁鸠鲁主义和怀疑论)的吸引。由此,我们有理由相信,马克思并没有过多地受到伊壁鸠鲁哲学的影响,以至把它看作反映时代的某种"精神"。那么我们可以有另外一个假设,马克思在写作其博士论文的时候仍然深深地受到黑格尔的世界观的影响。需要指出的是,马克思在其以后的著作中认为伊壁鸠鲁哲学是17世纪和18世纪发展唯物主义观点的那些思想家们的核心思想来源。福斯特指出,马克思的博士论文不仅受到黑格尔的影响,而且与伊壁鸠鲁的唯物主义辩证法达成一致。④

福斯特援引罗伯特·休斯·卡根(Robert Hugh Kargon)的话,在科学领域,"托马斯·哈里奥特(Thomas Hariot)、弗朗西斯·培根、托马斯·霍布斯、罗伯特·波义耳、艾萨克·牛顿都深受古希腊原子论的影响,特别是从培根开始,主要受到伊壁鸠鲁哲学的影响"⑤。伊壁鸠鲁写

---

① John Bellamy Foster, *Marx's Ecology: Materialism and Nature*, Monthly Review Press, 2000, p. ix.
② John Bellamy Foster, *Marx's Ecology: Materialism and Nature*, Monthly Review Press, 2000, p. 2.
③ John Bellamy Foster, *Marx's Ecology: Materialism and Nature*, Monthly Review Press, 2000, p. 20.
④ John Bellamy Foster, *Marx's Ecology: Materialism and Nature*, Monthly Review Press, 2000, p. 33.
⑤ John Bellamy Foster, *Marx's Ecology: Materialism and Nature*, Monthly Review Press, 2000, p. 40.

道:"相信神的故事也比做物理学家宿命论的奴隶好得多。因为如果尊敬神还会给我们留下侥幸的机会,但后者只留下无情的必然。但是大众都相信,我们必须接受的正是偶然,而不是神。"伊壁鸠鲁说,"献身于哲学"就是寻找"真正的自由"。在马克思看来,伊壁鸠鲁哲学的核心就是他所强调的没有最终限制的自由。① 其自然哲学的最大缺点是他"除了机械的自然外不承认任何别的自然"。马克思热情地吸收了卢克莱修、培根、休谟和霍尔巴赫等广博的唯物主义者/自然主义者的观点(在反对亚里士多德的意义上)。② 马克思似乎已经把伊壁鸠鲁唯物主义(很像黑格尔的辩证法)内化自己的思想之中。由此可见,马克思受到伊壁鸠鲁深刻的影响。

  福斯特认为,在马克思开始认真地研究政治经济学之前,必须在哲学上同黑格尔体系进行更坚决的决裂,因为黑格尔把历史发展的过程当作意识发展过程的反映。对马克思来说,这次决裂很大程度上是通过研究费尔巴哈对黑格尔体系的批判而完成的。费尔巴哈的《关于哲学改造的临时纲要》在黑格尔哲学体系中最脆弱的部分(自然哲学体系)实现了与黑格尔的决裂。在黑格尔的哲学体系中,自然仅仅是一个机械的存在,或者作为一个分类学的范畴。费尔巴哈坚决地同这种理论决裂,他坚持认为物质世界本身是现实存在的,包括其中的人类及其对世界的感觉。青年黑格尔派认为:黑格尔思辨哲学的内在本质是反神学的;事实上批判宗教构成了他真正的目的。费尔巴哈认为,黑格尔哲学体系达到了对感知世界的否定;从世俗哲学而不是宗教神学的角度来看,黑格尔

---

① John. Bellamy Foster, *Marx's Ecology: Materialism and Nature*, Monthly Review Press, 2000, p. 56.
② 休谟也因为其反对神学的立场而在马克思的博士论文的序言中得到了表扬;康德也因其在《纯粹理性批判》中反驳上帝存在的本体论证明而同样在马克思博士论文的附录中得到表扬。培根则早在1842年就在马克思对宗教进行批判的时候被提到过。见中文版《马克思恩格斯全集》第1卷,人民出版社1995年版,第30、104、201页。转引自 John Bellamy Foster, *Marx's Ecology: Materialism and Nature*, Monthly Review Press, 2000, p. 61.

第二章 "新陈代谢断裂"与"第二重矛盾":福斯特与奥康纳对马克思生态思想解读的比较

哲学仅仅是复制了人类与自然的分离,这是阻碍自由发展的最大障碍。

在马克思看来,费尔巴哈的批判具有决定性意义,因为它证明黑格尔的思辨哲学是在为神学世界观做理性的辩护。马克思提出,思辨哲学的模式必须被更加唯物主义的分析方法所替代。对费尔巴哈自然主义的关注反过来进一步加强了马克思逐渐增长的对政治经济学的关注,他意识到,政治经济学是解决人类对自然的物质占有(appropriation)问题的钥匙。费尔巴哈认为,一切科学必须以自然为基础,一种学说在没有找到它的自然基础之前,只是一种假设。这一点对于自由的学说特别有意义。只有新哲学才能将直到如今仍然是一种反自然主义的、超自然主义的假设的自由自然主义化。他宣称,物质乃是理性的一个主要对象。如果没有物质,那么理性就不能刺激思维,就不给思维以材料,就没有内容。如果不排除理性,就不能排除物质,如果不承认理性,就不能承认物质。唯物主义者乃是理性论者。费尔巴哈认为,真正的世界是有限的,有限的世界不能融入绝对精神,也就是有限不可能变成无限。①

马克思认为,这种关系明显地属于有机关系——不仅在生理上超越了,同时在实践上也扩展了人类实际上的身体器官——因此他把自然称作"人的无机的身体"。② 在福斯特看来,在马克思的异化概念中,"土地的异化"也是一个很重要的概念,统治土地本身具有复杂的辩证含义。在资本主义制度下,"土地也像人一样"已经降到"买卖价值的水平"。"一切生灵,水里的鱼,天空的鸟,地上的植物,都成了财产",自然异化通过金钱崇拜表现出来,金钱崇拜使金钱变为"异化的本质":"钱是一切事物的普遍价值,是一种独立的东西。它剥夺了整个世界

---

① John Bellamy Foster, *Marx's Ecology: Materialism and Nature*, Monthly Review Press, 2000, pp. 68 – 71.
② John Bellamy Foster, *Marx's Ecology: Materialism and Nature*, Monthly Review Press, 2000, p. 73.

（人类世界和自然界）本身的价值"①。

在马克思看来，费尔巴哈之所以值得称赞是因为他在三个方面同黑格尔体系发生决裂：第一，说明了黑格尔的思辨哲学并没有取代唯灵论——用哲学语言来说即为神学，到最后只不过是恢复了唯灵论而已；第二，创立了"真正的唯物主义和现实的科学，因为费尔巴哈使'人与人之间的'社会关系成了理论的基本原则"；第三，反对黑格尔的否定之否定原理，这个原理通过黑格尔本人所说的"启示"——"自然万物只是思维的存在"——而描述了"非批判的实证主义和同样非批判的唯心主义"的联系。② 福斯特认为，通过费尔巴哈，马克思使自己完全彻底地摆脱了黑格尔的唯心主义。马克思坚持认为，人类的自我异化要通过超越自我异化找到解决的方案，即在发展中寻找解决问题的方案。

福斯特认为马克思是李比希著作的一位忠诚的学生。③ 马克思的生态学思想的核心概念"新陈代谢"就是在借鉴了李比希的概念之后，把它运用到社会科学领域。马克思在19世纪60年代早期写作《资本论》的时候深受李比希分析方法的影响。在李比希的影响下，马克思开始系统地批判资本主义对土地的"剥削"。

受到李比希对土壤衰竭的启发，马克思开始研究人类与土壤之间的可持续性问题，正如马克思所说："资本主义生产只是在它的影响使土地贫瘠并使土地的自然性质耗尽以后，才把注意力集中到土地上去。"④

---

① John Bellamy Foster, *Marx's Ecology: Materialism and Nature*, Monthly Review Press, 2000, p. 75.
② 《马克思恩格斯全集》第42卷，人民出版社1979年版，第158、162页。
③ John Bellamy Foster, Brett Clark, and Richard York, *The Ecological Rift: Capitalism's War on the Earth*, Monthly Review Press, 2010, p. 350.
④ Karl Marx, *Theories of Surplus Value*, Part 3, Progress Publishers, 1971, p. 301. 另见John Bellamy Foster, *The Ecological Revolution Making Peace with the Planet*, Monthly Review Press, 2009, p. 180.

第二章 "新陈代谢断裂"与"第二重矛盾":福斯特与奥康纳对马克思生态思想解读的比较

而且,这一现象不仅在与土地的关系上是如此,在城乡之间的对立关系上也是如此。

像李比希那样,马克思认为养料无法返回到土壤,其对立物就是城市的污染和现代排污系统的不合理。在《资本论》第3卷中,马克思说道:"在伦敦,450万人,他们没有更好的措施来处理粪便,而是花费大量的资金来污染泰晤士河。"对于这一点,恩格斯也有论述,在《论住宅问题》中指出:"仅仅伦敦一处每天就要花费很大笔钱,才能把整个萨克森王国所排出的粪便倾倒到海里去。"由此,需要重建"使工业生产和农业生产发生密切的联系"以及"使整个国家的人口尽可能平均的分布"。

在新古典主义经济学中,土地意指所有的自然资源——所有"自然的免费馈赠"——所有这一切在生产过程中都是可用的。土地没有生产成本,它是"免费的、不可再生的自然馈赠"。① 在对未来社会的畅想中,马克思和恩格斯提出了一种城乡之间的较高层次的综合。

福斯特接着分析道,达尔文的《物种起源》出版的重要意义不仅是表达了进化理论,在当时而言,是对上帝死亡的宣判。② 达尔文在书中就像一个造物主(上帝)一样,向人们描述了世界(地球)上的各种生物(动植物)是如何产生、发展和消亡的。福斯特认为《物种起源》中采用的"适者生存"概念被社会达尔文主义运用到人类社会之中,它似乎为强权法则和上层社会的优越性提供了辩护。

福斯特指出,"进化论"概念如同"适者生存"一样,在《物种起

---

① John Bellamy Foster, Marx's Ecology: Materialism and Nature, *Monthly Review Press*, 2000, p. 167.
② 正如艾德里安·德斯蒙德(Adrian Desmond)和詹姆斯·摩尔在他们的传记《达尔文:一位痛苦的进化论者的生平》(1991)中说的那样:"对于一个生活于传统学术氛围和特权社会之中以反对社会主义的平等主义者而保护人类灵魂为己任的绅士来说,出版就等于背叛;对旧秩序的背叛。"转引自 John Bellamy Foster, Marx's Ecology: Materialism and Nature, *Monthly Review Press*, 2000, p. 180.

源》第一版中并没有出现。在第一版中,达尔文只是提到了"自然选择"、物种的"突变性"和"诱导变异"[他只使用了一次动词的"进化"(evolve)——从来没有使用名词的"进化"(evolution)]。① 达尔文革命打击了传统思想的两个基本信条:本质论和目的论。本质论的观点认为,存在着固定的限制,超出这个限制,源于共同祖先的后代则永远不能脱离一种特定的类型。目的论的观点认为,猫之所以如此地适合于捕捉老鼠,因为它们主要就是为了这个目的而被特意设计出来的。进化论认为,猫之所以存在,是因为它们能够更好地捕捉老鼠——捕捉老鼠不是它们生存的目的,而是它们生存的条件。②

对赫胥黎来说,达尔文革命的意义首先在于消灭了"终极原因说"。然而,在赫胥黎对《物种起源》最早的讨论中,仍然存有一个问题,即达尔文是否"过高估计"了自然选择的作用。在临终前,达尔文本人已经放弃把自然选择作为进化性发展的唯一原因,这是由于后来针对他的理论的三种反对意见。在恩斯特·海克尔(Ernst Haeckel)看来,生态学和达尔文在《物种起源》中所说的"自然经济学"相关联。因此,1866 年他在定义"生态学"时说道:"生态学就是对达尔文所称之为生存斗争条件的那些复杂的相互关系的研究。"John Bellamy Foster, Marx's Ecology: Materialism and Nature, *Monthly Review Press*, 2000, pp. 195 – 196. 1859 年 11 月底《物种起源》第一版出版,恩格斯向马克思推荐这是一本极好的著作,是对目的论彻底的驳斥。一年以后,马克思开始研究达尔文,他在 1860 年 12 月 19 日写给他的朋友的一封回信中说道:"虽然这本书用英文写得很粗略,但是它为我们的观点提供了自然史的基础。"一个月后,马克思对德国的社会主义者费迪南·拉萨尔

---

① John Bellamy Foster, Marx's Ecology: Materialism and Nature, *Monthly Review Press*, 2000, p. 188.
② John Bellamy Foster, Marx's Ecology: Materialism and Nature, *Monthly Review Press*, 2000, p. 191.

第二章 "新陈代谢断裂"与"第二重矛盾":福斯特与奥康纳对马克思生态思想解读的比较

(Ferdinand Lassalle)说:"达尔文的著作非常有意义,这本书我可以用来当作历史上的阶级斗争的自然科学依据。"①

恩格斯继续研究达尔文革命以及古生物学和那时刚出现的民族学上的突破,他花费了1863年春天的部分时间读了查尔斯·赖尔的《人类古代的地质学考证》和赫胥黎的《人类在自然界的位置》,这两本书在同一年出版,并且恩格斯认为这两本书都"很好"。② 赫胥黎的著作证明了人类和猿在解剖学上的相似性——紧密的血缘关系。

福斯特指出,直到《资本论》第1卷的出版,马克思和恩格斯在他们的通信中都对达尔文著作中的如下几个方面进行了讨论:达尔文在自然历史领域给予目的论以致命打击的事实;达尔文在马尔萨斯/霍布斯关于植物界和动物界关系的发现上的反讽(正如达尔文没有理解马尔萨斯以植物界和动物界不发生进化为条件的理论一样);以及达尔文理论为"我们的观点"提供了自然—历史"基础"的事实。③

福斯特认为,马克思把工具看成人类的外部延伸,也就是"人的无机的身体"——以及在达尔文的分析结果的基础之上,马克思才能够在《资本论》中运用唯物主义和进化论的术语来定义劳动过程和人类与自然之间的关系,这最终形成了他关于人类和自然之间新陈代谢的相关作用的观点。这是因为工具代表了人类生产组织的发展——人类与自然关系的进化——就像动物的器官代表着动物已经适应了当地环境的器具一样。④

---

① John Bellamy Foster, Marx's Ecology: Materialism and Nature, *Monthly Review Press*, 2000, p.197. 中文见《马克思恩格斯全集》第29卷,人民出版社1972年版,第503页;或《马克思恩格斯全集》第30卷,人民出版社1974年版,第130—131、574—575页。
② 哈尔·德雷珀:《马克思恩格斯编年史》(*The Marx-Engels Chronicle*, New York: Schochen Books, 1985),第116页。
③ John Bellamy Foster, Marx's Ecology: Materialism and Nature, *Monthly Review Press*, 2000, p.200.
④ John Bellamy Foster, Marx's Ecology: Materialism and Nature, *Monthly Review Press*, 2000, pp.201-202.

约翰·丁铎尔（John Tyndall）这位"科学界中的民主主义者泰斗"以及赫胥黎最亲密的朋友，于1874年就任英国科学促进会主席时在贝尔法斯特发表的就职演说中开始向教会宣战，并发表了关于唯物主义发展（从伊壁鸠鲁到达尔文）的长篇评论。对于这个演说，恩格斯后来评价是迄今为止在英国的这类集会上所发表的最大胆的演说。他力图提出一种连贯一致的唯物主义哲学（追溯到伊壁鸠鲁）以支持科学上的革命性进步。①丁铎尔指出，在苏格拉底之前，正是恩培多克勒（Empedocles）第一次提出了"适应"和"适者生存"的概念。然而，古代唯物主义在伊壁鸠鲁和卢克莱修的著作中发展到了最高的阶段。在丁铎尔的概念中，达尔文的伟大成就在于：即使考虑到那些据推测已经构成目的论者的证据的所有细节，但他仍然"拒绝了目的论，并力图把那些奇迹归之为自然原因"。②恩格斯在向马克思通报这次演说时说，所有这一切再次暴露了"这些人完全没有能力认识自在之物，因而渴求一种解救的哲学"。说到丁铎尔的演说产生的"强烈的印象并引起了恐惧"，恩格斯告诉马克思关于丁铎尔对教会的勇敢挑战，并且补充道："毫无疑问，就回到真正合理的自然观而论，在英国这里要比在德国认真得多，在这里不是到叔本华和哈特曼那里去，而至少是到伊壁鸠鲁、笛卡尔、休谟和康德那里去寻求出路。对他们说来，18世纪的法国人自然依旧是禁果。"③

福斯特指出，马克思在其1880—1882年的《人类学笔记》中写下了大量的摘要，其中主要是关于路易斯·亨利·摩尔根（Lewis Henry Morgan），但也有关于约翰·勃德·菲儿（John Budd Phear）和亨利·

---

① John Bellamy Foster, Marx's Ecology: Materialism and Nature, *Monthly Review Press*, 2000, pp. 207 - 208.

② John Bellamy Foster, Marx's Ecology: Materialism and Nature, *Monthly Review Press*, 2000, p. 209.

③ John Bellamy Foster, Marx's Ecology: Materialism and Nature, *Monthly Review Press*, 2000, p. 210.

第二章 "新陈代谢断裂"与"第二重矛盾":福斯特与奥康纳对马克思生态思想解读的比较

萨姆·纳梅恩（Henry Sumner Mainer），以及约翰·卢伯克的著作。马克思去世一年之后，恩格斯在《家庭、私有制和国家的起源》中采用了马克思的这些笔记（以及摩尔根的著作）以发展他自己的观点。恩格斯写道："摩尔根在美国，以他自己的方式，重新发现了四十年前马克思所发现的唯物主义历史观，并且以此为指导，在把野蛮时代和文明时代加以对比的时候，在主要点上得出了与马克思相同的结果。"① 一个人应当怎样看待历史记载之前的人类发展问题呢？福斯特指出，在一段时期，马克思带着极大的热情研究了地质学和古生物学，还有农业化学和人类学。他被《古代社会》所吸引，毫无疑问是因为摩尔根将其注意力集中在生存的技术问题上。摩尔根——他在人类学问题上独立于（但也考虑到）达尔文的分析而采用了唯物主义的方法，将注意力集中于生存技术的发展——甚至包括达尔文关于生存所必需的发明和人脑发展之间关系的暗示。摩尔根对生存技术的关注——其中他挑选出许多工具的发展——确保他的分析沿着相似的轨道——同时使之与家庭/家族关系、财产和国家的变化联系在一起。然而，马克思不同意摩尔根的观点——摩尔根认为人类已经"发展了对食物生产的绝对控制"。

福斯特认为，马克思在其晚年对人类学问题的兴趣，可以帮助我们理解他最后几年与年轻的达尔文主义者 E. 雷·朗凯斯特（E. Ray Lankester）保持亲密友谊的秘密。朗凯斯特精通德语，因此，他带着极大的热情阅读了马克思的《资本论》，在给马克思的一封信中说自己正沉浸在"您的《资本论》这部伟大的著作当中……拥有最大的快乐和收获"。作为一位自然科学家，朗凯斯特是一位坚定的唯物主义者，一位达尔文主义者，以及宗教和迷信的反对者。在他那个时代的科学家中，

---

① John Bellamy Foster, Marx's Ecology: Materialism and Nature, *Monthly Review Press*, 2000, p. 219.

朗凯斯特因为反对人类所导致的土地生态退化而闻名。在他的通俗短文《人类对自然的淡忘》中，针对"由野蛮和文明人类共同进行的不经计算的、不计后果的行动对生物界所造成的大规模破坏和毁损"，他写出了他那个（或任何）时代中最有力量的生态批判之一。朗凯斯特特别关注物种的灭绝以及物种灭绝与生存环境之间的关系。马克思在1880年会见了朗凯斯特，之后在马克思生命中的最后三年，坚定的友谊好像在两人之间发展起来。当马克思在1883年去世的时候，朗凯斯特是他的葬礼上一小群哀悼者之一。马克思不同于其他哲学家的地方就在于：他号召通过革命的方式改变这个世界（改变人类对自然和社会的物质关系），这就超越了纯粹的思辨。① "哲学家们只是用不同的方式解释世界，而问题在于改造世界"②。

二、回到马克思的经典著作

福斯特构建马克思的生态学的重要研究方法就是回到马克思的经典文本，从中挖掘和提炼出生态维度的马克思主义。重点涉及《1844年经济学哲学手稿》《德意志意识形态》《共产党宣言》和《资本论》等重要的经典著作。

（一）自然异化是马克思的生态世界观的出发点

福斯特指出，马克思在《1844年经济学哲学手稿》中论述了自然主义和人类主义的融合，他不仅拒绝了笛卡尔二元论，而且提出了激进的一元论作为回应。③ 欲知马克思究竟是怎样看待自然异化的，只要看

---

① John Bellamy Foster, Marx's Ecology: Materialism and Nature, *Monthly Review Press*, 2000, pp. 221-225.
② 《马克思恩格斯选集》第1卷，人民出版社1995年版，第57页。
③ John Bellamy Foster, "Marxism in the Anthropocene: Dialectical Rifts on the Left", *International Critical Thought*, 2016, Vol. 6, No. 3, p. 11.

一看马克思对土地异化的剖析就一清二楚了,因为土地异化是自然异化的一个典型表现。福斯特认为,强调自然异化是人为造成的,具体地说,是由私有财产和金钱的统治造成的,这是马克思的生态世界观的最重要的核心内容。

从异化理论我们可以透视《1844年经济学哲学手稿》中的生态思想:人是自然存在物,自然是人无机的身体;人来自自然,劳动在人自身发展过程中起着至关重要的作用,是人类社会历史存在和发展的基础,是连接人与自然的中介;科学技术的使用,加剧了劳动对人的异化;社会史的进程是对异化劳动不断扬弃的过程,自然史的进程是对人与自然关系异化不断扬弃的过程,人与自然的和谐和人与人、人与社会的和谐是联系在一起的,只有共产主义社会才能实现二者的统一。在福斯特看来,把自然异化与劳动异化紧紧地联系在一起,或者说紧密结合劳动异化来分析自然异化是马克思的生态世界观的出发点①。

自然异化之所以与劳动异化密切不可分,是由自然的性质所决定的。福斯特指出,从《1844年经济学哲学手稿》开始,马克思总是强调自然通过劳动产品直接进入人类历史,而正是在这一意义上,马克思又总是把自然作为人类自体的延伸来看待,并称自然为"人的无机的身体"。马克思的基本观点是人类同自然的关系不仅可以通过生产来调节,而且可以通过更加直接的生产工具来调节。"按照这种观点,人类在很大程度上是通过生活资料的生产而发生了与自然的历史性联系。从而自然对人类呈现出实践的意义,因为自然作为生活活动的结果,同时也是生产生活资料的结果。"②

马克思谈论的异化往往是包括劳动异化和自然异化的。福斯特认为,马克思所说的异化既是人类对自身劳动的异化,也是对人类自身改

---

① 陈学明,《谁是罪魁祸首:追寻生态危机的根源》,人民出版社2012年版,第110页。
② John Bellamy Foster, "Marx's Ecology: Materialism and Nature", *Monthly Review Press*, 2000, p.73.

造自然的积极作用的异化。马克思说：这种异化"使人自己的身体，以及在他之外的自然界，他的精神本质，他的人的本质同人相异化"。异化包括使人之外的自然界同人相异化。"人同自身和自然界的任何自我异化，都表现在他使自身和自然界跟另一个与他不同的人发生的关系上。"①

福斯特指出，由于在马克思那里自然异化和劳动异化都来源于人类的实践生活，从而自然异化的本质并不比劳动异化概念"更加抽象"②。马克思的异化概念是改造了黑格尔的异化概念而提出来的，其中一个重大改造就是把自然异化也纳入异化的范围。由于马克思与黑格尔不同，他把人类实践活动的自我异化视为异化的基础，即一切人类异化都由此而产生，所以马克思就顺理成章地把人类同其与自然关系的异化也包括在异化范围之内，这是对黑格尔异化概念所做出的一个根本性的改造。

马克思是如何看待自然异化的呢？只要看一看马克思对土地异化的分析就清楚了，因为土地异化是自然异化的一个典型表现。福斯特重点讨论了马克思对土地异化的分析。马克思认为，土地异化反映了人类与土地之间关系的改变，而这种关系的改变是通过亚当·斯密所说的"原始积累"，其中包括圈地运动、大地产的出现，以及农民的游离失所来实现的。

福斯特这样说道，马克思认为这种土地异化在资本主义出现之前的封建社会中就早已出现，封建地产就是一种土地异化。封建领主成为土地的主人并用土地来统治农民，实际上"封建的土地占有已经包含土地作为某种异化力量对人们的统治"。马克思认为，在资本主义社会，土地异化日趋完善，"资产阶级表面上反对地产制度的同时却在其发展的关键时期依赖于地产制度"，资产阶级变本加厉地通过对土地的统治来

---

① 《马克思恩格斯全集》第42卷，人民出版社1979年版，第195—197页。
② John Bellamy Foster, "Marx's Ecology: Materialism and Nature", *Monthly Review Press*, 2000, p. 73.

第二章 "新陈代谢断裂"与"第二重矛盾":福斯特与奥康纳对马克思生态思想解读的比较

统治人类。福斯特认为,按照马克思的分析,资本主义社会中大地产在土地垄断过程中的作用,即在土地异化过程中的作用,"同资本对金钱的统治作用相类似",也就是"死的物质"对绝大多数人的统治。人们常用"金钱没有主人"来说明"死的物质对人类的完全统治"。马克思切中要害:土地异化表明了这样一个事实:"土地也像人一样",已经降到"买卖价值的水平"①。

福斯特认为,自然异化是人为造成的,是由私有财产和金钱的统治造成的,这是马克思的生态世界观的最重要的核心内容。他引用了马克思在《论犹太人问题》中的一段话来证明自己的观点:"在私有财产和金钱的统治下形成的自然观,是对自然界的真正蔑视和实际的贬低","托马斯·闵采尔正是在这个意义上认为下列现象是不能容忍的:'一切生灵,水里的雨,天空的鸟,地上的植物,都成了财产;但是,生灵也应该是自由的。'"② 马克思也同样强调把自然物变成私有财产,既是人类异化,也是自然异化的真正根源。福斯特指出,对马克思来说,闵采尔所描述的自然异化是"通过金钱崇拜表现出来的",金钱崇拜"使金钱变为'异化的本质'"。

《1844年经济学哲学手稿》所表现出来的马克思的生态世界观的一个重要方面,福斯特认为是揭示了"私有财产制度与自然的对立"的普遍性,即说明这种对立不仅发生在农业和大地产领域,而且发生在大城市之中。福斯特援引了马克思的下面这段描述"在大城市中发现的普遍污染"的话令人震惊:"甚至对新鲜空气的需要在工人那里也不再成其为需要了。人又退回到洞穴中,不过这洞穴现在已被文明的熏人毒气污染。他不能踏踏实实地住在这洞穴中,仿佛他是一个每天都可能从他身旁脱离的异己力量,如果他交不起房租,他就每天都可能被赶出洞穴。

---

① 《马克思恩格斯全集》第42卷,人民出版社1979年版,第85页。
② 《马克思恩格斯全集》第42卷,人民出版社1979年版,第195页。

工人必须为这停尸房支付租金。明亮的居室，曾被埃斯库斯笔下的普罗米修斯称为使野蛮人变成人的伟大天赐之一，现在对工人来说已不再存在了。光、空气等等，甚至动物的最简单的爱清洁的习性，都不再成为人的需要了。肮脏，人的这种腐化堕落，文明的阴沟（就这个词的本义而言），成了工人的要素。完全违反自然的荒芜，日益腐败的自然界，成了他的生活要素。"① 从马克思的描述中我们可以知道，自然的异化给工人所带来的严重后果就是不仅使他们丧失创造性工作，而且丧失了生活基本要素。福斯特认为，马克思的《1844年经济学哲学手稿》所表达的生态世界的另一个重要内容，就是总结出自然异化给人类带来的严重后果，它使人丧失掉基本的生活要素。

福斯特非常重视马克思在《1844年经济学哲学手稿》中第一次引入了"联合"和"联合生产者"的概念。在他看来，这是马克思对如何消除自然异化的深刻探讨。通过"联合"来消除私有制，进而消除自然异化这一思想，构成了马克思在《1844年经济学哲学手稿》中所表现的生态世界观的又一个重要方面，它必将给人以深刻的启示。通过"联合"消除了自然异化的社会就是实现了共产主义社会。共产主义在马克思那里不仅是一个人道主义的社会，而且是一个自然主义的社会。福斯特认为，把自然主义作为共产主义的一个主要特征，强调共产主义就是人道主义与自然主义的结合，是马克思在《1844年经济学哲学手稿》中所表现出来的生态世界观的最根本之处。马克思说，这种积极的共产主义，"作为完成了的自然主义，等于人道主义，而作为完成了的人道主义，等于自然主义，它是人和自然界之间、人和人之间的矛盾的真正解决，则存在和本质、对象化和自我确定、自由和必然、个体和类之间的斗争的真正解决"②。共产主义社会是私有财产即人的自我异化的积极

---

① 《1844年经济学哲学手稿》，人民出版社2000年版，第121—122页。
② 《1844年经济学哲学手稿》，人民出版社2000年版，第81页。

的扬弃,"是人同自然界的完全了的本质的统一,是自然界的真正复活,是人实现了自然主义和自然界实现了的人道主义"①。福斯特认为,马克思所描述的共产主义与他所考察的资本主义社会中的"工人普遍卖淫"和大城市中的"普遍污染",即"死的物质"以金钱的形式统治了人类的需求和自身发展形成了鲜明的对照。他强调,马克思对共产主义的这种描述,乃至他在《1844年经济学哲学手稿》中所表现出来的整个生态世界观,即他的自然主义、人道主义的世界观,本身就是一种"历史的超越",即"对异化社会的征服"②。

(二)《德意志意识形态》中的生态学思想

福斯特指出,一些环境评论员认为马克思只是单一地相信人类对自然的斗争,因此,是人类中心主义的和非生态的,并且认为马克思主义作为一个整体从源头上对生态的罪行起了推波助澜的作用。但是,事实上,在《德意志意识形态》中,布鲁诺·鲍威尔(Bruno Bauer)因为主张"自然和历史是对立的,好像它们是两个根本不同的事物",而遭到马克思的痛击。实际上,对于这著名的"人与自然的统一",马克思说:"一直存在于工业中……并且还有人与自然的斗争。"唯物主义方法在人与自然关系问题上,既不否认它们的统一又不否认它们的斗争,对这两个事实都不否认。替而代之的是,它将注意力集中在感性世界上,即如马克思所说的:"由那些生活于其中的全部生命感性活动构成的感性世界。"③从这一立场上看,人类造就了他们自身的环境,不是由他们任意选择,而是以在历史过程中由土地及前人手中接手的自然的和人类的条件为条件。

---

① 《1844年经济学哲学手稿》,人民出版社2000年版,第83页。
② John Bellamy Foster, Marx's Ecology: Materialism and Nature, *Monthly Review Press*, 2000, p. 74.
③ 《马克思恩格斯选集》第5卷,纽约,1975年,第39—41页。

《德意志意识形态》撰写的时间是 1845 年秋至 1846 年 5 月。当时马克思与恩格斯二人在布鲁塞尔会面，决定一起研究共同的事业。这份文件的历史性地位正是在于两人承接了《关于费尔巴哈的提纲》的论点，第一次系统地阐述了唯物史观的原理，因此被誉为唯物史观（历史唯物主义）诞生之书。他们的生态思想也散见在《德意志意识形态》一书中，其中又以马克思主笔的部分最为贴近当代环境主义的看法。书稿中指出，"全部人类历史的第一个前提无疑是有生命的个人的存在。因此，第一个需要确认的事实就是这样个人的肉体组织以及由此产生的个人对其他自然的关系。当然，我们在这里既不能深入研究人们自身的生理特性，也不能深入研究人们所处的各种自然条件——地质条件、山岳水文地理条件、气候条件以及其他条件。任何历史记载都应当从这些自然基础以及它们在历史进程中由于人们的活动而发生的变更出发"①。马克思、恩格斯两人在 1845 年至 1846 年写下的《德意志意识形态》断简残篇中，提到人类生存的第一个事实，是每个人的身体组织与对外界自然之间的关系。他们认为这个事实是所有人类历史成立的前提要件。如果我们把这种生物体与环境之间的关系状态，用来对照生态学一词的创始人海格尔（Ernst Haeckel）所指出的生态关系，我们便可从中了解其异同。海格尔在创造生态学（ecology）一词时，把这个词定义为"动物的有机环境与无机环境之间的关系学"，我们稍微比较其定义，就可以发现这个定义与马克思恩格斯的定义两者间的相似，因为这两组定义都同样强调主体与环境之间的"关系"。从而，马克思主义与生态学之间就有了根本的契合②。

马克思曾用"人的自然化"与"自然的人化"来描述人类与自然之间的辩证关系。到了《德意志意识形态》时，他们又更具体地使用了

---

① 《马克思恩格斯选集》第 1 卷，人民出版社 1995 年版，第 67 页。
② 黄瑞棋、黄之栋：《唯物论下的关系构造：马克思思想的生态轨迹之二》，《鄱阳湖学刊》，2009 年第 2 期。

第二章 "新陈代谢断裂"与"第二重矛盾":福斯特与奥康纳对马克思生态思想解读的比较

"互相创造的观点"来说明人与自然之间的相互作用。也就是说,人的主观能动性使人的生存条件产生变化,而这种被转化后的环境又成为下一代人的生存基础①。

马克思和恩格斯发现城乡之间的分离是"物质劳动和精神劳动的最大的一次分工":一种"屈从现象把一部分人变为受局限的城市动物,把另一部分人变为受局限的乡村动物",并且把农村人口从"世界交往,以及随之从文明"中分离出去。② 在《德意志意识形态》中,马克思和恩格斯揭示了城乡之间的对立以及脑力劳动和体力劳动之间对立的原因,并指出这些对立将通过无产阶级革命来改造社会而被消灭掉。③

(三)所有生态问题都是由资本主义生产方式所引起的

福斯特认为马克思的生态世界观的一些核心理论实际上在《共产党宣言》中已经形成,这就是:所有生态问题都是由资本主义生产方式所引起的。福斯特指出,马克思系统地以唯物主义历史观为基础论述生态世界观的另一部著作就是《共产党宣言》。《共产党宣言》一方面通过对马尔库塞(Marcuse)人口论和蒲鲁东的"普罗米修斯主义"的批判,"第一次以革命宣言的形式提出了唯物主义历史观",另一方面又系统地论述了生态世界观。与《1844年经济学哲学手稿》不同的是,马克思和恩格斯的《共产党宣言》所表现的生态世界观常常遭人误解并受到指责。福斯特说:"《共产党宣言》尽管具有引起争议的成分,但其内部已经包括着对唯物主义自然观和唯物主义历史观之间关系的理解,也包含

---

① John Bellamy Foster, "Marx's Ecology in Historical Perspective", *international Socialism Journal*, 2002 (96), pp. 71 – 86.
② John Bellamy Foster, "*Marx's Ecology: Materialism and Nature*", *Monthly Review Press*, 2000, p. 137. 中文见《马克思恩格斯全集》第3卷,人民出版社1960年版,第56—57页。
③ 《马克思恩格斯全集》第3卷,人民出版社1960年版,第V页。

着对人类和自然存在的必要统一这种生态观点，强调包含着反对后期蒲鲁东机械的普罗米修斯主义的重要内容。"①

针对《共产党宣言》被一些人误解为是"反生态的"。福斯特还列举了部分学者的评论来说明，例如特德·本顿（Ted Benton）说马克思的观点是"一种生产主义者的""普罗米修斯的"历史观；雷纳·格伦德曼（Reiner Grundmann）说："马克思的基本前提就是支配自然的'普罗米修斯方式'"；维克托·费克斯（Victor Ferkiss）说："马克思对待世界的态度总是保持着普罗米修斯一样的冲动，以人类征服自然为荣"；安东尼·吉登斯（Anthony Giddens）指责马克思对待人类—自然的关系的"普罗米修斯主义态度"贯穿了其所有的作品，这表明"马克思对改变阶级制度中人类社会的剥削关系的关注并没有延伸到对自然的剥削"；即使是革命的社会主义者迈克尔·劳依（Michael Lowy）也指责"马克思采取了一种乐观主义、'普罗米修斯主义的'态度对待生产力的无限发展"，"从这个星球的生态平衡遭到威胁的立场出发，马克思的观点是根本不可能加以辩护的"。福斯特认为，社会生态学家约翰·克拉克的观点更进一步："马克思的普罗米修斯主义的……'人'是这样的一种人：他不以自然为家，不把地球当作生态学意义上的'家庭'。他是一个把自然置于其自我实现要求之下的、不可一世的幽灵"，"对这样一个存在物来说，自然的力量，无论是以其自己的无法控制的内在自然的形式，还是以外在自然的威胁力的形式，都必须加以征服"②。

显然，福斯特对于这样的指责是不认同的。对于马克思的生态世界观的阐释，福斯特对《1844年经济学哲学手稿》的分析侧重于从正面论述，而在对《共产党宣言》的分析中，则是通过对部分学者的指责的

---

① John Bellamy Foster, Marx's Ecology: Materialism and Nature, *Monthly Review Press*, 2000, p. 136.
② John Bellamy Foster, Marx's Ecology: Materialism and Nature, *Monthly Review Press*, 2000, p. 134.

第二章 "新陈代谢断裂"与"第二重矛盾":福斯特与奥康纳对马克思生态思想解读的比较

驳斥来揭示。福斯特指出,部分学者对《共产党宣言》的种种指责,本质上来讲是以后现代主义立场来反对现代主义,即"其内部隐含着一定的反对现代主义的假设",而"这种后现代主义的假设在许多绿色理论中都成为神圣不可侵犯的"。对于那些真正的环保主义而言,似乎"需要的只不过是抛弃现代性本身"。福斯特说:"对普罗米修斯主义的指控就是兜了一个圈之后,把马克思的作品以及整个马克思主义都贴上了现代主义的极端形式这样一个标签,在这方面,现代主义比自由主义本身更容易受到谴责。"①

福斯特还强调,那些加以批判的马克思的观点实际上并不是马克思本人的,只是"前马克思"的思想。"讽刺的是,把马克思作为普罗米修斯主义加以批判",实际上是"迂回地来源于马克思自己的这一方面对蒲鲁东的批判"。福斯特引用了萨特的话说:"一种'反对马克思主义'的观点只是前马克思思想的明显复活而已。"② 现在这些学者也同样如此。福斯特继续说道:"在马克思的批评者中间,这看起来很有讽刺意味,没有什么比把马克思所要超越的其他激进的思想者,如蒲鲁东、布朗基、拉萨尔等的观点归之于他更为司空见惯了。"③ 福斯特还指出,马克思确实曾赞美过普罗米修斯,但马克思所"赞美的普罗米修斯是埃斯库罗斯的《被锁链锁住的普罗米修斯》中革命性的神话人物"John Bellamy Foster, "Marx's Ecology: Materialism and Nature", *Monthly Review Press*, 2000, p. 136., 马克思是因为他"藐视奥林匹斯山上的众神把火(光、启蒙)带到人间"John Bellamy Foster, "Marx's Ecology: Materialism and Nature", *Monthly Review Press*, 2000, p. 136., 也就是说,马克

---

① John Bellamy Foster, "Marx's Ecology: Materialism and Nature", *Monthly Review Press*, 2000, p. 135.
② John Bellamy Foster, "Marx's Ecology: Materialism and Nature", *Monthly Review Press*, 2000, p. 135.
③ John Bellamy Foster, Marx's Ecology: Materialism and Nature, *Monthly Review Press*, 2000, p. 135.

思对普罗米修斯的赞美实际上是对启蒙的赞美。福斯特认为,马克思所赞美的普罗米修斯与蒲鲁东所赞颂的那个"机械的普罗米修斯主义"完全是两码事,后者在马克思的著作中不仅没有作为正面形象出现而且还被马克思所批判。

那些学者批判《共产党宣言》具有反生态性,主要是断章取义地抓住了马克思和恩格斯的一些语句。福斯特并不否认在《共产党宣言》中存在那些语言,于是他回到马克思和恩格斯的语句中,进一步分析了语句的真实含义并回击了那些对马克思的歪曲和批判,同时展现了一个客观的马克思的生态世界观。

福斯特重点分析了马克思和恩格斯对"农村生活的愚昧状态"的论述和对"自然力的征服""整个大陆的开垦"的赞扬(对资本主义早期而言)。然而,恰恰是马克思和恩格斯的这些论述被批判者认为是马克思反生态思想的"铁证"。

福斯特首先分析了马克思和恩格斯论述"农村生活的愚昧状态"的背景。《共产党宣言》的第一部分包含着马克思和恩格斯对资产阶级的著名颂词,赞扬了资产阶级的革命功绩使"一切等级的和固定的东西都烟消云散了"。在这些功绩之外,马克思和恩格斯也指出了它所带来的主要矛盾:周期性的经济危机以及作为它的法定继承人的工业无产阶级的诞生。正是在这样的语境下,马克思和恩格斯指出这种事实:"资产阶级使农村屈服于城市的统治。它创立了巨大的城市,使城市人口比农村人口大大增加起来,因而使很大一部分居民脱离了农村生活的愚昧状态。正像它使农村从属于城市一样,它使未开化的和半开化的国家从属于文明的国家,使农民的民族从属于资产阶级的民族,使东方从属于西方。"① 福斯特指出,马克思和恩格斯仅仅运用了"农村生活的愚昧状态"这样的语句,就被刻画为具有反生态的立场。因此,有必要再更加仔细地考察这些表述,福斯特重

---

① 《马克思恩格斯选集》第 1 卷,人民出版社 1995 年版,第 276—277 页。

第二章 "新陈代谢断裂"与"第二重矛盾":福斯特与奥康纳对马克思生态思想解读的比较

点分析了"愚昧"(idiocy)等一系列词汇。他认为,要准确地理解马克思的真正含义,要注意以下两点:首先,马克思接受过古典教育,他知道在古代雅典"愚人"(idiot)这个词的含义来源于"Idiotes",是指被剥夺了公共生活的公民,他们不像那些参加公共生活的人,他们往往从狭隘的立场看待公共生活,从而属于"愚蠢的"(idiotic)。其次,更为重要的是,马克思和恩格斯在《德意志意识形态》中就已经对此有所表达,只是用这个词来揭示城乡分离。在那里,他们发现城乡之间的分离是"物质劳动和精神劳动的最大的一次分工":一种"屈从与现象把一部分人变为受局限的城市动物,把另一部分人变为受局限的乡村动物",并把农村人口从"世界交往,以及随之从文明"中分离出去①。

福斯特指出,马克思和恩格斯认为,任何反抗资本主义的革命,其第一个任务就是消除对立的城乡分离。这不是说自然应该受到轻视,而是说城乡对立是资产阶级文明异化本质的一个主要表现②。在福斯特看来,马克思和恩格斯实际上把"农村生活的愚昧状态"视为自然异化的一个重要标志,所以他们才会提出将无产阶级从"农村生活的愚昧状态"中解救出来的陈述。在《共产党宣言》中,他们坚持执行"通过把人口平均地分布于全国的办法逐步消灭城乡差别",而要实现这种可能性只有通过"把农业和工业结合起来"。福斯特认为,马克思和恩格斯因此站在更高的层次上按照"总的计划"③寻找重新联合被撕碎的部分,这就是马克思后来称之为人类与自然的新陈代谢。福斯特认为,马克思和恩格斯提出的这些措施是对照了马尔萨斯关于人口与土地关系的观点,马尔萨斯建议把农民从土地上"清除"出去,这样城市的工人数量就会增加,相反,马克思和恩格斯提出分散人口,克服他们"认为构成

---

① 《马克思恩格斯全集》第3卷,人民出版社1960版,第56、57页。
② John Bellamy Foster, Marx's Ecology: Materialism and Nature, *Monthly Review Press*, 2000, p. 137.
③ 《马克思恩格斯选集》第1卷,人民出版社1995年版,第277、294页。

资产阶级秩序的城乡对立"①。

福斯特最后总结道,马克思和恩格斯对以上观点的论述并不是那种"认为自然应该不为人类所影响的观点"。"马克思和恩格斯拒绝从幻想出发的纯粹'伤感主义'的自然观念,即认为让自然仍然处于原始状态而且不应该受到影响的观念。"②他们"就像那个时代中几乎所有的个人一样,也谴责那些在粮食供应仍然是一个问题的地方却存在着'荒地'"③。福斯特认为,马克思和恩格斯的基本立场是"通过考虑人类与地球之间新陈代谢关系的生产组织而鼓励一种人类和自然之间的可持续性关系",而他们的立场是"随着他们作品的发展而愈加清晰"④。换而言之,马克思和恩格斯的立场是随着对人类与地球之间的新陈代谢关系的生产组织的进一步认识而不断清晰的,从而使人类与自然之间的关系成为可持续的关系。

之后,福斯特就马克思和恩格斯赞扬"自然力的征服"和"整个整个大陆的开垦"进行了分析。他们的原话是:"资产阶级在它的不到一百年的阶级统治中所创造的生产力,比过去一切世代创造的全部生产力还要多,还要大。自然力的征服,机器的采用,化学在工业和农业中的应用,轮船的行驶,铁路的通行,电报的使用,整个整个大陆的开垦,河川的通航,仿佛用法术从地下呼唤出来的大量人口,——过去哪一个世纪料想到在社会劳动力蕴藏有这样的生产力呢?"⑤福斯特认为,文中

---

① 《马克思恩格斯全集》第18卷,人民出版社1964年版,第272页,以及《马克思恩格斯全集》第20卷,人民出版社1971版,第317页。

② John Bellamy Foster, Marx's Ecology: Materialism and Nature, *Monthly Review Press*, 2000, p. 138.

③ John Bellamy Foster, Marx's Ecology: Materialism and Nature, *Monthly Review Press*, 2000, p. 138.

④ John Bellamy Foster, "Marx's Ecology: Materialism and Nature", *Monthly Review Press*, 2000, p. 138.

⑤ 《马克思恩格斯选集》第1卷,人民出版社1995年版,第277页。

第二章 "新陈代谢断裂"与"第二重矛盾":福斯特与奥康纳对马克思生态思想解读的比较

确实有"自然力的征服""整个整个大陆的开垦"这样的语句,字里行间也的确可以看出马克思和恩格斯认为"自然力的征服""整个整个大陆的开垦"整体上是好的。他们将之与科学和文明的发展联系起来,从这个意义上来看,他们是十足的培根主义者。那么,依据这些就表明他们是反生态的吗?

福斯特进一步指出,需要注意的是,关键在如何理解"自然力的征服"和"整个整个大陆的开垦"的真实含义。"自然力的征服"可以有多种理解,显然马克思和恩格斯在这里是与培根的一句话完全吻合:"只有顺从自然,才能驾驭自然。"马克思和恩格斯在文中想表达的是以顺从自然为前提的征服自然。至于"整个整个大陆的开垦",马克思和恩格斯认为这是一件值得庆祝的事情,"饥荒"这个马尔萨斯的幽灵,已经通过这种或那种方式被资产阶级生产推后了。因此,十分清楚的是,马克思和恩格斯这里赞美的"自然力的征服"和"整个整个大陆的开垦"看不出他们要求一种机械的普罗米修斯主义,更没有推崇毫无保留地以牺牲农业为代价的机器和工业化。[①]

福斯特总结道:"任何读过《共产党宣言》的人都必须意识到,占据了这篇杰作开篇部分的对资产阶级文明的颂扬,只是为了导入对资本主义产生的并且最终导致其崩溃的社会矛盾的思考","没有人会说:马克思在《共产党宣言》的第一部分把资本家描述为一个英雄,或者庆祝劳动分工、竞争、全球化等进步,就完全放弃了所有对资本主义的批判"[②]。福斯特进一步指出,相反,马克思在其后的论证过程中,资本主义发展的片面性都以辩证的方式出现。"资本主义创造财富的特征伴随着大多数人口相对贫困的增长,所以他们明白'自然力的征服'伴随着

[①] John Bellamy Foster, Marx's Ecology: Materialism and Nature, *Monthly Review Press*, 2000, p. 139.

[②] John Bellamy Foster, Marx's Ecology: Materialism and Nature, *Monthly Review Press*, 2000, p. 139.

自然的异化",这种"自然的异化"表现在他们视之为"资本主义核心问题的城乡分离之中"①。马克思和恩格斯在《共产党宣言》第一部分的结尾处就结束了对资产阶级的赞扬,他们指出:资本主义,连同它的庞大的生产资料和交换手段,"像一个魔法师一样不能再支配自己用法术呼唤出来的魔法了"②。这已涉及资本主义文明的片面性本质所造成的所有一系列矛盾。

福斯特认为,马克思和恩格斯在《共产党宣言》中就生态矛盾问题已做出了简短的论述,隐藏在第二部分的并非大家熟知的十条计划之中。譬如:在如何建设一个劳动者联合起来的社会中,马克思和恩格斯"强调了完全可以如此称呼的生态因素"。更为重要的是,他们在其后的著作中把生态矛盾的思考作为他们批判现代文明(尤其是资本主义社会)的核心内容③。福斯特进一步说,马克思和恩格斯在《共产党宣言》中并没有把生态问题作为反对资本主义的革命运动的一个重要因素。即便"在他们强调生态矛盾的地方,他们似乎也没有相信生态问题可能发展到在向社会主义过渡的过程中起到核心作用的程度"。但是,马克思和恩格斯把关于创造与自然的可持续性关系的思考作为"关于共产主义建设论证中的一个重要部分"④。

福斯特指出,马克思和恩格斯认为城乡之间矛盾的妥善解决是超越人类对自然异化的关键环节,然而人类生态问题的解决需要"超越资产阶级社会的视野",需要超越"无产阶级运动的直接目标"。尽管马克思和恩格斯"小心翼翼的避免陷入空想社会主义为未来社会设计远远超越

---

① John Bellamy Foster, Marx's Ecology: Materialism and Nature, *Monthly Review Press*, 2000, p. 139.
② 《马克思恩格斯文集》第2卷,人民出版社2009年版,第37页。
③ John Bellamy Foster, Marx's Ecology: Materialism and Nature, *Monthly Review Press*, 2000, p. 139.
④ John Bellamy Foster, Marx's Ecology: Materialism and Nature, *Monthly Review Press*, 2000, p. 140.

现实运动的蓝图的陷阱",但是,另一方面还是要"通过行动来解决自然的异化问题,以便创造出一个可持续的社会"。福斯特认为,他们的分析不仅来源于他们的唯物主义历史观,也来源于他们更加深刻的唯物主义自然观。马克思和恩格斯在《共产党宣言》中所论述的生态观点为他们之后成熟的生态观念,即马克思提出的关于自然与社会之间的新陈代谢断裂理论奠定了坚实的基础①。

(四) 新陈代谢断裂理论的提出

福斯特认为,正是在《资本论》中,"马克思的唯物主义自然观和唯物主义历史观完整地结合在一起"②。马克思借助"新陈代谢"这一概念来定义劳动过程"是人和自然之间的过程,是人以自身的活动来引起、调整和控制人和自然之间的新陈代谢的过程,……[劳动过程]是人和自然之间的新陈代谢的一般条件,是人类生活的永恒的自然条件③",而正是这一点使这一概念具有了生态意蕴。"新陈代谢"这一概念一方面说明了劳动的本质,另一方面揭示了人与自然之间的真实关系。在福斯特看来,马克思在《资本论》等著作中提出的"新陈代谢"理论是马克思的生态价值观的核心内容。正是借助于这个概念,马克思把他对资产阶级政治经济学的三个重点内容的批判联结在一起:对直接生产者的剩余产品的剥削、相关的资本主义地租理论以及马尔萨斯的人口理论。

福斯特指出,"新陈代谢"这个词最早出现在 1815 年,并且在 19 世纪 30 年代和 40 年代被德国的生理学家们所采用,最初用这个词来表

---

① John Bellamy Foster, Marx's Ecology: Materialism and Nature, *Monthly Review Press*, 2000, p. 140.
② John Bellamy Foster, Marx's Ecology: Materialism and Nature, *Monthly Review Press*, 2000, p. 141.
③ 《马克思恩格斯全集》第 23 卷,人民出版社 1979 年版,第 201、208 页。

示身体内与呼吸有关的物质变换。但是，1842年李比希在他的《动物化学》中给予这个词语以更加广泛的应用。马克思在19世纪60年代早期写作《资本论》的时候深受李比希分析的影响。他在《资本论》第1卷中写道："李比希的不朽功绩之一，是从自然科学的观点出发阐明了现代农业的消极方面。"①

福斯特认为，马克思从两个方面使用了"新陈代谢"这个概念：一是指自然和社会之间通过劳动而进行的实际的新陈代谢相互作用；二是在广义上使用这个词语，用来描述一系列已经形成的但是在资本主义条件下总是被异化地再生产出来的复杂的、动态的、相互依赖的需求和关系，以及由此而引起的人类自由问题，所有这一切都可以被看作与人类和自然之间的新陈代谢相联系，而这种新陈代谢是通过人类具体的劳动组织形式而表现出来的。因此，"新陈代谢概念既有特定的生态意义，也有广泛的社会意义"②。福斯特还认为，尽管马克思的"新陈代谢"概念来源于李比希等人，但他完全是在一种新的意义上加以使用的。他还指出，马克思是为了"解放人类劳动和环境之间的关系"而使用"新陈代谢"这一概念的。③ 福斯特甚至还指出，"新陈代谢"这一概念贯穿于马克思的所有成熟著作之中。例如：马克思在1880年他的最后的经济学著作《关于阿·瓦格纳的笔记》中，就强调了"新陈代谢"这一概念在他对政治经济学进行全面清算时处于核心地位，马克思明确地指出，"在说明生产的'自然'过程时我也使用了这个名称，指人与自然之间的新陈代谢（Stoffwechsel）"。马克思强调，在商品流通中，以后形式变换的中断，也是作为新陈代谢的中断。福斯特认为，在马克思的分

---

① 《马克思恩格斯全集》第31卷，人民出版社1972年版，第181页；《马克思恩格斯全集》第23卷，人民出版社1972年版，第553页。
② John Bellamy Foster, Marx's Ecology: Materialism and Nature, *Monthly Review Press*, 2000, p. 158.
③ John Bellamy Foster, Marx's Ecology: Materialism and Nature, *Monthly Review Press*, 2000, p. 160.

析中,经济循环是与新陈代谢(生态循环)紧密地联系在一起的,而新陈代谢又与人类和自然之间新陈代谢的相互作用相关联。马克思写道:"在化学过程中,在由劳动调节的新陈代谢中,到处都是等价物(自然的)相交换。"马克思的意思是,基于新陈代谢的普遍特征,资本主义经济中的正常的经济等价物的形式交换只不过是一种异化的表现形式。福斯特认为,马克思这里论述的思想在他的《政治经济学批判手稿(1857—1858)》中也谈到过,在一般商品生产中"才形成普遍的社会新陈代谢,全面的关系,多方面的需求以及全面的能力的体系"。① 而以上这一切,福斯特认为是马克思在广义上使用"新陈代谢"这个概念。

正如大家所熟悉的那样,马克思在《1844年经济学哲学手稿》等早期著作中,对人类和自然之间的新陈代谢关系有许多讨论,他试图直接地从哲学上来解释人类和自然之间复杂的相互依赖关系。在《1844年经济学哲学手稿》中,马克思指出:"人靠自然界生活。这就是说,自然界是人为了不致死亡而必须与之不断交往的、人的身体。所谓人的肉体生活和精神生活同自然界相联系,也就等于说自然界同自身相联系,因为人是自然界的一部分。"② "新陈代谢"概念以及它所包含的物质变换和调节活动的观念,体现在马克思把人与自然的关系表述为两个方面:既包括"自然条件",即"自然"的一面,又包括影响这一过程的人类的能力,即"人为"的一面。福斯特认为,更为重要的是,"新陈代谢"概念为马克思提供了一个表述自然异化概念的具体方式,自然异化概念在他早期著作的批判中居于核心地位。③ 马克思是这样论述的:"不是活的和活动的人同他们与自然界进行新陈代谢的自然无机条件之间

---

① 《马克思恩格斯全集》第19卷,人民出版社1963年版,第422页;《马克思恩格斯全集》第46卷(上),人民出版社1980年版,第331、104页。
② 《1844年经济学哲学手稿》,人民出版社2000年版,第57页。
③ John Bellamy Foster, Marx's Ecology: Materialism and Nature, *Monthly Review Press*, 2000, p. 158.

的统一，以及他们因此对自然界的占有；而是人类存在的这些无机条件同这种活动的存在之间的分离，这种分离只是在雇佣劳动与资本的关系中才得到完全的发展。"① 福斯特认为马克思在这里用"新陈代谢"概念来表述自然异化，"包含了马克思对资产阶级社会异化特性进行全面批判的精髓"②。

福斯特还援引蒂姆·海沃德（Tim Hayward）的观点，马克思的"新陈代谢"概念"抓住了同时作为自然和肉体存在的人类生存的基本特征：这些包括了发生在人类和他们的自然环境之间的能量和物质交换……这种新陈代谢，在自然方面由控制各种卷入其中的物理过程的自然法则调节，而在社会方面由控制劳动分工和财富分配等的制度化规范来调节"③。福斯特还指出，马克思不但用"新陈代谢"概念来表达自然异化，而且还用这一概念描绘了未来的共产主义社会，从而使人们对共产主义社会有了具体而生动的了解。

福斯特指出："马克思关于'新陈代谢'的概念是其对资本主义进行生态批判的核心元素。"④ 在马克思的生态思想中，马克思对资本主义的全部生态批判都是建立在"新陈代谢断裂"概念之上。因此，福斯特对马克思的新陈代谢理论的研究重点也就放在对"新陈代谢断裂"这一概念的研究上。福斯特指出，研究之所以从马克思的"新陈代谢"概念开始，根本原因是为了更好地理解马克思的"新陈代谢断裂"这个概念。他进一步指出，正像马克思的"新陈代谢"概念来源于李比希等人一样，马克思的"新陈代谢断裂"概念也是受到李比希等人的启发。福

---

① 《马克思恩格斯全集》第46卷（上），人民出版社1980年版，第488页。
② John Bellamy Foster, Marx's Ecology: Materialism and Nature, *Monthly Review Press*, 2000, p. 158.
③ John Bellamy Foster, Marx's Ecology: Materialism and Nature, *Monthly Review Press*, 2000, p. 159.
④ 约翰·贝拉米·福斯特：《历史视野中的马克思的生态学》，载《国际社会主义》2002年夏季号。中译文载《国际理论动态》2004年第2期，第35页。

第二章 "新陈代谢断裂"与"第二重矛盾":福斯特与奥康纳对马克思生态思想解读的比较

斯特说他是在研究李比希与马克思之间的相互关系时,才强烈感受到马克思对生态问题的见解是如何独特和深刻。这里所提到的"相互关系"指的就是马克思对李比希"新陈代谢断裂"概念的借鉴和其相关思想的吸收。

福斯特认为,要真正理解李比希的"新陈代谢断裂"概念,必须了解他使用这一概念的历史背景,就要了解农业革命的进程。福斯特认为,至今农业革命经历了三次。第一次农业革命是一个持续了几个世纪的渐进过程,这个过程与圈地运动和市场的日益中心化相联系,并与包括施肥的改进、作物轮种、排水系统和家畜管理在内的技术变化相联系;第二次农业革命持续的时间较短,从1830年到1880年,它以化肥工业的增长和土壤化学的发展为特征,特别是与李比希的著作相关联;第三次农业革命发生的时间比较晚,它主要发生在20世纪,包括农场中用机械牵引力代替动物牵引力,紧接着是把动物集中于大型饲育场,同时还伴随着植物的基因改造,并且有化肥和杀虫剂这样的化学产品的更加密集的使用。福斯特认为,马克思和李比希正是在"第二次农业革命这样的背景下"[①] 使用"新陈代谢断裂"这个概念对资本主义农业进行批评。

在19世纪,土壤肥力的枯竭是整个欧洲和北美的资本主义社会所主要关注的环境问题。但是,这个问题并没有随着土壤化学的出现而结束,相反,新的方法只是有助于生态环境破坏过程的理想化[②]。李比希指出,"广施化肥的耕作方法"虽然不是农场主公开的抢劫制度,却是一种"更为精制的掠夺方式",之所以这样说,是因为"它第一眼看起来根本不像是抢劫"。李比希把所有这些用"新陈代谢断裂"这一概念

---

① John Bellamy Foster, Marx's Ecology: Materialism and Nature, *Monthly Review Press*, 2000, p. 149.

② John Bellamy Foster, Marx's Ecology: Materialism and Nature, *Monthly Review Press*, 2000, p. 149.

加以使用，即"在相互依赖的社会新陈代谢的过程中存在着不可挽回的断裂，导致土壤再生产的必需条件持续被切断，进而打破了新陈代谢的循环"①。在19世纪20—30年代的英国，以及之后在欧洲和北美的资本主义社会中，对"土地衰竭"的普遍关注导致了一场真正的恐慌和对化肥需求的显著增长。这样的现象在人类发展史上极其罕见。那时，欧洲的农场主们甚至搜索了拿破仑的滑铁卢和奥斯德利兹战场，挖掘地下的骨骼充当土壤的肥料。出口到英国的骨骼价值从1823年的14400英镑飙升到1837年的254600英镑。与此同时，英国和美国的船只已经搜索了所有海洋小岛或者海岸的海鸟粪便。英国仅进口的鸟粪就从1841年的1700吨上升到1847年的220000吨。②李比希意识到，"鸟粪并没有成功地保质保量地为他们提供需要的天然肥料"，他感叹道："我们所需要的是发现其储量大如英国的煤田的鸟粪便的储藏，但这有可能么？"③

1850年，苏格兰的农业化学家詹姆斯·F. W. 约翰斯顿（James F. W. Johnston）在北美旅行时发现纽约土壤与西部较为肥沃的土地相比较而言已经出现衰竭的状况。美国经济学家亨利·凯里（Henry Carey）在其1853年的《国内外奴隶贸易》（他把这本书送给了马克思）中写道："很奇怪，所有的英国政治经济学家都忽视了这样一个事实：人类仅仅是土地的借用者，当他不偿还债务时，土地也和所有债权人的做法一样，那就是，迫使他交出他所租用的土地。"④凯里一直强调这样的事实：由于城乡分离（以及农产品的生产者和消费者之间的分离）而引起的远距离贸易是土地营养净流失和农业危机不断增长的主要原因，这种

---

① John Bellamy Foster, The Ecology of Destruction, *Monthly Review*, 2007, 2, Vol. 58, No. 9, p. 10.
② John Bellamy Foster, Marx's Ecology: Materialism and Nature, *Monthly Review Press*, 2000, p. 150.
③ John Bellamy Foster, Ecology against Capitalism, *Monthly Review Press*, 2002, p. 154.
④ John Bellamy Foster, Marx's Ecology: Materialism and Nature, *Monthly Review Press*, 2000, pp. 152–153.

第二章 "新陈代谢断裂"与"第二重矛盾":福斯特与奥康纳对马克思生态思想解读的比较

观点后来被马克思和李比希进一步发展。①

福斯特指出,被李比希用"新陈代谢断裂"这一概念所涵盖的与生态有关的问题不仅有土地肥力的流失和土地日益衰竭,还有城市不断遭到污染。李比希认为,土壤的衰竭问题是与人类和动物排泄物所引起的城市污染紧密地联系在一起的。他把不能把大城市排泄物有效地转化为土壤的营养称为"新陈代谢断裂"。他告诫人们:"假如对城市居民的所有固体和流体排泄物的收集是可行的,不让它们损失掉,并且根据农场主最初向城镇所提供的农产品相应地返还其一定份额的排泄物也是可行的,那么,他的土地的生产能力将可长久地不受损害地保持下去,并且每一块肥沃土地中现存的矿物元素储备对于不断增长的人口的需求来说将是绰绰有余的。"②遗憾的是,当局对李比希的建议不予理睬,土壤肥力的流失和城市的污染都在不断恶化。福斯特认为,马克思正是在李比希的影响下,开始了对土壤肥力危机问题的深入研究,他说:"土壤肥力危机问题的中心人物是德国化学家李比希,但对其进行更深入更广泛的社会意义的剖析的是马克思。"③马克思基于李比希的论述得出结论:"在互相依赖的社会新陈代谢的过程中存在着不可挽回的断裂,导致土壤再生产的必需条件持续被切断,进而打破了新陈代谢的循环。"④

为了论证马克思所关注的"人和土地之间的新陈代谢"的"断裂"这个中心理论概念,福斯特引用了马克思在《资本论》中的两段文字。在《资本论》第3卷,马克思对资本主义地租的讨论中说道:"大土地

---

① John Bellamy Foster, Marx's Ecology: Materialism and Nature, *Monthly Review Press*, 2000, pp. 152 – 153.
② John Bellamy Foster, The Ecology of Destruction, *Monthly Review*, 2007, 2, Vol. 58, No. 9, p. 10.
③ John Bellamy Foster, The Ecology of Destruction, *Monthly Review*, 2007, 2, Vol. 58, No. 9, p. 10.
④ John Bellamy Foster, The Ecology of Destruction, *Monthly Review*, 2007, 2, Vol. 58, No. 9, p. 10.

所有制使农业人口减少到不断下降的最低限度,而在他们的对面,则造成不断增长的拥挤在大城市中的工业人口。由此产生了各种条件,这些条件在社会的以及由生活的自然规律决定的新陈代谢的过程中造成了一个无法弥补的裂缝,于是就造成了地力的浪费,并且这种浪费通过商业而远及国外(李比希)……大工业和按工业方式经营的大农业一起发生作用。如果说它们原来的区别在于,前者更多地滥用和破坏劳动力,即人类的自然力,而后者更直接的滥用和破坏土地的自然力,那么,在以后的发展进程中,二者会携手并进,因为农村的产业制度也使劳动力精力衰竭,而工业和商业则为农业提供各种手段,使土地日益贫瘠。"①

在《资本论》第1卷关于"大规模的工业和农业"的谈论中,马克思对资本主义农业进行了批判:"资本主义生产使它汇集在各大中心的城市人口越来越占优势,这样一来,它一方面聚集着社会的历史动力,另一方面又破坏着人和土地之间的新陈代谢,也就是使人以衣食形式消费掉的土地的组成部分不能回到土地,从而破坏土地持久肥力的永恒的自然条件……但是资本主义生产在破坏这种新陈代谢……的状况的同时,又强制地把这种新陈代谢作为调节社会生产的规律,并在一种同人的充分发展相适合的形式上系统地建立起来……资本主义农业的任何进步,在一定时期内提供土地肥力的任何进步,同时也是破坏土地肥力持久源泉的进步……因此,资本主义生产发展了社会生产过程的技术和结合,只是由于它同时破坏了一切财富的源泉——土地和工人。"②

以上引用的两段文字清楚地表明,马克思所关注的"人和土地之间的新陈代谢断裂"就是"由生命本身的自然规律所决定的社会新陈代谢",由于土壤构成成分的被"掠夺",从而需要"系统性的恢复"。和

---

① 《马克思恩格斯全集》第25卷,人民出版社1974年版,第916—917页。
② 《马克思恩格斯全集》第23卷,人民出版社1972年版,第552—553页。

第二章 "新陈代谢断裂"与"第二重矛盾":福斯特与奥康纳对马克思生态思想解读的比较

李比希一样,马克思认为食物和服装纤维的长距离贸易使土地构成成分的疏离问题变成了一个"不可修复的断裂"问题。马克思认为这是资本主义发展的自然过程的一部分。①

福斯特认为,马克思对李比希的"新陈代谢断裂"概念的一个重大修正就是不再把这一概念局限于描述土壤肥力的衰竭。与李比希不同的是,马克思在论述土壤肥力流失的同时,重点关注城市污染问题。我们可以在马克思的著作中不时地看到:"在伦敦,450万人的粪便,就没有什么好的处理办法,只好花很多钱来污染泰晤士河。"在福斯特看来,"新陈代谢断裂"概念作为马克思用以对资本主义进行生态批判的核心概念,它已被马克思普遍地用以说明资本主义社会中的生态问题,例如:森林砍伐问题、土地沙漠化问题、气候变化问题、森林中的鹿群的消失问题、物种的商品化问题、污染问题、工业排污问题、有害物质的污染问题、循环利用问题、煤矿资源耗竭问题、疾病问题、人口过剩和物种进化问题等②。福斯特指出,马克思实际上已用"新陈代谢断裂"这一概念来指称资本主义社会的整个"自然异化""物质异化"。他进一步说道,马克思运用了"新陈代谢断裂"概念,来表达资本主义社会中人类对形成其生存基础的自然条件(马克思称之为人类生活的永恒的自然条件)的物质异化③。在《资本论》第3卷中,马克思坚持认为,人的自然的新陈代谢所产生的排泄物,以及工业生产和消费的废弃物,作为完整的新陈代谢循环的一部分,需要返还于土壤。④

马克思对李比希的"新陈代谢断裂"概念的另一个重大修正就是不

---

① John Bellamy Foster, Marx's Ecology: Materialism and Nature, *Monthly Review Press*, 2000, p. 156.
② 约翰·贝拉米·福斯特:《历史视野中的马克思的生态学》,载《国际社会主义》2002年夏季号。中译文载《国际理论动态》2004年第2期,第35页。
③ John Bellamy Foster, Marx's Ecology: Materialism and Nature, *Monthly Review Press*, 2000, p. 163.
④ 《马克思恩格斯全集》第23卷,人民出版社1972年版,第208页。

认为这种"断裂"仅仅发生在某一地区或国家,例如英国,而是强调这是整个资本主义社会,甚至是全球性的特征。福斯特强调:"马克思看到这种断裂不仅存在于一国中,也存在于整个奉行帝国主义制度的国家之中。"① 马克思在《资本论》第 1 卷中曾经揭示说"盲目的掠夺欲"造成了英国的"地力衰竭",但这一事实每天也可以从"用海鸟粪便对英国田地施肥"而必须从秘鲁进口的状况中看到。②

福斯特通过对马克思的"新陈代谢"和"新陈代谢断裂"这两个概念的论述,已经为我们初步地揭示出了马克思的新陈代谢理论的生态意蕴。他把马克思对"新陈代谢",特别是"新陈代谢断裂"的分析归纳为以下八个方面:(1) 资本主义在人类和地球的新陈代谢关系中催生出"无法修补的断裂",而地球原是大自然赋予人类的永久性生产条件;(2) 这就要求新陈代谢的"系统性恢复"成为"社会生产的固有法则";(3) 然而,在资本主义制度下的大规模农业和远程贸易加剧并扩展了这种新陈代谢的断裂;(4) 对土壤养分的浪费反映在城市的污染和排放物上;(5) 大规模的工业和机械化农业共同参与了对农业的破坏;(6) 所有这一些都是城乡对立在资本主义制度下的写照;(7) 理性的农业需要独立的小农业主或者联合而成的大生产商自主经营其生产活动,这在资本主义条件下是根本不可能的;(8) 现状需要对人类和地球之间的新陈代谢关系进行规整,从而指向超越资本主义制度的社会主义和共产主义。③ 福斯特以上八个方面的分析可以主要归纳为:包括土壤衰竭、城市污染等内在的"新陈代谢断裂"究竟是如何产生的?其根源是什么?这种"新陈代谢断裂"可以改变吗?如果可以,那么路径是什么?福斯特正是基于以上问题对马克思的新陈代谢理论的生态思想进行全

---

① John Bellamy Foster, *The Ecology of Destruction*, *Monthly Review*, 2007, 2, Vol. 58, No. 9, p. 10.
② 《马克思恩格斯全集》第 23 卷,人民出版社 1972 年版,第 267 页。
③ 约翰·贝拉米·福斯特:《历史视野中的马克思的生态学》,载《国际社会主义》2002 年夏季号。中译文载《国际理论动态》2004 年第 2 期,第 34—35 页。

第二章 "新陈代谢断裂"与"第二重矛盾":福斯特与奥康纳对马克思生态思想解读的比较

面、深刻的揭示。

人类劳动过程本身在《资本论》中被定义为:"人和自然之间新陈代谢的一般条件,人类生活的永恒的自然条件"。由此新陈代谢中的断裂就只可能意味着从根本上破坏了"人类生活的永恒的自然条件"①。进一步说,这是一个土地的可持续性的问题,即在一定程度上,土地应该以与现在同等的或更好的条件传递给子孙后代,如同马克思写的那样:"从一个较高级的社会经济形态的角度来看,个别人对土地的私有权,和一个人对另一个人的私有权一样,是十分荒谬的。甚至整个社会,一个民族,以至一切同时存在的社会加在一起,都不是土地的所有者。他们只是土地的占有者,土地的利用者,并且他们必须像好家长那样,把土地改良后传给后代。"②

在福斯特看来,李比希论述的重点从"新陈代谢"转向"新陈代谢断裂"之时,实际上已开展了对"当代资本主义强烈的生态批判"③。他把资本主义农业称为"掠夺性农业制度",认为在这一制度下,"永久性地失去某些东西的土地不可能增加甚至不可能保持它的生产能力"④。李比希在《农业化学》(1862)一书中警告:"倘若农业主在自己的经营管理中还没有养成正确的观念,并给他必要的手段,以提高经营管理的生产效能,那么,从某个时候起,什么战争、饥饿、流亡、穷困和流行病等都会出现,它们会形成一种平衡,这个平衡会不知不觉地从根本上使国家繁荣幸福丧失殆尽,最后会引起农业的彻底破坏。"⑤

---

① 《资本论》第1卷,人民出版社1975年版,第208页。
② 《资本论》第3卷,人民出版社1975年版,第875页。
③ John Bellamy Foster, Marx's Ecology: Materialism and Nature, *Monthly Review Press*, 2000, p. 151.
④ John Bellamy Foster, Marx's Ecology: Materialism and Nature, *Monthly Review Press*, 2000, p. 153.
⑤ John Bellamy Foster, Marx's Ecology: Materialism and Nature, *Monthly Review Press*, 2000, p. 154.

福斯特认为，李比希把"新陈代谢断裂"与资本主义制度联系在一起的思考深深地影响了马克思，马克思在接受李比希的"新陈代谢断裂"概念的同时也接受了李比希把"新陈代谢断裂"与资本主义制度联系在一起的思考。

事实上，除李比希以外，促使马克思深刻地思考"生态和资本主义工业之间的尖锐的矛盾"的，还有许多自然科学家和社会科学家。福斯特指出，亨利·凯里就是其中之一，凯里在1853年《国内外奴隶贸易》（他把这本书送给了马克思）一书中写道："很奇怪，所有的英国政治经济学家都忽视了这样一个事实：人类仅仅是土地的借用者，当他不偿还债务时，土地也和所有债权人的做法一样，那就是，迫使他交出他所租用的土地。"① 还有一位年轻的农学家，乔治·韦林（George Waring）认为："人类只是土地的一个承租人，当他为后来的承租者而降低了土地的价值，他就是在犯罪。"② 凯里一直强调这样一个事实：由于城乡分离（以及农产品的生产者和消费者之间的分离）而引起的远距离贸易是土地营养净流失和农业危机不断增长的主要原因，这种观点后来被马克思和李比希进一步发展。事实上，凯里和韦林的观点对后来的李比希产生了重要的影响。

马克思对资本主义农业的批判主要构建在李比希、约翰斯顿和凯里的著作基础上，福斯特指出，马克思关于新陈代谢断裂理论的批判根源却来自与亚当·斯密同时代的苏格兰农业经济学家詹姆斯·安德森。马克思一方面运用安德森的观点来驳斥马尔萨斯把农业与社会危机的原因归结于"人口增长与有限土地之间的矛盾"的理论；另一方面则用安德森的观点来论证"新陈代谢断裂"最终根源于资本主义制度。

---

① John Bellamy Foster, Marx's Ecology: Materialism and Nature, *Monthly Review Press*, 2000, pp. 152 – 153.
② John Bellamy Foster, Marx's Ecology: Materialism and Nature, *Monthly Review Press*, 2000, p. 153.

第二章 "新陈代谢断裂"与"第二重矛盾":福斯特与奥康纳对马克思生态思想解读的比较

安德森认为,城乡分离导致了自然肥料资源的丧失。他断言,只要合理利用人畜肥料,就能够长久维持土地肥力而不需添加别的肥料。然而,在伦敦,这种自然肥料资源每天都被带进泰晤士河,在造成巨大浪费的同时,也使河水流经的下游市民不得不忍受臭气熏天的气味。安德森指出,农业中普遍存在的土地肥力问题,确实是由于未能采取理性的可持续性农业耕作方法造成的结果。马克思对资本主义农业的批判,吸收了安德森古典租金理论的最初模式和李比希的土壤化学,目的是反击马尔萨斯—李嘉图人口过剩和农业生产率下降等自然法则学说的影响。他论证说:"资本主义农业的非理性是与资产阶级社会脱胎而来的城乡对立紧密相关的。"[①]

福斯特认为,总体上来讲,马克思强调是资本主义制度导致了"新陈代谢断裂",但在不同阶段,他把批判矛头指向了不同的资本主义制度的层面。19世纪四五十年代,马克思所关注的"新陈代谢断裂"主要是土壤肥力的衰竭,此时,马克思强调是资本主义的城乡分离和由此带来的产品的远距离贸易是"新陈代谢断裂"的原因。到了五六十年代,马克思对资本主义的"新陈代谢断裂"的关注从土壤肥力的流失扩展到了整个资本主义社会的自然异化。在这样的背景下,马克思对"新陈代谢断裂"根源的分析也从比较直接、表面的城乡分离、远距离贸易深入较为深层的资本主义生产方式和大土地私有制。19世纪六七十年代,马克思对资本主义私有制与"新陈代谢断裂"之间相互联系的研究进一步深入,马克思探讨资本原则、资本逻辑对资本主义社会中"新陈代谢断裂"的影响,也就是说,马克思借助于分析资本原则、资本逻辑的作用这一新的视角,使人们对资本主义生产方式和资本主义私有制对"新陈代谢断裂"之影响的认识更加深刻和具体化。马克思揭示了资本原则、资本逻辑与正常的"新陈代谢"之间的必然矛盾。马克思指出,正是在资本原则的支配下,资本不是服务于人的真正的、普遍的、自然的需要,而是一味

---

① John Bellamy Foster, Ecology against Capitalism, *Monthly Review Press*, 2002, p. 160.

地去追求交换价值，即利润，这必然导致自然的异化，必然导致"新陈代谢断裂"。福斯特认为，对马克思来说，资本的真正存在"是以促使各种不同的形式——在这些形式下，劳动者是所有者，或者说所有者本身从事劳动——发生解体的历史过程为前提的。因此，首先包括以下几点：（1）劳动者把土地当作生产的自然条件的那种关系的解体，即他把这种条件看作自身的无机存在……（2）劳动者是工具所有者的那种关系的解体"①。这种人类劳动与土地之间有机关系的解体，形成了包括马克思在内的古典经济学家所说的"最初的""初级的""原始的"积累。在这一过程中产生了资本主义制度。② 这样看来，资本的存在就是"人类劳动与土地之间有机关系的解体"，也就必然引发"新陈代谢断裂"。

三、对马克思生态思想的诠释

就这样，福斯特在深刻地认识到马克思对新陈代谢断裂的分析的力量和连贯性后，他开始自问：这些生态观念作为整体在马克思的思想中到底有多深厚？在马克思的背景中，有什么样的东西可以用来解释马克思是怎样把自然科学的考察有效地融入他的分析中的呢？这同与劳动异化一道被认为是马克思的早期著作特征的自然异化概念是怎样相联系的呢？最重要的，福斯特追问道，能否在马克思的唯物主义中发现他的生态学的秘密？是否是这样，对唯物主义的考察仅依据唯物主义人类历史观是不够的，必须依据自然历史以及二者之间的辩证关系呢？或者换一种说法，马克思的唯物主义历史观同恩格斯所谓的"唯物主义自然观"是不可分的吗？马克思在对这两者的分析中运用了辩证法吗？③

---

① John Bellamy Foster, Ecology against Capitalism, *Monthly Review Press*, 2002, p. 161.
② 《马克思恩格斯全集》第46卷（上），人民出版社1980年版，第24、471、498页。
③ 约翰·贝拉米·福斯特：《历史视野中的马克思的生态学》，载《国际社会主义》2002年夏季号。中译文载《历史视野中的马克思的生态学》郭剑仁译，姜锡润校，湖北人民出版社，第65页。

第二章 "新陈代谢断裂"与"第二重矛盾":福斯特与奥康纳对马克思生态思想解读的比较

通过分析,我们认为福斯特的生态思想不仅具有很强劲的生产方式视角,确切地说是按照马克思主义政治经济学范式的,还具有西方社会学特征的社会批判理论体系。他讲垄断资本、讲政治经济学、讲资本主义的停滞等,通过揭露由于资本主义制度带来(引发)的各种生态危机现象,运用马克思主义政治经济学原理深刻地剖析资本主义生态危机形成的根源,并提出消灭资本主义、消灭生态危机的实施路径,最终实现生态学社会主义。福斯特的生态思想是全面的、系统的,是马克思主义在生态学方面的最新(高)成果。"在英语世界里,福斯特的生态学马克思主义代表了到目前为止的肇始于20世纪60—70年代的生态学马克思主义这一股西方思潮的最新和最高水平。"① 我们通过以下几方面来分析。

(一) 马克思的生态学:一种生态唯物主义

福斯特在《马克思的生态学》导论中开门见山地讲道:本书讨论的基础是为了了解生态学的起源,必须理解随着17世纪到19世纪唯物主义和科学的发展而出现的关于自然的新观念。此外,本书的重点是论述唯物主义和科学的发展如何促进了生态学思维方式的产生。并且,书中的全部讨论都是围绕19世纪两位最伟大的唯物主义者达尔文和马克思的著作而展开的。

《马克思的生态学》一书的核心任务,就是围绕马克思以及达尔文的生平与著作,来阐释"一种生态的唯物主义"或"一种辩证的自然历史观",以超出当代许多绿色理论中的唯心主义、唯灵论和二元论。② 福斯特把这一研究的重要性表达为:"如果不了解马克思的唯物主义自然观与唯物主义历史观之间的关系,就不可能全面了解马克思的著作。换

---

① 郭剑仁,《生态地批判——福斯特的生态学马克思主义思想研究》,人民出版社2008年版。
② John Bellamy Foster, Marx's Ecology: Materialism and Nature, *Monthly Review Press*, 2000, pp. 19 – 20.

句话说,马克思的社会思想是与生态学世界观不可分割地联系在一起的。"① 概言之,福斯特的核心观点是:马克思通过批判和整合伊壁鸠鲁的自然观、黑格尔的异化理论、李嘉图的经济学、李比希的化学和达尔文的进化论,进入了一种革命的哲学,其最终的指向是"在所有方面对异化的超越:一种具有现实基础的理性生态学和人类自由——生产者联合起来的社会"②。这里面,我们看不到有关个人道德的一丁点信息。

  生态是自然的事,文明是人类的事情,生态文明就是人与自然的事情。福斯特阐述的重点是"马克思的生态学",其阐发路径也和其他生态学马克思主义者(或生态学社会主义者)有显著的不同,"采取的是追溯和再现马克思本人思想发展历程的方式"。③《马克思的生态学》一书在其酝酿阶段时为《马克思与生态学》,书名的变更意味着福斯特思想上的明显变化:马克思常常被视作一位反生态的思想家,由于对马克思著作的熟悉,福斯特一开始就对这种批判没有认真对待;不过,即使是在写作《脆弱的星球:短暂的环境经济史》(1994)时,福斯特也仍然认为马克思的生态观点在他的整个思想中只具有次要的地位,认为这些观点对于当代生态学来说没有什么实质性的贡献,马克思对于生态学发展的重要性仅仅在于他所提供的历史唯物主义的分析方法;但在《马克思的生态学》(2000)一书的写作过程中,福斯特得出的结论是,"马克思的世界观是一种深刻的、真正系统的生态世界观"④。这段话表明福斯特对马克思生态学思想的认识也是在不断地深化和完善中的。

---

① John Bellamy Foster, Marx's Ecology: Materialism and Nature, *Monthly Review Press*, 2000, p. 24.

② John Bellamy Foster, Marx's Ecology: Materialism and Nature, *Monthly Review Press*, 2000, p. 256.

③ 程伟礼、马庆:《中国一号问题:当代中国生态文明问题研究》,学林出版社2012年版,第149页。

④ John Bellamy Foster, Marx's Ecology: Materialism and Nature, *Monthly Review Press*, 2000, p. viii.

第二章 "新陈代谢断裂"与"第二重矛盾":福斯特与奥康纳对马克思生态思想解读的比较

(二)福斯特的生态思想:一种发展的唯物主义生态哲学

福斯特的生态思想是在继承马克思的生态学的基础上的发展,这种新的哲学范式是将西方马克思主义的历史文化本体论与传统马克思主义的自然本体论相结合,以资本主义社会形态中的自然异化为主要批判对象,以西方新社会运动为主要社会载体而发展起来的一种关于环境正义和社会正义的唯物主义生态哲学。福斯特的生态唯物主义以"自然""生产""自由""实践"和"辩证法"为主要范畴,"融西方人道主义马克思主义的实践观于自然本体论和认识论为一体,建立起人与自然、社会相互作用的新的哲学本体论"①。福斯特阐述了一种在承认自然先在性、独立性和不断进化特点的基础上,人类可以认识和利用自然规律,进行社会实践,发挥自由能力的生态世界观。生态唯物主义以"正义""社会化""民主化""道德"和"革命"等范畴为主要连接点,提出走一条将资本和生产社会化、国家政权民主化,对人与自然关系来一场彻底的生态革命道路,在具体策略上实践一种使环境运动与以工人阶级为基础的社会运动相结合,以彻底打破资本主义的权力体系,实现人与自然可持续发展的路径。②

对照生态哲学的四个方面——本体论、认识论、实践论和价值论,福斯特的生态哲学在本体论方面承认和坚持客观存在是独立于人之外的,人和社会单向度地依赖自然的存在而存在,人是自然的一部分,是生态系统的成员,是由自然进化而来的,人的意识或精神也是源于客观存在的。"自然——物质世界——是人类存在的前提;生活资料的生产是人类生活——在其所有的各种定义形式之中——以及人类历史

---

① 郭剑仁:《生态的批判——福斯特的生态学马克思主义思想研究》,人民出版社2008年版,第4页。
② 康瑞华等:《批判构建启思——福斯特生态马克思主义思想研究》,中国社会科学出版社2011年版,第207—208页。

的前提"①。

在认识论方面,福斯特认为,自然本身是独立存在的,而且在各种现象和事实之间隐藏着深层生物因果关系和自然规律,具体地表现为巴里·康芒纳(Barry Commoner)的生态学四条"非正式法则":第一,万物皆相互联系;第二,万物皆有归属之地;第三,自然洞察一切;第四,无中不能生有。②

不过,福斯特指出资本主义制度下的生产性劳动和自然本身都发生了异化,呈现出四条反生态特性:(1)事物之间唯一持久的联系是金钱关系;(2)除非重新进入资本循环,否则某些物质去了何处(它怎样被外在化)并不重要;(3)自我调节的市场懂得的是最好的;(4)自然是给私有财产者的免费赠予。福斯特强调,资本主义反生态的特点可以归结为一句话:获利关系在很大程度上已成为人与人、人与自然联系的唯一通道。③ 资本主义生产方式在本质上是对这种获利关系的鼓励,必然受到资本主义与资本家的欢迎。而反生态的生产方式的本质就是利润增长问题。

福斯特的生态哲学实践观主要表现在他对"劳动"和"新陈代谢"两个词的运用上。福斯特认同马克思利用新陈代谢概念来描述劳动中人与自然的关系:"劳动首先是人和自然之间的过程,是人以自身的活动来引起、调整和控制人和自然的新陈代谢的过程。……劳动过程是人和自然之间的新陈代谢的一般条件,是人类生活的永恒的自然条件。"④ 福斯特指出马克思的成熟作品中贯穿着新陈代谢概念,尽管背

---

① John Bellamy Foster, *Marx's Ecology*: *Materialism and Nature*, Monthly Review Press, 2000. p. 115.
② John Bellamy Foster, Marx's Ecology: Materialism and Nature, *Monthly Review Press*, 2000, p. 15.
③ John Bellamy Foster, The Vulnerable Planet: A Short Economic History of the Environment, *Monthly Review Press*, 1999, pp. 120 – 121.
④ 《马克思恩格斯全集》第 23 卷,人民出版社 1972 年版,第 202—208 页。

第二章 "新陈代谢断裂"与"第二重矛盾":福斯特与奥康纳对马克思生态思想解读的比较

景有所不同,新陈代谢概念在马克思的政治经济学批判中处于中心地位。在马克思的分享当中,经济循环是与新陈代谢(生态循环)紧密地联系在一起的,而新陈代谢又与人类和自然之间新陈代谢的相互作用相联系。①

在生态哲学价值观方面,福斯特承认地球和环境的道德及建立大地伦理的可能性。福斯特指出,我们必须建立新的生态文化和生态道德,也就是建立罗斯福新政时期环保专家奥尔多·利奥波德(Aldo Leopold)所提出的"大地伦理"。但是,需要引起注意的是,福斯特"不是一个环境伦理学家,而是一个环境社会学家,他在寻求建立大地伦理的可能性并将其付诸实践的同时,明确的意识到对人与自然的关系的认识绝不能局限在静止的价值关系领域,而应该关注更加广泛的、共同进化的、复杂的物质实践关系"②。

在生态哲学研究方法方面,福斯特主要是通过思想史与诠释学相结合的研究方法形成生态世界观的。他运用诠释学的方法,沿着马克思思想的发展脉络,重新解读了马克思的著作。福斯特从马克思的博士论文中发现了马克思生态哲学基础的萌芽,在马克思关于费尔巴哈、黑格尔的论著中找到了一种新的唯物主义哲学,即生态唯物主义。在对马克思各个时期成熟作品的解读中,发现"新陈代谢"一词可以作为中介或枢纽将马克思关于生态的思想串联起来,从而重新构建起马克思的生态学。

福斯特的生态唯物主义具体表现为以下几个方面:第一,福斯特的生态哲学承认自然环境固有的价值和生态道德;第二,福斯特的生态哲学强调要将环境正义与社会正义结合起来,实行生态革命,对社会进行

---

① John Bellamy Foster, Marx's Ecology: Materialism and Nature, *Monthly Review Press*, 2000, pp. 157–158.
② 康瑞华等:《批判构建启思——福斯特生态马克思主义思想研究》,中国社会科学出版社 2011年版,第216页。

全方位的变革;第三,福斯特的生态哲学的未来指向是否定资本主义的生态学社会主义;第四,福斯特的生态哲学在总体上观点鲜明,不仅有理论构建,还十分注重运动层面的实践活动。①

(三)对资本主义制度的生态批判:为了生态学社会主义而斗争

1999年西雅图爆发反全球化运动,之后,福斯特更加强调把各种反抗资本主义的力量汇聚起来,因为普通民众受到的剥削压迫和地球生态环境受到的各种威胁都来自贪得无厌、毫无限制地追逐利润的资本主义制度。福斯特认为"这样一场革命,如果要创造出平等的条件、可持续性和值得称之为真正'伟大的变革'的人类自由,就必须从劳动人民和处于全球资本主义等级制度最底层的群体的斗争中汲取动力"②。福斯特是"依据于现实来阐述马克思把生态危机归结于资本主义制度的基本观点的,从而显得既具现实感又富有说服力"③。福斯特进一步指出,"当今资本主义的发展趋势——它对人类和人类生存条件的破坏表明,除了社会主义我们已经别无选择,在这种情况下,所有的斗争都成了一种反对资本主义的斗争。全球生态革命的长期战略是建立一个真正平等的社会,即为了社会主义而斗争"④。可见,福斯特并不是一个没有哲学"味道"的、基于社会学立场的批判理论家,他不仅擅长对问题的发现及对问题之严重性的揭示,同时也更擅长对一些具有思辨性的问题的理解和

---

① 康瑞华等:《批判构建启思——福斯特生态马克思主义思想研究》,中国社会科学出版社2011年版,第220页。
② John Bellamy Foster, *Organizing Ecological Revolution*, http://monthlyreview.org/2005/10/01/organizing-ecological-revolution,[2016-10-9]。
③ 陈学明:《不触动资本主义制度能摆脱生态危机吗?》,载《国外社会科学》,2010年第1期。
④ 康瑞华等:《批判构建启思——福斯特生态马克思主义思想研究》,中国社会科学出版社2011年版,第174页。

第二章 "新陈代谢断裂"与"第二重矛盾":福斯特与奥康纳对马克思生态思想解读的比较

分析。① 福斯特正是基于对资本主义制度的深刻剖析的基础上,才提出了具有历史性意义的解决方案——用生态学社会主义取代资本主义,从而最终解决人类的生态危机。

福斯特看到20世纪90年代以来由环保主义者孤军奋战的环保运动不再能取得预期目标,他提出让环境运动与社会主义运动结合,认为保护环境必须从全球资本主义等级制度最底层的群体的斗争中汲取动力,他相信这就是未来的趋势。他强调指出,要通过废除浪费性的过度生产来消灭异化劳动和拯救我们的生态系统,实行社会主义所有制是必要的。② 福斯特从私有化的生态后果和当今自然私有化的趋势提出自然社会化,进而生产也社会化的问题。19世纪初,在西北太平洋地区,仅在俄勒冈州和华盛顿州的西部,原始森林就有2000万英亩。随后,在两个世纪的时间里,这些具有千百年树龄的参天古树就被无情地砍伐殆尽,私有资本清除了这些森林,为的是种植那些生长更快,可以更快砍伐的人工林木。自然社会化加剧了资本主义环境危机。到20世纪80年代,这一地区的原始森林只剩下12%左右。而它们之所以能被保留下来,"就是因为它们被置于国家控制之下,因为它们已经被社会化了"③。

福斯特指出,在这个以解决管制和私有化而著称的时代,自然界的一切包括水、森林、物种,甚至大气本身正在被变成商品。可是把一切都交给私人利益集团,民主国家的公共领域就消失了。这个无情的现实使我们唯有使自然和生产社会化没有其他选择。因为只有自然和生产社

---

① 唐正东教授认为福斯特是一个没有哲学"味道"的、基于社会学立场的批判理论家,他擅长于对问题的发现及对问题之严重性的揭示,但显然不擅长于对一些具有思辨性的问题的理解。详见其《基于生态维度的社会改造理论》,载《马克思主义研究》2009年第1期。

② [加] 本·阿格尔:《西方马克思主义概论》,慎之等译,中国人民大学出版社1991年版,第507—509页。

③ John Bellamy Foster, *Ecology, Capitalism, and the Socialization of Nature*: *An Interview with John Bellamy Foster*, http://monthlyreview.org/2004/11/01/ecology-capitalism-and-the-socialization-of-nature, [2016-10-9].

会化，大多数普通人才能够在一个不平等的资本主义体制内利用共有的资源。鉴于劳动构成了人与自然关系的基础，只有生产也社会化了，自然的社会化才能完全实现。因此，"生态革命必然导致社会革命"①。只有通过在全球范围内发扬社会民主把生产和自然组织起来，才是有意义的希望，世界将体现世世代代的共同利益，而不是仅仅受益于短期的个人利益。

当年，小布什总统面对美国汽车工业集团的反对，不顾国际舆论的压力，毅然退出《京都议定书》，并为控制海湾地区的石油发动了伊拉克战争。可见，要转向生态可持续性社会，不仅要摒弃资本主义的积累方式，还必须改变"作为资本主义制度支柱的国家与资产阶级的伙伴关系，而代之以新的民主化的国家权力与民众权力的伙伴关系"②。当环境保护与资本主义（利益集团）的利益相冲突时，既得利益者及其代言人就会义无反顾地抛弃环境保护。

（四）关于生态革命的判断：必然是社会主义的

全球环境改革的失败也印证了真正的环境改革必须打破国家政权与资本的伙伴关系。对此，福斯特分析了原因："最根本的还在于国家政权与资本的伙伴关系。……经济增长——实际上是不惜任何社会或环境代价的增长是发达国家的第一要务。全球经济制度的力量使得主要资本主义国家的决策层不愿意采取有效的环保行动。鉴于此，福斯特认为，不打破国家政权与资本的伙伴关系，社会正义与可持续发展运动不会发生预期结果。"③

---

① John Bellamy Foster, The Vulnerable Plane: A Short Economic History of the Environment, *Monthly Review Press*, 1999, p. 142.
② John Bellamy Foster, Ecology against Capitalism. *Monthly Review press*, 2002, pp. 113, 132.
③ 康瑞华等：《批判构建启思——福斯特生态马克思主义思想研究》，中国社会科学出版社 2011 年版，第 178 页。

第二章 "新陈代谢断裂"与"第二重矛盾":福斯特与奥康纳对马克思生态思想解读的比较

关于生态革命新时代的主要历史主体和发起者,福斯特认为要从第三世界人民群众中寻找,那里将是最先受到生态灾难冲击的地方,而生活在那里的人们也如马克思所说的无产阶级的情形一样,在采取必要的激进措施来避免灾难上没有什么可失去的,所以他们能担当起这样的角色。① 福斯特在探讨解决生态危机的出路时,毫不犹豫地举起了生态革命和社会主义的旗帜,他多次声言,当今资本主义的发展趋势——它对人类和人类生产条件的破坏表明,除了社会主义,我们已经别无选择。他在阐明社会主义与生态革命的关系时指出:"真正的生态革命必然是社会主义的,真正的社会主义革命必然是生态革命。"②

正如福斯特所言:"由于新的社会主义正处于形成之中以及受到正在变化的历史条件的影响,因此,想知道新的社会主义的复兴是以何种面目出现是不可能的。然而,在吸取历史经验教训的基础上,构建新的社会主义也并非天方夜谭。因此,我们是从历史的角度来分析社会主义,是从改变资本主义的现状提供可资选择的角度来研究社会主义的,过去我们不曾注意的可能性或许会给未来带来希望。"③ 福斯特在对资本主义的生态批判中反复阐明了关于发展的主张。他认为,社会主义社会建立在合理的生态原则基础上,对发展的态度是:发展必须以人为本,适度发展,协调发展,人与自然共同进化,和谐发展。"新的发展形式追求适度,而不是更多。它必须以人为本,特别是要优先考虑穷人而不是利润和生产,必须强调满足基本需求和确保长期安全的重要性。"④

关于发展问题,福斯特既不像主流经济学家那样不加区别地主张全

---

① John Bellamy Foster, Why Ecological Revolution? *Monthly Review*, 2010, Volume 61, Issue 08 (January), p. 14.

② John Bellamy Foster, Why Ecological Revolution? *Monthly Review*, 2010, Volume 61, Issue 08 (January), p. 14.

③ John Bellamy Foster, The Renewing of Socialism: An Introduction, *Monthly Review*, 2005, Volume 57, Issue 03. pp. 1 – 19.

④ John Bellamy Foster, Ecology against Capitalism. *Monthly Review press*, 2002, p. 81.

球经济增长,也不像一些生态学马克思主义者(高兹、萨卡、克沃尔等)那样,一味地限制增长,而是贫富有别,主张把发展空间留给落后的第三世界。福斯特认为发展生产本身并不能自动消除贫困,发展必须优先考虑穷人。① 他关于发展以人为本特别是要优先考虑穷人的发展理念,展示了他对占世界人口大多数的普通人特别是处于弱势的穷人的强烈人文关怀。

"国家真正作为整个社会的代表所采取的第一行动,即以社会的名义占有生产资料"②,把社会化生产资料变成公共财产。"社会化的人,联合起来的生产者,将合理地调节他们和自然之间的新陈代谢,把它置于他们的共同控制之下,而不让它作为盲目的力量来统治自己"③,这是福斯特引用次数最多的马克思的一段话,最能代表他对未来社会生产关系的看法。福斯特认同马克思的观点,在社会主义经济中,"市场依然发挥作用,但处于从属而非支配地位"④。

"要在生态学马克思主义的发展史中,寻找一位最有勇气、最有创见,同时又饱受争议的生态学马克思主义者,恐怕非约翰·贝拉米·福斯特莫属。"⑤ 从福斯特的理论体系的内容上看,其生态学马克思主义思想以生态学为主线重读马克思思想,拓展了马克思主义研究的新思路,开辟了生态学马克思主义发展的新阶段。且不说这种大胆尝试的结果如

---

① John Bellamy Foster, Why Ecological Revolution? *Monthly Review*, 2010, Volume 61, Issue 08 (January), p. 14.
② 《马克思恩格斯全集》第20卷,人民出版社1971年版,第305页。
③ John Bellamy Foster, Marx's Ecology: Materialism and Nature, *Monthly Review Press*, 2000, p. 159. Also see John Bellamy Foster, The Ecological Revolution: Making Peace with the Planet, *Monthly Review Press*, 2009, p. 178. 中文见《马克思恩格斯文集》第7卷,人民出版社2009年版,第928—929页。
④ John Bellamy Foster, The Renewing of Socialism: An Introduction, *Monthly Review*, 2005, Volume 57, Issue 03. pp. 1 – 19.
⑤ 康瑞华等:《批判构建启思——福斯特生态马克思主义思想研究》,中国社会科学出版社2011年版,第220页。

何，仅凭福斯特这种敢"冒天下之大不韪"的勇气和魄力就十分值得我们对其表示敬重，更何况他的尝试取得了其预期的效果："即把生态问题作为马克思的主要思想来解释马克思。"① 福斯特这种大胆的尝试也使他超越了无数的生态学马克思主义者，甚至是推动了整个生态学马克思主义学科的发展。②

第二节 奥康纳对马克思的社会基本矛盾理论的发展：资本主义的第二重矛盾

在奥康纳看来，对于一个关注生态问题的学者而言，其最重要的就是，"怎样才能构建出一种资本主义理论，使之能够帮助我们对全球环境破坏问题做出清晰的思考"。他指出，资本主义的第二重矛盾理论或许就是这样一种"关键性的理论思路"③。他称作的"资本主义第二重矛盾"就是生产力、生产关系和生产条件之间的矛盾。这里的"生产条件"概念区别于马克思的生产条件，之前有过论述，这里不再赘述。

一、对马克思资本主义社会基本矛盾理论的阐发

基于新的社会历史现实，奥康纳指出马克思关于资本主义社会基本矛盾的判断已经不能解释当今资本主义社会出现的新危机，其中就包括生态危机。马克思关于生产力和生产关系之间的矛盾被奥康纳视为引发经济危机的原因，这构成了资本主义的第一重矛盾；但是，面对生态危

---

① John Bellamy Foster, Marx's Ecology: Materialism and Nature, *Monthly Review Press*, 2000, p. vi.
② 康瑞华等：《批判构建启思——福斯特生态马克思主义思想研究》，中国社会科学出版社2011年版，第221页。
③ James O'Connor, *Natural Causes: Essays in Ecological Marxism*, The Guilford Press, 1998, p. 127.

机,资本主义的情况发生了新的变化,具体体现为生产力、生产关系和生产条件之间的对立,这构成了资本主义的第二重矛盾。

奥康纳认为,出现第二重矛盾的根本原因,是资本主义从经济的维度对劳动力、城市的基础设施和空间,以及外部自然界或环境的自我摧残性的利用——之所以是"自我摧残性"的,那是因为,当私人成本转化为"社会成本"的时候,健康和教育的成本、城市交通的成本、房屋及商业性的租金,以及从自然界中榨取资本要素所要付出的代价都将会上升。今天,资本所面临的不仅是成本的上升,还有市场需求的疲软,也就是说,资本同时面临着第一重和第二重的矛盾。[①]

在奥康纳看来,第一重矛盾是传统马克思主义所论述的生产力和生产关系之间的矛盾,这组矛盾将因为社会的需求不足而导致经济危机;第二重矛盾则体现为生产力、生产关系和生产条件之间的矛盾,这组矛盾内在于资本主义内部,将因为社会的生产不足而导致经济危机。

二、对"生产条件"概念的重新解读

奥康纳指出,到目前为止,马克思主义者、社会主义者和非马克思主义只是对资本主义给自然界所造成的全球性破坏做了界定和分析,仅此而已,只是一些资料性的描述,缺乏对导致生态破坏的原因从整体上进行系统性的理论分析和措施。奥康纳分析了导致这种状况的原因至少有三点:第一,缺乏一种对有关"生态危机"的意识形态阐释与社会—科学性阐释的系统说明。第二,任何一种"原因"的理论都必须建立在资本理论、马克思主义的积累和经济危机理论,或者说得更准确一点,通过经济危机而实现的资本主义积累理论的基础之上。第三,这种理论必须建立在对马克思所说的"生产条件"的阐释之上,按照

---

① James O'Connor, *Natural Causes: Essays in Ecological Marxism*, The Guilford Press, 1998, p.177.

第二章 "新陈代谢断裂"与"第二重矛盾":福斯特与奥康纳对马克思生态思想解读的比较

波兰尼的说法,它应当包括那些虽然不是作为商品而生产出来,却是被当作商品来对待的所有东西,即"虚拟的商品"。① 奥康纳认为资本主义的第二重矛盾或许就是这样关键性的一种理论。"生产条件"则是这个理论最核心的概念,它是资本主义的第二重矛盾理论的概念基础和理论前提。

奥康纳分析了马克思所界定的三种不同的生产条件:(1) 作为"生产的个人条件"的工人劳动力;(2) 被视为"自然条件"或"外在的物质条件"的土地;(3) 被视为"公共的、一般性条件"的物质性的基础结构,例如"交通与运输的设施"。

具体而言,奥康纳指出:首先,劳动力、"个人条件"这些范畴的虚拟性本质是很明显的。劳动力并不是为了在市场上出售而被生产和再生产出来的,从这一点上来看,它是一种虚拟的商品。同时,劳动力也无法与其所有者相分离,进而也无法在市场上自由地流通。由于劳动力的生产和再生产方式并不受到价值规律的支配,因此,劳动力的价格不应当根据交换价值来进行阐释。或者说,劳动力根本上就没有什么交换价值。没有证据可以表明劳动力将会以虚拟商品的形式出现,更没有证据表明它将会在资本主义的生产和积累方式得到默认或支持的前提下被再生产出来。② 其次,马克思把生产的第二种条件界定为"社会生产的公共的、一般性的条件",或"社会生产过程的一般条件,即交通及运输方面的设施"。都市里的那些自然性的以及社会性的基础设施、空间、社区资本(这至今仍是一个不常被使用的概念)实际上也都是虚拟的商品。同样,就像劳动力一样,这种"一般条件"也是不具备交换价值的。公共性的交通和运输并不直接地由市场力量或价值规律所支配。没

---

① [美] 詹姆斯·奥康纳:《自然的理由——生态学马克思主义研究》,唐正东、臧佩洪译,南京大学出版社2003年版,第200页。
② [美] 詹姆斯·奥康纳:《自然的理由——生态学马克思主义研究》,唐正东、臧佩洪译,南京大学出版社2003年版,第230页。

有证据表明基础设施及（城市）空间将会以商品的形式被人所获得。再次，生产的第三种条件在马克思那里被称为"外在的物质条件"或"自然条件"。外在的物质条件在经济学上被分成两大类别，一是作为生活资料的自然财富……二是作为劳动工具的自然财富。前者包括肥沃的土地、渔业资源丰富的水域等；后者包括瀑布、可用于航行的河流、树木、金属、煤炭等。马克思在有的地方还把外在的物质条件指称为"进入不变资本和可变资本之中的自然因素"。优越的自然条件能够提高劳动生产率，从而降低所生产出来的商品的交换价值，但这反过来又会增加剩余价值和利润的生产。

在马克思的时代，有关自然条件或外在条件的理论阐述，是建立在自然界的稀缺性或自然的有限性的观念的基础上的。而在今天，自然条件方面的话题正在变成一个越来越重要的话题，这是源于在世界范围内对"第二自然"的资本化。在对外在条件的讨论方面，除了建立在经济学的理论视域上之外，还深入到生态系统在生态方面的生存性、温室效应的经济学意义、海岸线及分水岭的稳定性、为了地租而进行的资源开发所具有的后果、土地及水资源的质量和农业生产率、预防酸雨的经济成本以及其他一系列相类似的问题域之中。①

奥康纳强调，马克思尽管区分了三种不同的生产条件，但他却没能对它们进行系统的理论研究（就像波兰尼对"土地和劳动"问题所做的系统研究一样）。马克思更多地阐述了劳动力供应的条件，而不是一般性的、外在的生产条件。在马克思恩格斯的著作中，除了工人阶级的斗争本身之外，我们很难找到围绕着生产条件的供应而组织起来的社会斗争的论述。奥康纳指出，生产条件不仅指生产力，而且也包括生产关系。生产条件的生产和分配是不受市场（或价值规律）的制约的，如果

---

① ［美］詹姆斯·奥康纳：《自然的理由——生态学马克思主义研究》，唐正东、臧佩洪译，南京大学出版社2003年版，第233页。

第二章 "新陈代谢断裂"与"第二重矛盾":福斯特与奥康纳对马克思生态思想解读的比较

生产条件的再生产遭到了忽视,它们的生产能力受到了损害或者破坏,并导致了对资本的生产力的损坏,那么,最直接的原因应当归咎于国家机构及其政策,而不是资本本身。① 一旦把生产条件放在一种政治化的视域中,如果这些生产条件被忽视了,如果它们的生产性能力遭到了破坏,那么,将会出现的就不仅是资本的经济危机,还是国家的立法危机或者执政党和政府的政治危机。

从总体上说,资本内部的确存在着很多的矛盾,这些矛盾对国家在制定有关生产条件的供应方面的政策时会产生很重要的影响。第一种矛盾是存在于个体资本的利益与总体资本的利益之间的矛盾。第二种矛盾是存在于个体资本的利益或资本派别的利益内部的矛盾。就生产条件本身而言,在其内部以及相互之间其实也存在着系统性的矛盾。对"生产条件"这一问题的探讨不仅应当置放在总体资本的内在关系的层面,还应当置放在政治体制和国家机构的内在关系的理论层面上。② 奥康纳指出,资本主义国家不仅是一个官僚性的国家,也是一个政治性的国家。生产条件的供应以及/或者资本对这些生产条件的获得途径不仅被官僚化了,也被政治化了。生产条件的生产理论中更为复杂的地方,在于市民社会内部的各种复杂的斗争:女权主义运动、城市运动、生态运动、原住民的斗争等。③

奥康纳指出,生产条件可以被界定为"生产力"或"生产的社会关系"。如果被界定为一种"力量",那么,很显然,从生产条件在其中被生产、组织及管理的社会"关系"的角度来看,这种界定是有局限性的;如果被界定为一种"关系",那么,从它们作为一种"力量"而获

---

① [美]詹姆斯·奥康纳:《自然的理由——生态学马克思主义研究》,唐正东、臧佩洪译,南京大学出版社2003年版,第237页。
② [美]詹姆斯·奥康纳:《自然的理由——生态学马克思主义研究》,唐正东、臧佩洪译,南京大学出版社2003年版,第241页。
③ [美]詹姆斯·奥康纳:《自然的理由——生态学马克思主义研究》,唐正东、臧佩洪译,南京大学出版社2003年版,第243页。

得发展的角度来看，这种界定显然也是有局限性的。① 奥康纳总结道，资本与其生产条件之间的关系是由社会经济及政治领域内的斗争、意识形态以及官僚政治的现实这三种因素共同作用而成的。

奥康纳认为，"生态学马克思主义"的出发点一方面是资本主义的生产关系和生产力之间的矛盾，另一方面是生产关系和生产条件之间的矛盾。② 无论是人类的劳动力、外在自然界还是基础设施，都不是为了资本主义而被生产出来的，尽管在资本眼里，这些生产条件只不过是商品或商品化的资本。在资本主义社会里，生产条件被政治化，通向自然界的途径被各种斗争所限制，外在自然界本身所具有的政治身份及主体性处于缺失的状态。

任何一种既定的作为生产条件的技术和劳动关系，都是与不止一种的把这些条件再生产出来的社会关系相一致的，同样，这些社会关系中的任何一种既定形式，也都是与不止一种的作为生产条件的技术和劳动关系形式相一致的。③ 奥康纳总结道：对于马克思主义的理论，其理论意义显然受到了低估。当然，可以想象，我们正处于一种漫漫征途之中，在这里会出现许多不同的，但又是殊途同归的通向社会主义的道路，因此，"马克思的观点与其说是错了，还不如说有一半是正确的"④。

三、解决资本主义的第二重矛盾的出路

如何走出资本主义的第二重矛盾的困境？奥康纳提出构建生态学社会主义的设想。在生态学社会主义社会中，生产力、生产关系和生产条

---

① [美]詹姆斯·奥康纳：《自然的理由——生态学马克思主义研究》，唐正东、臧佩洪译，南京大学出版社2003年版，第242页。

② James O'Connor, *Natural Causes: Essays in Ecological Marxism*, The Guilford Press, 1998, p. 164.

③ James O'Connor, *Natural Causes: Essays in Ecological Marxism*, The Guilford Press, 1998, p. 169.

④ James O'Connor, *Natural Causes: Essays in Ecological Marxism*, The Guilford Press, 1998, p. 169.

第二章 "新陈代谢断裂"与"第二重矛盾":福斯特与奥康纳对马克思生态思想解读的比较

件之间的矛盾将被化解,生态危机也将不再出现,传统马克思主义中关于商品二因素(交换价值和使用价值)和劳动二重性(抽象劳动和具体劳动)的论述在他看来也有了新的解读。

(一)交换价值从属于使用价值,抽象劳动从属于具体劳动

按照马克思主义的理论,在资本主义社会里,使用价值(use value)从属于交换价值(exchange value),具体劳动(concrete labor)从属于抽象劳动(abstract labor),因此,资本主义生产的目的是追求利润,而不是满足需要。[①] 奥康纳认识到所有商品都既有交换价值又有使用价值。交换价值是指商品间用来衡量和换算的价值,通常使用劳动时间作为参照,是一个量的概念;与之相反,使用价值关乎人为自然的或人的需要,是一种质的概念。奥康纳明确提出:"我用'生态学社会主义'这个术语来界定这样一个理论和运动:希望使交换价值从属于使用价值,使抽象劳动从属于具体劳动,这也就是说,为了需要(包括工人的自我发展的需要)而不是为了利润而组织生产。"[②]

在奥康纳看来,"第一重矛盾"源自这样一个事实:资本主义的生产不仅是商品的生产,还是剩余价值的生产,即对劳动的资本主义的剥削过程。对劳动的剥削仅仅意味着阶级斗争及经济危机存在于资本主义的本质之中——这种危机有时候被称为"资本的生产过剩",这种对经济危机的探讨焦点在于交换价值。奥康纳认为,"第二重矛盾"恰恰与之相反,当今世界资本主义之中不仅是资本的生产过剩的危机(经济危机),而且也是资本的不充分发展的危机(生态危机)。危机不仅来源于传统马克思主义所说的需要的层面,也来源于生态学马克思主义所说的成本的层面。奥康纳指出在资本主义的第二重矛盾理论中,使用

---

① James O'Connor, *Natural Causes: Essays in Ecological Marxism*, The Guilford Press, 1998, p. 324.
② James O'Connor, *Natural Causes: Essays in Ecological Marxism*, The Guilford Press, 1998, p. 331.

价值与交换价值处于同等重要的地位。甚至于我们越是在理论上接近使用价值,在实践中就越能够接近真实的实践语境以及真实的、活生生的人们。①

奥康纳指出如今资本所面临的不仅是成本的上升,还有市场需求的疲软,也就是说,资本同时面临着双重的矛盾。他进一步说:"资本是否不仅受到生产方法及生产过程的变革的困扰,而且还受着市场扩张的困扰?这是否意味着不仅生产条件存在着恶化的趋势,而且工资及薪金收入的结构也会恶化,类似于信用体制膨胀的危险性一样?"② 这段话显然表明当前生产条件的"恶化"致使资本不仅受到来自生产方法及生产过程的变革的困扰,更"糟糕的"是市场扩张受到限制,影响了资本主义的发展,这不正显示奥康纳是为资本的扩张摇旗呐喊吗?

(二)生态学社会主义:从"分配性正义"到"生产性正义"

在价值倡导方面,与传统社会主义的分配性正义(Distributive Justice)不同,奥康纳提出了生产性正义(Productive Justice)。生产性正义是什么?生产性正义强调能够使消极外部事物最小化、使积极外部事物最大化的劳动过程和劳动产品(具体劳动和使用价值)③。除此之外奥康纳没有更多地阐释生产性正义。但是,对比他批判的"分配性正义",我们隐约可以窥视到他提出的"生产性正义"是为了资本主义能够生产更多的产品做辩护,为了资本主义的资本的不断扩张做理论准备。因为与传统社会主义倡导的分配性正义相比,资本主义更需要的是生产性正义。奥康纳认为在目前的资本高度社会化的社会,分配性正义是不可能

---

① James O'Connor, *Natural Causes*: *Essays in Ecological Marxism*, The Guilford Press, 1998, pp. 127 – 129.
② James O'Connor, *Natural Causes*: *Essays in Ecological Marxism*, The Guilford Press, 1998, p. 177.
③ James O'Connor, *Natural Causes*: *Essays in Ecological Marxism*, The Guilford Press, 1998, pp. 339.

第二章 "新陈代谢断裂"与"第二重矛盾":福斯特与奥康纳对马克思生态思想解读的比较

实现的,相反,只有生产性正义才具有合理性。因此,生产性正义是可以实现的唯一正义形式。在解决生态危机的实现途径和方法方面,奥康纳强调:"我的理论对象就一般层面而言是指那些新社会运动,就特殊层面而言则是指生态运动。"① 他这里讲的新社会运动指的是环保运动和女权运动等以推进人与自然和谐相处的民主运动。通过发动新社会运动和生态运动,最大限度地遏制资本对生产条件发展的破坏,进而适应生产条件的发展,最终实现资本主义向生态学社会主义的过渡。

奥康纳提出的"生态学社会主义"很重要的特征是:它寻求使交换价值从属于使用价值,使抽象劳动从属于具体劳动,也就是说,按照需求而不是利润来组织生产。② 奥康纳认为,在重建人类与自然的可持续发展关系方面,只有国家才有这个控制力和协调力。"在市民社会的民主化控制之下,国家将会成为重建自然界,以及重建我们人类与自然界之间的关系的基础。"③ 从奥康纳的论述中,我们不难看出,他的生态理论始终是围绕维护资本主义制度的。一方面,他通过提出资本主义的第二重矛盾,进而重建马克思的生态思想和历史唯物主义为当今资本主义制度辩护;另一方面,他通过提出生态学社会主义,给人们以假象,认为资本主义制度只要通过发动几次社会民主运动就可以得到(脱胎换骨式的)改良,解决生态危机。

奥康纳总结道,生态学社会主义在多大程度上构成对资本主义的一种批判,那么它也就在多大程度上构成对传统社会主义的一种批判。然而,我们看到,奥康纳追求的"生态学社会主义至多只是一种改良性质的资本主义"④。奥康纳把资本主义社会的基本矛盾分解成第一重矛盾和

---

① [美]詹姆斯·奥康纳:《自然的理由——生态学马克思主义研究》,唐正东、臧佩洪译,南京大学出版社2003年版,第486页。
② James O'Connor, *Natural Causes: Essays in Ecological Marxism*, The Guilford Press, 1998, p.331.
③ James O'Connor, *Natural Causes: Essays in Ecological Marxism*, The Guilford Press, 1998, p.155.
④ 冯颜利、周文、孟献丽:《生态学社会主义核心命题的局限——评詹姆斯·奥康纳"生产性正义"思想》,载《中国社会科学》2011年第5期,第114—120页。

第二重矛盾，第二重矛盾反映出奥康纳思想的非马克思主义特性。① 第二重矛盾在他的矛盾理论中占据比第一重矛盾更加重要的地位，与阿格尔的观点类似，奥康纳同样认为马克思的经济危机理论已经不适于当代的资本主义，生态危机成了社会的主要危机。因此，生产条件与生产方式（生产力和生产关系）之间的矛盾成为当代资本主义社会的主要矛盾，这也是导致生态危机的重要原因之一。生态学社会主义被奥康纳看作解决资本主义生态危机的最终归属，而新社会运动是实现或到达生态学社会主义的必经之路。

第三节　福斯特与奥康纳对马克思生态思想解读的比较

对比福斯特与奥康纳关于马克思主义生态思想的研究，我们可以大致从以下几个方面来展开分析：马克思到底有没有生态学思想？他们各自对理论解读的指向是什么？他们对生态危机的解决路径是如何阐发的？基于这三个问题，我们来进一步了解他们之间生态思想的不同。

一、马克思有没有生态思想？

福斯特的生态思想本质上是反资本主义的，其理论出发点是为了颠覆资本主义制度（或对资本逻辑的批判），实现生态文明，他是生态学马克思主义的。与奥康纳对比，福斯特提出了完全相反的看法，他认为在马克思的经典著作中包含了大量的生态学思想②。福斯特回到马克思

---

① 郭剑仁：《西方生态马克思主义的得与失》，见复旦大学当代国外马克思主义研究中心编：《当代国外马克思主义评论》，人民出版社2011年版，第61页。
② 有其他一些学者的佐证，认为马克思的经典著作中本身已有生态学思想。例如帕森斯、伯克特等。

第二章 "新陈代谢断裂"与"第二重矛盾":福斯特与奥康纳对马克思生态思想解读的比较

和恩格斯的经典著作,指出唯物主义和生态学之间密切相连,唯物主义包括生态学,生态学也要求唯物主义,从而构成了福斯特的生态唯物主义方法论。他认为:"马克思的世界观是一种深刻的、真正系统的生态(当今普遍理解的正面的意义),并且这种生态观是来源于他的唯物主义的"①,福斯特在马克思的《1844 年经济学哲学手稿》《德意志意识形态》《共产党宣言》和《资本论》等重要的经典著作中挖掘出了马克思的生态学思想。这些生态学思想与马克思的其他思想构成一个整体,而且处于历史唯物主义的核心地位。福斯特的"生态学马克思主义"的核心观点是:资本主义制度一切异化的根源,从本质上来看,资本主义与(自然和社会)生态是根本对立的。这也是福斯特构建的新陈代谢断裂理论的核心内涵②。

二、解读的理论指向

奥康纳的生态思想本质上是为了维护资本主义的合理性,是为了善意地改进资本主义,是为了使资本主义发展得更好,虽然最后提出了给资本主义穿上生态学社会主义的外衣,但是,他是非生态学马克思主义的③。在相关著作中,奥康纳指出,在马克思和恩格斯生活的那个年代,人与自然的生态矛盾还没有发展到当今的恶化程度,他们没有提出过什么生态思想,也没有使用生态概念来论述人与自然之间的关系。基于此,奥康纳指出马克思的理论中的确存在着生态学意义上的"理论缺失"(silences)。④ 与奥康纳同一阵营的艾伦·鲁迪(Alan Rudy)认为,

---

① John Bellamy Foster, *Marx's Ecology: Materialism and Nature*, Monthly Review Press, 2000, p. viii.
② Paul Burkett, Marx's Ecology and the Limits of Contemporary Ecosocialism, *Capitalism Nature Socialism*, 2001, Vol. 12, Iss. 3. p. 130.
③ 即便奥康纳著有《自然的理由——生态学马克思主义研究》一书,但是,本质上来说,奥康纳是想借用生态学马克思主义这个概念来完成他关于资本主义生态学思想的构建。
④ James O'Connor, *Natural Causes: Essays in Ecological Marxism*, The Guilford Press, 1998. p. 6.

马克思本人对生态学的贡献非常缺乏，他没有解释生态危机如何使资本主义产生积累危机，因此，他的分析不完整、不系统、不成熟。① 奥康纳则有所不同，他要试图构建一种能从文化维度和自然维度重构历史唯物主义的方法论范式，最终形成所谓的生态学马克思主义的历史观。他的方法论范式中最核心内容是：文化、劳动与自然构成了一个三位一体的整体。② 这种方法论范式不仅认为劳动是历史唯物主义的核心范畴，而且认为文化和自然是作为劳动或物质生产过程的重要因素。也就是说，奥康纳构建新的方法论的路径是通过对生产力和生产关系的重新解读，提出新的资本主义矛盾理论——资本主义第二重矛盾，从而最终实现重构历史唯物主义的目的。③

与之相对应，福斯特的生态思想本质上是反资本主义的，其理论出发点是为了颠覆资本主义制度（或对资本逻辑的批判），实现生态文明，他是生态学马克思主义的。与奥康纳对比，福斯特提出了完全相反的看法，他认为在马克思的经典著作中包含了大量的生态学思想④。福斯特回到马克思和恩格斯的经典著作，指出唯物主义和生态学之间密切相连，唯物主义包括生态学，生态学也要求唯物主义，从而构成了福斯特的生态唯物主义方法论。他认为："马克思的世界观是一种深刻的、真正系统的生态（当今普遍理解的正面的意义），并且这种生态观是来源于他的唯物主义的"⑤，福斯特在马克思的《1844年经济学哲学手稿》《德意志意识形态》《共产党宣言》和《资本论》等重

---

① Alan Rudy, Marx's Ecology or Ecological Marxism, *Capitalism, Nature, Socialism*, 12 (September 2001), p. 143.
② James O'Connor, *Natural Causes: Essays in Ecological Marxism*, The Guilford Press, 1998. p. 83.
③ 郭剑仁：《西方生态学马克思主义的方法论研究》，载《马克思主义哲学研究》2008年第1期，第223页。
④ 有其他一些学者的佐证，认为马克思的经典著作中本身已有生态学思想。例如帕森斯、伯克特等。
⑤ John Bellamy Foster, Marx's Ecology: Materialism and Nature, *Monthly Review Press*, 2000, p. viii.

要的经典著作中挖掘出了马克思的生态学思想。这些生态学思想与马克思的其他思想构成一个整体,而且处于历史唯物主义的核心地位。福斯特的"生态学马克思主义"的核心观点是:资本主义制度一切异化的根源,从本质上来看,资本主义与(自然和社会)生态是根本对立的。这也是福斯特构建的新陈代谢断裂理论的核心内涵[1]。

三、消灭生态危机的实现路径

奥康纳指出:"资本是否不仅受到生产方法及生产过程的变革的困扰,而且还受着市场扩张的困扰?这是否意味着不仅生产条件存在着恶化的趋势,而且工资及薪金收入的结构也会恶化,类似于信用体制膨胀的危险性一样?"[2] 这段话显然是表明当前的生产条件的"恶化"致使资本不仅受到来自生产方法及生产过程的变革的困扰,更"糟糕的"是市场扩张受到限制,影响了资本主义的发展。

在重建人类与自然的可持续发展关系方面,奥康纳认为只有国家才有这个控制力和协调力,"在市民社会的民主化控制之下,国家将会成为重建自然界,以及重建我们人类与自然界之间的关系的基础"[3]。从奥康纳的论述中,我们不难看出,他的生态理论始终是围绕维护资本主义制度的,一方面,他通过提出资本主义的第二重矛盾,进而重建马克思的生态思想和历史唯物主义为当今资本主义制度辩护;另一方面,他通过提出生态学社会主义,给人们以假象,认为资本主义制度只要通过发动几次社会民主运动就可以得到(脱胎换骨式的)改良,解决生态

---

[1] Paul Burkett, Marx's Ecology and the Limits of Contemporary Ecosocialism, *Capitalism Nature Socialism*, 2001, Vol. 12, Iss. 3. p. 130.

[2] James O'Connor, *Natural Causes: Essays in Ecological Marxism*, The Guilford Press, 1998, p. 177.

[3] James O'Connor, *Natural Causes: Essays in Ecological Marxism*, The Guilford Press, 1998, p. 155.

危机。

在价值倡导方面,与传统社会主义的分配性正义(Distributive Justice)不同,奥康纳提出了生产性正义(Productive Justice)。生产性正义是什么?"生产性正义强调能够使消极外部事物最小化、使积极外部事物最大化的劳动过程和劳动产品(具体劳动和使用价值)"①。除此之外奥康纳没有更多地阐释生产性正义。但是,对比他批判的"分配性正义",我们隐约可以窥视到他提出的"生产性正义"是为了资本主义能够生产更多的产品做辩护,为了资本主义的资本的不断扩张做理论准备。如果说传统社会主义是强调分配性正义,那么在资本主义制度下,强调的是生产性正义。奥康纳认为在目前的资本高度社会化的社会,分配性正义是不可能实现的,相反,只有生产性正义才具有合理性。因此,生产性正义是可以实现的唯一正义形式。在解决生态危机的实现途径和方法方面,奥康纳强调:他这里讲的新社会运动指的是环保运动和女权运动等以推进人与自然和谐相处的民主运动。通过发动新社会运动和生态运动,最大限度地遏制资本对生产条件发展的破坏,进而适应生产条件的发展,最终实现资本主义向生态学社会主义的过渡。

奥康纳认为,按照马克思的理论,在资本主义社会里,使用价值从属于交换价值,具体劳动从属于抽象劳动,强调交换价值体现为对利润的过度追求,而不是以社会的需求为导向。② 所有商品都包含交换价值和使用价值。交换价值是指用以衡量商品间的换算价值的标尺,是用劳动时间来计算的,是一个量的概念;与之相反,使用价值关乎人为自然的或人的需要,是一种质的概念。

奥康纳提出的"生态学社会主义"很重要的特征是:它倡导交换价

---

① James O'Connor, *Natural Causes: Essays in Ecological Marxism*, The Guilford Press, 1998, p. 339.

② James O'Connor, *Natural Causes: Essays in Ecological Marxism*, The Guilford Press, 1998, p. 324.

第二章 "新陈代谢断裂"与"第二重矛盾":福斯特与奥康纳对马克思生态思想解读的比较

值从属于使用价值,抽象劳动从属于具体劳动,也就是说,社会劳动是按照需求而不是利润来组织生产的。① 奥康纳认为,生态学社会主义与传统社会主义相比,无论是研究范围还是理论指向都有本质的区别,例如:与传统社会主义关注资本的生产与流通不同,生态学社会主义更加关注生产条件;传统社会主义关注北部国家欠南部国家的经济债,生态学社会主义则关注北部国家欠南部国家的生态债;在生产资料方面,传统社会主义研究其"国有化"是否适用于国家资本主义,而生态学社会主义研究其"社会化"是否适用于全球化资本主义;等等。奥康纳总结道,生态学社会主义内在包含了对资本主义和传统社会主义的共同批判②。然而,我们看到,奥康纳追求的"生态学社会主义至多只是一种改良性质的资本主义"③。

福斯特代表的第二阶段的生态学社会主义(或者说是生态学马克思主义)提出,生态危机的解决途径只能通过生态革命,全面地否定资本主义制度(或资本逻辑),最终实现生态文明。福斯特没有使用生态学社会主义这个概念,是认为,生态危机的解决必定是要通过发动生态革命的,生态革命和社会主义革命互为充要条件。在不同的场合,福斯特使用的词语也有所不同,在有的文章中,他用 ecological revolution;而在有的文章中,他也用 ecological transformation 来表达,无论是哪个词语,对于福斯特来说都是表达"生态革命"的意思。笔者和福斯特本人曾经通过邮件有过交流,专门就这个问题咨询过福斯特本人。他指出 ecological revolution 和 ecological transformation 在他的文章中都是表达"生态革命",只是在语气上或稍有所不同。

---

① James O'Connor, *Natural Causes: Essays in Ecological Marxism*, The Guilford Press, 1998, p. 331.

② James O'Connor, *Natural Causes: Essays in Ecological Marxism*, The Guilford Press, 1998, p. 333.

③ 冯颜利、周文、孟献丽:《生态学社会主义核心命题的局限——评詹姆斯·奥康纳"生产性正义"思想》,载《中国社会科学》2011年第5期,第114—120页。

然而，正如福斯特本人说的那样，我们目前已经意识到生态革命对于最终解决生态危机的重要性，但是，我们不能确定生态革命未来具体的开展形式、时间和地点。因为，我们不能给未来开出菜单。

福斯特指出目前发达资本主义国家，认为解决生态危机（或环境问题）的普遍方法是通过技术革新，一方面降低生产的单位能耗；另一方面寻找较小危害的替代技术。福斯特认为这样的方法不能解决根本性的问题[1]。福斯特进一步说，马克思设想中的社会主义是一个宜居的、可持续的和符合人类本性发展的制度，是建立在生态平衡基础之上的。在这样的社会制度中，人类和可持续的土地结合在一起，成为世代继承而不能出让的基本的生存条件和再生产条件。[2] 这样的社会或许就是福斯特设想中的生态文明社会吧。

福斯特认为生态危机的解决要通过发动生态革命来实现，实现生态革命可以有两种主要途径：（1）被描述为生态工业革命的一种新型的工业革命，它几乎完全通过技术手段，例如更加有效的能源系统，从而为社会的可持续发展创造基础。这种新型工业革命经常被其支持者们理解为某种形式的"生态现代化"，众多发达国家在其中起主导作用，将发展生态创新作为新的市场机遇。在这其中，诸如提供能源效率等没有限制的技术创新被认为非常重要。然而，在这种社会当中，除了技术之外，社会组织实际上发挥不了什么作用。资本主义无限制的资本积累和将人为的私欲置于个人与社会需求之上的秩序并没有什么变化。事实上，"变绿"通常被作为一种大规模地扩大商品生产和销售机会的手段。（2）另一种是更为彻底的生态社会革命，一方面以技术手段为依托，另一方面更重要的是改变人与自然之间的关系，进而改变基于目前生产关系的社会构成。这是一个可持续性的人类发展过程。它实行的是走向平

---

[1] John Bellamy Foster, Ecology against Capitalism, *Monthly Review Press*, 2002, p. 92.

[2] John Bellamy Foster, Ecology against Capitalism, *Monthly Review Press*, 2002, p. 168.

第二章 "新陈代谢断裂"与"第二重矛盾":福斯特与奥康纳对马克思生态思想解读的比较

等和公有的生产、分配、交换和消费方式,从而打破占据主导地位的社会秩序的逻辑。目标不是进一步扩大人类与自然之间的新陈代谢的断裂间隙(当前世界经济以此为特征),而是恢复到更加有机和可持续性的社会(生态)关系。这些革命包括基于文化革命以及经济和社会革命基础之上的文明转型[①]。

福斯特还考察了拉美国家的情况,他指出理解生态学与社会主义相互独立关系的方式之一是根据委内瑞拉前总统雨果·查韦斯(Hugo Chávez)的所谓"社会主义的基本三角形"(来源于马克思),其构成是:(1)社会的所有制;(2)由工人组织的社会生产;(3)集体需求的满足。如果社会主义是可持续的,社会主义基本三角形的三个部分就都是必需的。完善和深化这一提法得出所谓的"生态学的基本三角形"(更加直接地来自马克思):(1)自然的社会用途,而不是社会所有制;(2)联合的劳动者对人类与自然之间新陈代谢关系的理性的规划;(3)集体需求的满足——不仅仅是当代而且包括后代(生命本身)[②]。

福斯特所设想的生态社会的基础可以被称为生态学的铁三角:(1)自然的社会性开发,而不是占有;(2)联合起来的生产者合理地调节他们和自然之间的新陈代谢;(3)公共需求的满足——不仅包括现代人,也包括后代人。正如保罗·伯克特所论述的那样,马克思对未来的描述是一个可持续性发展的社会,而且把生态学的铁三角和社会主义融合成为一个整体[③]。福斯特强调,一种真正的生态革命,将同时也是一种社会和文化的革命。它需要在全球社会的每一个层面上实现平等,同时根据真正的需要理性地组织生产。所有这一切都表明,生态革命和社

[①] John Bellamy Foster, The Ecological Revolution: Making Peace with the Planet, *Monthly Review Press*, 2009, pp. 12 – 13.

[②] John Bellamy Foster, Why Ecological Revolution, *Monthly Review*, 2010, Vol. 61, Issue 08, pp. 15 – 16.

[③] Paul Burkett, Marx's Vision of Sustainable Human Development, *Monthly Review*, Vol. 57, No. 5 (2005), pp. 34 – 62.

会主义革命（如果按照其合理的结论）两者互为必需和充分的条件①。一种真正的生态革命，需要终结资本主义自我摧残式的新陈代谢，从而实现一种包括全人类和地球在内的新式的、共同的和可持续的新陈代谢。正如玻利维亚总统埃沃·莫拉莱易斯（Evo Morales）说的那样："对我们而言，'生活得更好些'的那种模式已经被证实是失败的，那是一种包括无限制的发展、无边界的工业化、轻视历史的现代性、以他人和自然为代价而不断增长的商品积累。因为这种原因，我们鼓励'生活得好'的这种理念，即与其他人以及我们的地球母亲和谐共处。"②

综上所述，福斯特描绘的生态革命是以实现人与自然和谐共处的生态社会为目标，在这个社会里，人类的物质资料的生产不是为了利润的增长，不是为了商品积累，不是在资本逻辑的驱使下无限制的发展，而是为了全人类和地球实现的内在的、共同的和可持续的新陈代谢；在这个"共同的"共同体社会里，人类在每一个层面实现了真正的平等，消除了纯粹的个人经济交换，实现了"各尽所能，按需分配"。

---

① John Bellamy Foster, The Ecological Revolution: Making Peace with the Planet, *Monthly Review Press*, 2009, p. 34.
② John Bellamy Foster, The Ecological Revolution: Making Peace with the Planet, *Monthly Review Press*, 2009, p. 135.

第三章 生态革命与新社会运动：福斯特与奥康纳生态危机解决的不同路径

马克思说："哲学家们只是用不同的方式解释世界，而问题在于改变世界。①" 福斯特与奥康纳系统地阐述了引发生态危机的根源，构建了新陈代谢断裂理论和资本主义的第二重矛盾，这些仅仅是解释世界，而问题的关键在于如何改变世界，即解决生态危机，预设社会发展的方向。福斯特提出了通过发动生态革命，推翻资本主义制度，消除生态危机，最终实现生态学社会主义；与此相对应，奥康纳认为就目前的社会现状，最合适、最有效的改变措施是通过发动各式各样的新社会运动，不断完善资本主义制度，进而实现生态学社会主义。

第一节 福斯特的社会生态正义

福斯特指出，在苏联的马克思主义（和20世纪70年代以前的西方马克思主义的社会科学）内部，生态思想的缺乏一直强化着这样一种观点，即马克思在这个领域的遗产是最为薄弱的，这样的结论忽视了曾经

---

① 《马克思恩格斯选集》第1卷，人民出版社1995年版，第61页。

发生过的真正的斗争。马克思的生态学在马克思逝世后的数十年中所发生的事情是非常复杂的，涉及马克思主义学说发展过程中最具争论的阶段：恩格斯试图提出一种"自然辩证法"，但在各种后恩格斯阶段中出现的却是"辩证唯物主义"的发展，辩证唯物主义最后变质为苏维埃的一种意识形态（以及它在西方排斥所有与科学和自然的联系的辩证法的孪生子）。① 从某种程度上讲，对于马克思生态思想的"断裂"，以及苏联在19世纪20年代之后生态学思想研究的中断，斯大林以及"大清洗"难辞其咎。

福斯特认为拉图尔（Bruno Latour）坚持一种强烈的社会建构论思想。拉图尔批判被他称为关于环境保护运动和科学的"'糟糕的'生态哲学"，取而代之的是，拉图尔选择了一种建立在全人类和非人类之间的关系的"政治生态学"，而这仅仅是政治学的。② 政治生态学突然地发现它自己有包括环境保护的义务。

一、一种政治经济学的解释：生态帝国主义

福斯特认为，资本主义发展至今已经进入了一个新的历史阶段——生态帝国主义阶段。生态帝国主义的本质是资本逻辑空间拓展在自然生态维度上的"投射"，是传统帝国主义演进的新阶段，通过侵占资源和转嫁污染建构起来的"生态债务"是其核心特征。

（一）生态帝国主义：帝国主义的新阶段

福斯特指出，生态帝国主义不是这种或者那种经济危机的产物，而

---

① John Bellamy Foster, *Marx's Ecology: Materialism and Nature*, Monthly Review Press, 2000. p. 228.
② Latour, B. *Politics of Nature: How to Bring the Sciences into Democracy*, Cambridge, MA: Harvard University Press, 2004, p. 246.

第三章　生态革命与新社会运动：福斯特与奥康纳生态危机解决的不同路径

是资本主义作为全球化力量的必然产物。① 生态帝国主义并没有脱离列宁意义上的帝国主义实质，只是在垄断形式上发生了时代变迁，是帝国主义在当今生态危机加剧和自然生态资源日益缺乏的背景下的呈现方式，或是帝国主义的新阶段。

生态帝国主义是在基于积累的全球经济框架内盛行起来的。纵观人类历史，随着对遥远土地资源的侵占，资本主义的产生和发展依靠进一步的生态开发和不平等的生态交换。它的形式发生了变化，改变了侵占的形式，不同于依靠历史性环境和对经济生产的要求，生态帝国主义追求的是能源资源——土地、原材料、和/或劳力——完成资本主义的资本积累。② 为了更加清楚地理解生态帝国主义的实质、内核及阶段性特征，福斯特建议回到古典帝国主义理论，他援引英国经济学家约翰·霍布森（John A. Hobson）在《帝国主义论》（*Imperialism: A Study*）一书中的观点说道："生产方式的每一次改进，所有制和控制权的每一次集中，仿佛都强化了帝国主义扩张的趋势。……所有的商人都认为，他们国家的生产能力的增长，超过了消费的增长，更多的商品在售卖时不能充分获利，更多的资本找不到有利可图的投资的机会。正是在这种形势下，生成了帝国主义的经济根源。"③ 福斯特认为，当下的生态帝国主义是资本积累集约化程度高企的产物，是中心国家（发达资本主义国家）与外围国家（发展中国家）直接在经济层面而间接在自然生态层面进行"拉锯战"竞争的过程性产物，映照出帝国主义的新的呈现形态。

生态帝国主义概念几乎是看不见的，它不同于经济的、政治的和文

---

① John Bellamy Foster, The Ecological Revolution: Making Peace with the Planet, *Monthly Review Press*, 2009, p. 211.

② John Bellamy Foster, Brett Clark and Richard York, The Ecological Rift: Capitalism's War on the Earth, *Monthly Review Press*, 2010, p. 346.

③ 转引自 John Bellamy Foster, The Rediscovery of Imperialism, *Monthly Review*, 2002, 54 (6), pp. 4 – 5.

化的帝国主义，它具有隐蔽性。① 它往往是通过侵占第三世界国家的资源或破坏他们的生态环境，实现对资本的积累。尽管马克思在过去没有系统地提出生态帝国主义概念，但是马克思为后人提供了一个分析的基础，因为他对经济扩张、帝国主义和生态开发有较深入的研究。② 生态帝国主义虽然在形式上发生了很明显的变化，但就其实质而言，仍然是资本的逐利诉求和由垄断资本支撑起来的资本主义国家之政治霸权。

生态帝国主义的一个案例：1850年，英国从秘鲁进口了超过95000吨的鸟粪；第二年，这个数据超过了200000吨；到1858年，超过302000吨。从1863年至1870年，每年进口数量在109000吨至243000吨。正如上文提到，鸟粪不仅出口到英国，从1866年至1877年，秘鲁每年出口到全球的数量为310000吨至575000吨③，这些国家包括美国、英国、法国、荷兰、意大利、比利时、挪威、瑞典、俄国和亚美尼亚。

生态帝国主义的另一个案例。如果不是亲眼看到那段真实的历史，如果不是亲眼看到那些血淋淋的文字，如果这些文字不是出于一些国外学者的亲笔，我们怎能相信在一百年前，中国的国民曾经受过如此非人的待遇！时间回到1840年代，中国那时处于晚清时期，经历了第一次鸦片战争的失败，国力衰弱，民不聊生。此时，在南半球的秘鲁，由于种植园和矿厂劳力短缺，政府便颁布了一款吸纳外来劳力的移民法案：任何人只要进口"至少50名年龄在10岁至40岁的工人"便可以获得每人30比索的奖励。由于鸦片战争和太平天国运动，欧洲商人开始系统地把中国劳力出口到古巴和秘鲁。那些从事奴隶交易的人贩子通过强制、欺骗甚至绑架把成千上万的中国"苦力"从澳门和香港买到了南

---

① John Bellamy Foster, Brett Clark, and Richard York, The Ecological Rift: Capitalism's War on the Earth, *Monthly Review Press*, 2010, p. 346.
② John Bellamy Foster, Brett Clark, and Richard York, The Ecological Rift: Capitalism's War on the Earth, *Monthly Review Press*, 2010, p. 346.
③ John Bellamy Foster, Brett Clark, and Richard York, The Ecological Rift: Capitalism's War on the Earth, *Monthly Review Press*, 2010, p. 357.

第三章 生态革命与新社会运动：福斯特与奥康纳生态危机解决的不同路径

美。路程长达5个多月。在整个运输的过程中，中国苦力只能吃些少量的米饭。在前15年的交易中，死亡率在25%—30%。有的苦力（如果）在允许上甲板的时候，乘机跳入大海结束他们痛苦的经历。马克思和恩格斯曾经描述过，那些印度和中国的苦力简直遭受着连奴隶都不如的待遇。

第一批中国苦力于1849年抵达秘鲁。在1849年至1874年，大约有90000名中国苦力被运抵秘鲁，其中约有9700名苦力在途中丧生。这些苦力大部分都被强迫在蔗糖种植园工作或去修建铁路。然而，也有很多被强迫去鸟粪岛工作。在这三种环境中，鸟粪岛的条件是最恶劣的。苦力们被要求使用镐和铁锹在厚厚的鸟粪层中挖掘，填满麻袋和独轮车。每个工人每天被要求运输80—100辆独轮车，接近5吨的量。如果哪个苦力没有达到这个工作量便会受到体罚。通常一天从岛上运出的鸟粪约达到20000吨。有许多中国苦力忍受不了那里的折磨，选择了跳海自杀。于是，秘鲁雇主们试图通过从英国商人那里购买鸦片来麻痹控制中国工人。1857年4月10日，马克思在《纽约论坛日报》上写道：中国苦力在秘鲁海岸以比奴隶还要糟糕的待遇被贱卖，这是英国帝国主义制造的后果。[①]

生态帝国主义意味着生态破坏最糟糕的形式，根据对资源的掠夺和人类与地球可持续关系的破坏，这个灾难降临到边缘国家（经济落后国家）而不是中心国家（发达国家）。生态帝国主义允许帝国主义国家实现"环境透支"，从边缘国家榨取自然资源。[②] 所有这些（帝国主义对他国资源的掠夺），按照马克思的理论，需要根据更大范围的全球性新陈代谢断裂理论来理解，这一理论捕捉到了资本主义与环境之间关系的

[①] John Bellamy Foster, Brett Clark, and Richard York, The Ecological Rift: Capitalism's War on the Earth, *Monthly Review Press*, 2010, pp. 359-362.

[②] John Bellamy Foster, Brett Clark, and Richard York, The Ecological Rift: Capitalism's War on the Earth, *Monthly Review Press*, 2010, p. 370.

潜在本质。以鸟粪贸易为例,生态帝国主义的发展不仅使生态资源从南到北的巨大网络流动成为可能,而且给外国劳力的进口增添了动力,在这样的条件下,正如马克思说,特别是来自中国的苦力生存条件"比奴隶还糟糕"。①

(二) 生态帝国主义的核心特征:生态债务

福斯特指出,北方国家(发达国家)对南方国家(发展中国家)每年所欠的生态债务,即便不考虑累积影响,最少也达到南方国家所"欠"北方国家金融债务的三倍。② 生态债务宽泛地定义为"资本主义工业化国家由于抢劫、生态破坏和无偿占有环境空间,以处理诸如源自工业国家的温室气体等废弃物而积累起来的、对第三世界国家的债务"③。生态债务的解释从根本上改变了"谁欠谁"的原则性问题——究竟是发达国家"欠"落后国家的,还是落后国家"欠"发达国家的。从金融债务层面,落后国家(第三世界)的确是"欠"发达国家的,发达国家一直以来都是落后国家的头等债权人;而从生态层面上,落后国家反倒是发达国家的头等债权人,发达国家"欠"落后国家的。基于此,福斯特认为生态债务是帝国主义新阶段——生态帝国主义——的核心特征。生态债务具体体现在两个方面:

1. 侵占资源

在福斯特看来,侵占资源是生态帝国主义游走于国际间的主要目的之一,是发达国家向第三世界国家的单方面"索取",是构成生态债务

---

① John Bellamy Foster, Brett Clark, and Richard York, The Ecological Rift: Capitalism's War on the Earth, *Monthly Review Press*, 2010, p. 370.
② John Bellamy Foster, The Ecological Revolution: Making Peace with the Planet, *Monthly Review Press*, 2009, pp. 244 – 246.
③ John Bellamy Foster, The Ecological Revolution: Making Peace with the Planet, *Monthly Review Press*, 2009, p. 243.

第三章 生态革命与新社会运动：福斯特与奥康纳生态危机解决的不同路径

的一个方面。他以19世纪末期的"硝石诅咒"（Curse of Saltpeter）和20世纪末、21世纪初期的"石油诅咒"（Curse of Oil）为例阐释了生态帝国主义在掠夺资源方面的恶劣行径。

所谓的"硝石诅咒"，是指因土壤肥力的下降而争夺海鸟粪便和硝石而引起的灾难[1]。1840年，在德国农业生化学家李比希发现土壤肥力下降的同一年，法国科学家亚历山大·科切特（Alexandre Cochet）通过研究发现，海鸟粪便和硝石中存在着丰富的硝酸钠，而秘鲁的海鸟粪便和硝石储量都异常丰富。在这之后，欧洲殖民者主要是英国人提出与秘鲁当局合作，低价购买大量的硝石和鸟粪。随后，玻利维亚也发现了存量巨大的硝石。之后，由于秘鲁和玻利维亚之间出现了出口竞争，在一定程度上损害了作为中间商的智利的利益，在英国的怂恿下，智利对秘鲁和玻利维亚开战，导致了太平洋战争，也称"硝石战争"。

在这场战争中，英国是最大的获益者，相反，被迫卷入战争的三国均遭受重大的影响：秘鲁和玻利维亚不仅在经济方面，而且在政治方面和生态环境方面都接近了崩溃的边缘。两国最终成了大英帝国垄断资本的附庸和傀儡，而几年之后的智利也发生了惨绝人寰的内战，工业和经济基础面临着崩溃，英国各路资本乘机扩大投资，牢牢地控制了智利的经济命门。

福斯特认为"硝石诅咒"不但给当时相对落后国家的经济建设和生态环境带来了巨大的灾难，而且类似硝酸钠各式化肥的过度化开采，污染了地球上的淡水资源，成为当今生态环境方面的一个令人头疼的糟糕问题。

所谓"石油诅咒"，如同"硝石诅咒"一样，那些石油资源异常丰富的海湾国家和中东国家，并没有因为拥有这些重要的战略资源而迎来

---

[1] John Bellamy Foster, The Ecological Revolution: Making Peace with the Planet, *Monthly Review Press*, 2009, pp. 238–242.

经济上的富饶和生活上的安定，相反，而是终日要面对蔓延不断的战乱（例如，两伊战争、海湾战争和21世纪初的美伊战争等不断的地缘性、局部性战争），国民生命和财产权得不到保障，因战争变得更加贫困和动荡。

只要我们稍加分析便可知道，无论是"硝石诅咒"，还是"石油诅咒"都不仅是当时国之间的利益问题，更为关键的是在这些事件背后总有帝国主义的无形之手在作怪。那些帝国主义往往受到自身利益的驱使，不择手段地向第三世界国家掠夺资源。在福斯特看来，这就是"石油诅咒"。生态帝国主义推行的经济和生态霸权才是这一诅咒的根本原因。福斯特援引美国经济学家和经济史学家迈克尔·佩罗曼（Michael Perelman）的话说道："'石油诅咒'之所以产生，与石油的物理属性并不存在着多大的关联，而与世界社会结构的性质休戚相关。"① 发达国家的政府不会将珍贵的石油资源轻易地落入石油战略资源的控制。"石油诅咒"不单单是第三世界国家的"专利"，它在富有的资本主义国家也会逐步显现，只是显现的方式有所不同：不是表现为战争，而是更多地表现在经济和生态环境之中②。

2. 转移污染

侵占资源只是发达资本主义国家"欠"第三世界国家生态债务的一个重要方面，转移污染则是不容忽视的另一方面。在福斯特看来，如果说掠夺资源是向第三世界国家赤裸裸的"索取，"那么转移污染对于他们而言就是主动的"贡献"，显然，这种"贡献"是负面的。第三世界国家往往被发达资本主义国家作为垃圾处理厂，沦落为垄断资本的自然生态破坏的外部性"出口"。侵占资源和转移污染是发达资本主义国家

---

① John Bellamy Foster, The Ecological Revolution: Making Peace with the Planet, *Monthly Review Press*, 2009, p.242.

② John Bellamy Foster, The Ecological Revolution: Making Peace with the Planet, *Monthly Review Press*, 2009, p.242.

第三章 生态革命与新社会运动：福斯特与奥康纳生态危机解决的不同路径

实施生态帝国主义的两个重要的路径。

福斯特认为，资本具有最典型的机会主义者特质，它追求最大化的利润却倾向于诉诸最小的成本，转移污染完全符合资本的这一逻辑，因为这无疑会降低资本增值的外部环境成本，完全"不需要负责任"地把侵占自然资源和污染环境的成本转嫁到第三世界国家。从这个意义上来说，转移污染就是转嫁成本。福斯特以世界上最具影响力的经济学杂志《经济学家》（*The Economist*）于1992年刊载的一篇题为《让他们吃下污染》的文章为例进行了阐释①。《让他们吃下污染》里的"他们"正是指广大经济欠发达的第三世界国家。这篇文章能够反映出生态帝国主义转嫁生态责任的真面目。《让他们吃下污染》这篇文章在披露给《经济学家》杂志之前，文章作者劳伦斯·萨默斯（Lawrence Summers）——其身份是世界银行首席经济学家，哈佛大学前校长、美国第71任财政部长，呈交给他的几位同事一份备忘录，其中心观点是："仅仅就你我而言，莫非世界银行不应该支持更多的污染企业转移到非发达国家吗？"②

萨默斯的理由有三：一是从一个国家人口发病率和死亡率的综合收益可以测算出环境污染对人体健康损害的成本，以此观之，一个国家的工资收入最低的话，那么，环境污染对该国人口健康的损害成本也就最低，因此，就不应该谴责向收入明显偏低的第三世界国家排放庞大垃圾和废料背后经济逻辑；二是污染环境的成本在某种程度上表现出非线性，庞大的污染往往是由诸如运输和发电之类的非贸易性产业所造成的，再加上运输固体废料的单位成本较高，进行空气污染和固体废料的国际买卖就有了很大的障碍，投资效益不高，因此，在本地（欠发达国家）直接生产和排污比较合算；三是基于审美与健康的因素，发达世界

---

① John Bellamy Foster, Ecology against Capitalism, *Monthly Review Press*, 2002, p.60.
② John Bellamy Foster, Ecology against Capitalism, *Monthly Review Press*, 2002, p.60.

的富裕国家居民对清洁环境的要求更高，而这又能为"造福世界"带来更多的商业机会①。

不难看出，"萨默斯作为世界银行的首席经济学家，他居于其位的首要作用，是为世界资本的积累，制造具有引导性的便利条件"②。显然，萨默斯奉行的完全是资本的霸权逻辑，把发达国家的经济增长和"居民幸福"构筑在第三世界国家普遍性的痛苦之上，这透射出资本的自私自利的"灵魂深处的不道德"。

福斯特认为，虽然萨默斯《让他们吃下污染》的备忘录已经过去很多年，但是并非"时过境迁"，相反，向第三世界国家转移污染的情况已经变得更加隐秘和复杂，更多地采用了间接而又看起来充满"合法性"的宏观经济手段，使发展中国家的自然生态状况变得更加糟糕。在福斯特看来，只要资本宰制的社会经济—政治土壤存在，即只要资本主义的生产方式依然能够自由地穿梭于国际社会，生态帝国主义转移污染和转嫁成本的路径就不会消失。他援引英国著名生态经济学家、《生态学家》的创始主编爱德华·哥尔德史密斯（Edward Goldsmith）的话指出："每年源自发达资本主义国家并输送到第三世界国家的有毒废料，就高达数百万吨。……没有比这更极端的例子，来佐证帝国主义仍在领导着本属于第三世界国家自身的事务了。"③ 从这个意义上来说，转移污染就成为发达国家"欠下"第三世界国家巨额生态债务的另一重要方面。

在地球层面上，生态帝国主义造成了对全球性公共品（亦即大气和海洋）和生物圈的碳吸收能力的占有，主要是为了资本主义世界经济中心中相对少数国家的利益。发达资本主义国家通过消费化石燃料实现了财富的积累和权力的增长，以至于由于这种过度消费而向大气中排放生

---

① John Bellamy Foster, Ecology against Capitalism, *Monthly Review Press*, 2002, p. 60.
② John Bellamy Foster, Ecology against Capitalism, *Monthly Review Press*, 2002, p. 62.
③ John Bellamy Foster, Ecology against Capitalism, *Monthly Review Press*, 2002, p. 63.

态废弃物导致气候危机愈加严重。气候变化因为二氧化碳和其他次要温室气体的浓度的增长而早已经出现,在过去的一百年中使地球升温0.7摄氏度。当北方国家目前超标的碳排放（超过可持续的全世界人均量）转化成美元的时候——基于"历史上经济活动的基本测量标准,即国内生产总值,与二氧化碳排放之间紧密的相互关系"——北方国家对南方国家的生态债务,仅碳排放一项在1990年代就达到了13万亿美元。北方国家（富裕国家）当中居住着全球大约25%的人口,却消费75%的全球资源。帝国主义力量将社会—生态的生产体制强加给这个世界,加深了城乡之间和北方国家与南方国家之间的对立。

二、生态革命与社会生态正义

（一）生态革命：农业革命和工业革命后的第三次人类革命

在分析生态危机的解决途径中,我们要重点留意福斯特有关以下内容的论述:(1)生态革命的具体内容是什么?如何借用其他学者的论述和观点?(2)福斯特设想中的生态社会是什么样的?如何实现?

福斯特在《生态革命——与地球和平相处》一书中认为据实现路径,生态革命可以被划分为两种:(1)生态工业革命——一种新型的工业革命,几乎完全通过技术手段,诸如更加有效的能源系统,从而为资本主义的可持续发展创造基础。这种绿色工业革命经常被其支持者们理解为某种形式的"生态现代化",诸多富裕国家在其中起主导作用,将发展生态创新作为新的市场机遇。在这其中,诸如提供能源效率等没有限制的技术创新被认为非常重要。然而,在这种革命当中,除去技术之外,社会组织实际上将没有任何变化。资本主义无限制的资本积累和将私欲置于社会需求之上的秩序并没有改变。事实上,"变绿"通常被作为一种大规模地扩大商品生产和销售机会的手段。(2)另一种是生态—社会革命,其特点是基于一定的替代技术,根植于当下的社会生产关系,力争改变人与自然之间的关系。这是一个可持续性的人类发展过程。它实行的是走向平等和公有的生产、分配、交换和消费方式,从而打破占据主导地位的社会秩序的逻辑。目标不是进一步扩大人类与自然之间的新陈代谢的断裂缝隙——当前世界经济以此为特征——而是恢复到更加有机和可持续性的社会—生态关系。这些革命包括基于文化革命以及经济和社会革命基础之上的文明转型。①

福斯特认为,当今生态问题的症结在于:资本主义作为一种文明进程已经到达终点。虽然对于诸多早期生产形式而言代表着很大进步,但是,资本积累制度——包括因为这种积累制度而将诸多社会成本不受限制地外化于贫穷的欠发达国家和整个星球——已经逐渐成为人类发展、甚至人类(以及多数"高级"物种)生存的一种障碍。②

福斯特批评了那种认为"在资本主义和可持续性之间不存在绝对的矛盾"的观点,这种观点只有在非常有限的意义上才是正确的,即在资本主义市场向特殊领域中的可持续性转变过程中,在任何情况下都不存在无法克服的障碍。然而,当将资本主义作为一种普遍化的制度而被置于将地球作为一种全球性制度的背景中加以考虑时,事物将完全不同。作为一种经济制度,资本主义内在的本质逻辑是一方面因自身利益驱使的无限扩展,同时对于环境的无限剥削,与有限的地球资源形成了一组既现实又无法逃避的绝对矛盾③。

生态工业革命被一些社会学家称作是关于现存制度的现代化,而不是生产方式的根本变革。具有讽刺意味的是,诸多纯技术性生态革命路径中的主要缺陷之一是它们的技术概念过于狭义,即只关注那些可能容

---

① John Bellamy Foster, *The Ecological Revolution: Making Peace with the Planet*, Monthly Review Press, 2009, pp. 12 – 13.

② John Bellamy Foster, *The Ecological Revolution: Making Peace with the Planet*, Monthly Review Press, 2009, p. 13.

③ John Bellamy Foster, *The Ecological Revolution: Making Peace with the Planet*, Monthly Review Press, 2009, p. 15.

第三章　生态革命与新社会运动：福斯特与奥康纳生态危机解决的不同路径

许经济增长和资本积累照旧进行而不受地球系统的诸多极限所限制的、非常有限的诸多技术解决方案。这种"现代化"技术的主要目的，就是使目前的单调生产永远持续下去，而不是解决生态问题。在这样的情况下，有些技术的创新确实出现了，但是，它们被其所促使的，并被作为最终目标的经济体系的扩张迅速地破坏了。太阳能技术的发展就是一个很好的例子。太阳能技术已经使用多年，但是一直受限于这样一种事实，即在许多情况下，它们不如听起来不太生态的替代方案那样能够盈利。[1]

目前西方国家主流经济学家和气候学家之间存在一条无法逾越的鸿沟。经济学家认为，地球气候的大幅变化——以前一直与漫长的地质时间相关联，但是现在则发生在仅仅一个世纪之中——在经济方面可能产生非常微小的变化，对世界产量几乎没有影响。因此，在对待气候变化这个问题上，他们倾向于依赖不行动，或者至多缓慢行动，倾向于提供适应能力而不是减缓。他们主张通过"有效率的市场"——同样服务于刺激增长——而实现自然资源的技术性替代方案是唯一答案。显然，这样的答案与为了后代而提高世界的可持续性是完全背道而驰的。[2] 正统经济学长期以来无法预见生态问题的所有含义，在《科学》杂志1992年至1993年的一期交换期刊中已经表现出来，其中耶鲁大学经济学家威廉姆·纳德霍（William Nordhaus）预测道：2100年世界总产量因为目前趋势的延续而造成的损失可以忽略不计（约有1%），然而，根据联合国政府间气候变化专门委员会的数据，即使正常情况下的延续也可能导致全球平均温度升高6摄氏度（10.8华氏度），这对科学家而言绝对是灾难性的。[3]

---

[1] John Bellamy Foster, *The Ecological Revolution: Making Peace with the Planet*, Monthly Review Press, 2009, pp. 19–20.

[2] James O'Connor, *Natural Causes: Essays in Ecological Marxism*, The Guilford Press, 1998, p. 24.

[3] John Bellamy Foster, *The Ecological Revolution: Making Peace with the Planet*, Monthly Review Press, 2009, p. 24.

面对当今石油依赖和气候变化的两难抉择，奥巴马的高级科学技术顾问约翰·霍尔德伦（John Holdren）曾经问过"应该做些什么？"霍尔德伦的诸多答案都属于技术性的，因为，正如他所暗示的那样，减缓经济增长或者即使改变社会的经济组织，实际上都不是现存秩序中的一种选择。然而，诸如保护自然资源以及改变生产和消费组织结构（例如：针对私家车而促进公共交通，或者甚至更加激进的抑制市场在促进挥霍性消费中的作用的诸多措施）等诸多即可有效的解决方案，无论多么可行，都不被包括在霍尔德伦的"应该做些什么"之列，因为这些方案可能妨碍积累制度。① 福斯特强调，与地球和平相处的目标主要不是一个技术问题，而是一个改变社会关系的问题，最终指向可持续性和协同进化。这可以被看作是福斯特提出的生态革命的目标。

福斯特指出，真正的生态革命与绿色工业革命之间的主要区别在于社会作用。绿色工业革命（即生态现代化）将不挑战资本主义社会的经济社会、文化和环境规范（即现存的社会关系）。其中的既得利益集团哪怕是冒着危及整个地球的风险，也将因由环境挑战而引起的社会变革控制在这种制度所能够接受（承受）的限度之内。与此相反，能够改变生产方式与生态系统之间关系的真正的生态革命，将与源自人类绝大部分的更加广泛的社会革命——而不仅仅是工业革命——相联系。就像所有的社会革命一样，生态革命将质疑整个社会从上到下的每一个方面。它将在阶级反抗和公众干预的作用下，必然地将经济学重建为政治经济学；而且根据当今的需要，将其转变为生态政治经济学。② 正如罗伊·莫里森（Roy Morrison）提出的那样，生态社会革命将意味着："一种新的政治经济学的出现，它植根于……尊重社会、政治和经济领域的独立

---

① John Bellamy Foster, *The Ecological Revolution: Making Peace with the Planet*, Monthly Review Press, 2009, p. 27.

② John Bellamy Foster, *The Ecological Revolution: Making Peace with the Planet*, Monthly Review Press, 2009, pp. 27 – 28.

第三章 生态革命与新社会运动：福斯特与奥康纳生态危机解决的不同路径

性，以及它们与综合社会生态系统和自然生态系统的联系。"① 这可以看作是福斯特们想象中的生态社会的特点。

虽然目前还无法为这样的社会和生态革命提供一种蓝图，但是，一些过去和现今的元素都可以为我们提供诸多思想和主要原则。福斯特援引刘易斯·芒福德（Lewis Mumford）在《人类的境况》中阐述的一些关键性的必要条件。这种生态和社会转型将必须植根于他所称为的"基础的共产主义"之中："它将家产标准运用于全社会，并根据需要分配福利，而不是根据能力和生产贡献。教育、娱乐、医疗、公共卫生和艺术，在每个国民经济体中都得以大量增加：它们代表着不能留待商品供需规律自动解决或者无法解决的集体需求。这样一种人类生产目标的变革，对于自然、技术和科学资源的充分利用至关重要。"②

福斯特还指出，对于革命性的环境社会学家而言，可持续意味着包括人类共同体的重建，其本质是构建人与自然的一种相互依存、动态的和持续的良性关系。从一种生态和人文的观点来看，正如赫尔曼·戴利（Herman Daly）和约翰·科布（John Cobb）在《为了我们的共同利益》中所言，共同体的概念意指一种具有明确的"共同的"特征的社会秩序。目标就是一种生活方式，其中的人不是孤立的个体，而是通过大量友善、友谊和相互依存关系而相互认同，并彼此相关，正如"共同体中的诸多个人"。它包括广泛的集体性参与决策，以及因此而需要——在其发展的最高水平上——那种伟大的早期共产主义者弗朗索瓦·巴贝夫（Francois Babeuf）所谓的"平等社会"，即一种真正平等的制度。在这个意义上的真正"共同的"共同体（community），只能出自强大的社会

---

① Roy Morrison, *Ecological Democracy*, Boston: South End Press, 1995, p. 165. Also see John Bellamy Foster, *The Ecological Revolution: Making Peace with the Planet*, Monthly Review Press, 2009, p. 28.

② Lewis Mumford, *The Condition of Man*, Mariner Books; New edition, 1973, p. 411. Also see John Bellamy Foster, *The Ecological Revolution: Making Peace with the Planet*, Monthly Review Press, 2009, p. 29.

联合——符合芒福德的"基础的共产主义"和马克思的"各尽所能,按需分配"的思想——因而消除了纯粹的个人经济交换。① 这种类型的可持续性共同体需要培养一种地方性感觉,并将共同体伦理扩展到奥尔多·利奥波德(Aldo Leopold)所谓的"土地伦理",将周围环境融为一体。在今天占有性个人主义社会的背景中,这样一种关于社会和生态共同体的重要观念显然属于革命性的。②

在马克思看来,劳动"首先是人和自然之间的过程,是人以自身的活动来中介、调整和控制人和自然之间的新陈代谢的过程"。在资本主义条件下,那种新陈代谢的扭曲、疏离和最终的破坏,在不可取消的人类和自然之间的新陈代谢——即一种"由生命自身的自然规律所决定的新陈代谢"——中造成了"断裂"。这种自然的异化,不可避免地源自人类的异化和城乡之间的严重分离。对马克思而言,社会主义/共产主义指向一种生产者联合起来的社会,他们"合理地调节他们和自然之间的新陈代谢……靠消耗最小的力量,在最无愧于和最适合于他们人类本性的条件下"③。

福斯特所设想的生态社会的基础可以被称为生态学的铁三角④。因此,马克思关于未来的概念,正如保罗·伯克特所论述的那样,属于一个人类可持续发展的概念;其中,社会主义和生态学的铁三角融合在一起,合二为一成为一个共同的概念。⑤ 福斯特强调,一种真正的生态革命,将同时也是一种社会和文化的革命。它需要在全球社会的每一个层面上实现平等,同时根据真正的需要而理性地组织生产。所有这一切都表明,生态革命和社会主义革命两者互为必需和充分的

---

① 《马克思恩格斯文集》第4卷,人民出版社2009年版,第678页。
② John Bellamy Foster, Ecology against Capitalism, *Monthly Review Press*, 2002, pp. 86 – 87.
③ 《马克思恩格斯文集》第7卷,人民出版社2009年版,第928页。
④ 《马克思恩格斯文集》第7卷,人民出版社2009年版,第878页。
⑤ Paul Burkett, Marx's Vision of Sustainable Human Development, *Monthly Review*, 57, No. 5 (October 2005), pp. 34 – 62.

条件。① 一种真正的生态革命，需要结束资本主义的破坏性新陈代谢，取而代之以一种包括所有人类和地球在内的新型的、可持续的、共同的新陈代谢。正如玻利维亚总统埃沃·莫拉莱易斯（Evo Morales）说的那样："对我们而言，业已失败的是这样一种模式，即'生活得更好些'、无止境的发展、无限制的工业化、蔑视历史的现代性、以他人和自然为代价而不断增长的商品积累。因为这种原因，我们鼓励'生活得好'这种思想，即与其他人以及我们的地球母亲和谐共处。"②

综上所述，福斯特描绘的生态革命是要实现人与自然和谐共处的生态社会。在这个社会里，人类的物质资料的生产不是为了利润的增长，不是为了商品积累，不是在资本逻辑的驱使下无止境的发展，而是所有人类和地球实现内在的共同的新陈代谢。在这个"共同的"共同体社会里，人类在每一个层面实现了真正的平等，消除了纯粹的个人经济交换，实现了"各尽所能，按需分配"。

（二）生态革命：社会生态正义的实现途径

福斯特只分析了为什么要发动生态革命，但没有具体分析如何发动生态革命。也就是说，他只分析了生态革命发动的必要性，但是具体如何做却缺乏分析，是他自己没有思考清楚还是世界生态危机形态发展得不清晰？无论是哪个原因，福斯特对于生态学马克思主义理论的形成和发展都是有巨大贡献的，正如爱因斯坦曾经说过，提出一个问题往往比解决一个问题更加重要。我们可以预见"每个问题只要已成为现实的问题，就能得到答案"③。

---

① John Bellamy Foster, The Ecological Revolution: Making Peace with the Planet, *Monthly Review Press*, 2009, p. 34.

② John Bellamy Foster, The Ecological Revolution: Making Peace with the Planet, *Monthly Review Press*, 2009, p. 35.

③ 《马克思恩格斯全集》第1卷，人民出版社1995年版，第203页。

对马克思而言，革命可以有多种形式，或和平的或暴力的（由于统治阶级往往坚持使用暴力，因此后者偏向于更占主导地位，使革命力量诉诸暴力成为必要）。正如马克思曾经说过的那样，我们不能为将来的烹饪书写出食谱。我们不知道未来会发生什么，我们知道的是现在需要巨大的改变（无论是生态的因素还是经济的因素），这些改革可以用革命来定义。这将如何发生是我们不知道的，仅仅通过斗争和历史才会知道答案。考虑到生态危机的严重性和紧迫性（特别是关于气候变化），福斯特经常写成一个需要两阶段的转型，构成了他称之为的生态革命：（1）一种广泛的生态民主斗争阶段，这将改变基本的一些关系（比如能源使用）和采取反资本主义的形式；（2）一个生态学社会主义阶段将引发全面的生态革命。

福斯特认为，名副其实的全球性生态革命只能作为社会革命的一部分发生，而且福斯特坚持认为是社会主义革命。这样一种革命，若要产生符合真正"大过渡"的平等、可持续和人类自由的诸多条件，就有必要从全球资本主义等级秩序底层的劳动人口和诸多社区的斗争中获取其主要的推动力。这就需要——正如马克思所坚持的那样——联合起来的生产者合理地调节人类与自然之间的新陈代谢关系。它将以完全不同于资本主义社会的方式看待财富和人类发展。①

正如马克思所言，新制度是"从公社自治做起的"。生态文明的产生需要某种社会革命，即如罗伊·莫里森（Roy Morrison）所阐释的那种，需要从底层按照民主的形式加以组织："一个社区接一个社区……一个地区接一个地区。"它必须将提供人类基本需要——未遭污染的水源、清洁的空气、安全的食品、良好的卫生设施、社会交通和全民普及的优质医疗和教育，所有这一切都需要与地球保持可持续性关系——置

---

① John Bellamy Foster, The Ecological Revolution: Making Peace with the Planet, *Monthly Review Press*, 2009, p. 263.

第三章 生态革命与新社会运动:福斯特与奥康纳生态危机解决的不同路径

于所有其他需要和需求之前。莫里斯坚持认为,遵循这些原则的"生态辩证法","拒绝的不是斗争,而是工业虚无的无休止屠杀"——为了无限的利润。①

生态变革(革命)②只有在一定程度上才可能真正实现,即存在某种来自下层的、支持超越现存制度的社会变革和生态变革的重大反抗。对一些人来说,这种意义深远的生态变革景象,可能是一个不可能实现的目标。尽管如此,能够认识到以下事实也非常重要,即存在着一种革命性变革的政治经济学,也存在一种革命性变革的生态学。在今天,向社会主义过渡和向生态社会过渡属于同一回事。③福斯特始终围绕人与自然之间的新陈代谢关系,运用辩证法为工具,强调社会的可持续性发展,其主旨是指引人类社会以资本主义向社会主义(生态社会)过渡。然而,这个过渡不会自动地发生,它要通过一种革命性的变革,首先从资本主义的外围国家向其中心发展,这将是来自下层的,支持超越现存制度的社会变革和生态变革。

福斯特之所以不用生态学社会主义,是因为以"生态学社会主义"自居的奥康纳们用"生态学社会主义"替代或遮蔽或否定了马克思主义的"社会主义","生态学社会主义"本质上是对马克思主义的社会主义的重构,不是传统科学社会主义的内容,甚至在某些方面背离了科学社会主义的精神。

相比较而言,第二阶段的生态学社会主义回到了经典历史唯物主义,构建在有力的生态学分析之上。第二阶段的生态学社会主义倾向于生态学

---

① Roy Morrison, *Ecological Democracy* (Boston: South End Press, 1995), 80, 188. Also see John Bellamy Foster, The Ecological Revolution: Making Peace with the Planet, *Monthly Review Press*, 2009, p. 264.
② 按照福斯特的说法,在他的文字中,revolution 和 transformation 某些时候是同一个意思,只是语气上有些许差别,实质上是一致的。
③ John Bellamy Foster, The Ecological Revolution: Making Peace with the Planet, *Monthly Review Press*, 2009, pp. 276 – 277.

社会主义本身就是社会主义自身发展的一部分，而不是否定社会主义。

三、批判是为了消灭资本

福斯特认为生态危机的产生根源是资本主义制度或资本逻辑，其理论的指向和归宿也十分鲜明，那就是通过发动生态革命，最终消灭资本主义制度，消灭资本，实现具有生态文明的社会主义社会。生态帝国主义包含着两重含义：一是指生态范畴，即"生物扩张的生态逻辑"；二是指政治经济学范畴，即"资本扩张的政治经济学逻辑"。① 福斯特根据生态帝国主义在全世界的实践样态，总结出"中心国家"对"外围国家"进行生态殖民和生态侵略的五种典型表现形式：一是发达资本主义国家对落后国家的资源掠夺，以及改变落后国家或地区的生态系统；二是通过控制落后国家的自然生态资源进而控制它的人口和劳动力；三是利用甚至制造落后国家的生态脆弱性和生态风险，来加剧对其的经济政治控制；四是向落后国家倾倒废料和排放废气；五是随着垄断资本集约化程度的提高，全球性"新陈代谢断裂"出现，这也为资本制造了难以逾越的增值鸿沟。②

福斯特认为只有消灭了资本主义制度才能解决生态危机。马克思不同于其他哲学家的地方就在于：他号召通过革命的方式改变这个世界（改变人类对自然和社会的物质关系），这就超越纯粹的思辨。③ "哲学家们只是用不同的方式解释世界，而问题在于改造世界。"④ 福斯特援引马克思的观点，一种符合人性的、可持续的制度应是社会主义的，并且它

---

① 刘顺：《资本逻辑与生态危机根源——与顾钰民先生商榷》，载《上海交通大学学报（哲学社会科学版）》2016 年第 1 期。
② John Bellamy Foster, The Ecological Revolution: Making Peace with the Planet, *Monthly Review Press*, 2009, pp. 234 – 235.
③ John Bellamy Foster, *Marx's Ecology: Materialism and Nature*, Monthly Review Press, 2000. pp. 221 – 225.
④ 《马克思恩格斯选集》第 1 卷，人民出版社 1995 年版，第 57 页。

应该建立在稳固的生态原则基础之上;它将把自己与可持续性的土地联结起来,成为"人类世世代代……不能出让的生存条件和再生产条件"①。

第二节 奥康纳的生态学社会主义

如果说从自然维度和文化维度对历史唯物主义进行重构是奥康纳生态学马克思主义思想的理论前奏的话,那么生态学社会主义理论设想的提出,则体现了奥康纳为了解决资本主义生态危机设计的理论出路。这个出路完全有别于传统社会主义的经典论述,为此,奥康纳还就生态学社会主义与传统社会主义的区别专门做了比较和对照②。

一、一种生态政治学的解释:生态学社会主义理论

在奥康纳看来,目前有三种普遍的社会经济趋势可能会引发出某种激进绿色政治学:其一,经济全球化;其二,环保、城市、劳工、农民以及其他一些社会运动的兴起,这些运动的目的是为工人和农民、妇女、社区和环境等而保护生产条件和生活条件;其三,对生态危机的解决方案以对经济危机的解决为前提,反之亦然。而激进绿色政治学的前提基于一种信念,即这两个解决方案蕴含了某种生态学社会主义③和社会主

---

① John Bellamy Foster, *Ecology against Capitalism*, *Monthly Review Press*, 2002, p. 168.
② 具体表格内容详见其专著。参考 James O'Connor, *Natural Causes: Essays in Ecological Marxism*, The Guilford Press, 1998, pp. 334 – 337.
③ 奥康纳认为生态学社会主义是指一种在生态上合理而敏感的社会,这种社会以对生产手段和对象、信息等的民主控制为基础,并以高度的社会经济平等、和睦以及社会公正为特征,在这个社会中,土地和劳动力被非商品化了,而且交换价值是从属于使用价值的。"社会主义生态学"意指某种辩证的生态科学和社会政治实践,这种实践成功地扬弃了地方和中央、一时冲动和周密计划等因素之间的矛盾,换句话说也就是摒弃了传统无政府主义和传统社会主义的前提。见 James O'Connor, *Natural Causes: Essays in Ecological Marxism*, The Guilford Press, 1998, p. 278.

义生态学。①

奥康纳认为，社会主义与生态学的关系非但不是矛盾的，恰恰相反，它们是互相补充的。社会主义强调计划性和人与人之间的社会交换性，生态学关注区域特点和交互性，关注人与自然之间的新陈代谢关系。奥康纳指出，我们从苏联和古巴等社会主义国家中很早就清楚地看到，社会主义建设在两方面都失败了：第一，我们所看到的不是一种伦理的政治社会（在其中国家从属于市民社会），相反我们看到的是政党官僚国家。第二，我们所看到的并不是一个物质富裕的社会，相反，社会主义也有经济危机。

奥康纳指出，历史唯物主义在两个方面是有缺陷的，主要体现在马克思倾向于把对社会劳动即劳动分工的讨论从文化和自然中抽象出来，导致了社会劳动缺失了文化维度和自然维度的内涵。② 奥康纳强调，马克思的问题在于他把研究中心专注于对资本主义生产关系的批判，而忽视了作为"第二自然"的社会其实仍然具有"第一自然"的本性特征。这就是他在把费尔巴哈的消极唯物主义和黑格尔的积极唯物主义转化为具有他印记的积极唯物主义时所付出的代价。

关于对生态学社会主义的设想，奥康纳指出，扬弃社会主义和生态学之间的矛盾，并不是指去构建一个既包括两者的因素又不等同于两者的新概念。我们需要"社会主义"至少使社会生产关系变得透明，终结市场的统治和商品拜物教，并结束一些人对另一些人的剥削；我们需要"生态学"至少使社会生产力变得透明，并终结对地球的毁坏和解构。

奥康纳认为，按照马克思的理论，在资本主义社会里，使用价值从属于交换价值，具体劳动从属于抽象劳动，因此，资本主义生产的目的是追求利润，而不是满足需要。③ 所有商品都既有交换价值又有使用价

---

① James O'Connor, *Natural Causes: Essays in Ecological Marxism*, The Guilford Press, 1998, p. 267.
② James O'Connor, *Natural Causes: Essays in Ecological Marxism*, The Guilford Press, 1998, p. 276.
③ James O'Connor, *Natural Causes: Essays in Ecological Marxism*, The Guilford Press, 1998, p. 324.

第三章 生态革命与新社会运动：福斯特与奥康纳生态危机解决的不同路径

值。交换价值是指一种商品同所有别的商品（例如货币、一般等价物）的换算价值，通常使用劳动时间来计算，是一个量的概念。然而，使用价值关乎人的自然的或后天的需要，是一种质的概念。

奥康纳提出的"生态学社会主义"被界定为："它是寻求使交换价值从属于使用价值，使抽象劳动从属于具体劳动，也就是说，按照需求（包括工人的自我发展的需求）而不是利润来组织生产。"[1] 在奥康纳看来，生态学社会主义的研究视域要比传统社会主义更加具有普遍性，因为传统社会主义仅研究了资本的生产与再生产，而生态学社会主义则扩大到整个生产条件（包括资本）的生产与再生产。另一方面，生态学社会主义的研究内容也更为具体化，例如，它会关注劳动者的身心健康问题、居民生活区域的环境污染问题、废止童工问题以及粮食安全问题等等。概言之，生态学社会主义既包括资本主义生产力与生产关系之间的理论批判，也包括生产力与再生产力之间的实践批判。因此，奥康纳认为，生态学社会主义不仅是对资本主义的一种批判，同时也是对传统社会主义的一种批判。

在价值倡导方面，与传统社会主义的分配性正义不同，奥康纳提出了生产性正义。生产性正义是什么？生产性正义强调能够使消极外部事物最小化、使积极外部事物最大化的劳动过程和劳动产品（具体劳动和使用价值）[2]。除此之外，奥康纳没有更多地阐释生产性正义。但是，对比他批判的"分配性正义"，我们隐约可以窥视到他提出的"生产性正义"是为了资本主义能够生产更多的产品做辩护，为了资本主义的资本的不断扩张做理论准备。因为与传统社会主义倡导的分配性正义相比，资本主义更需要的是生产性正义。奥康纳认为在目前的资本高度社会化的社会，分配性正义是不可能实现的，相反，只有生产性正义才具有合

---

[1] James O'Connor, *Natural Causes: Essays in Ecological Marxism*, The Guilford Press, 1998, p.331.
[2] James O'Connor, *Natural Causes: Essays in Ecological Marxism*, The Guilford Press, 1998, p.339.

理性。因此,正义可以实现的唯一形式就是生产性正义。

二、新社会运动与生态学社会主义

日益严重的生态危机导致在全世界范围内,尤其是资本主义国家出现了各种激进的绿色环保运动和思潮。奥康纳认为,传统马克思主义关于社会政治变革主体力量的理论在当今社会已经丧失了理论上的指导意义。生态学社会主义的实现有赖于"新社会运动"的蓬勃发展,因此,如何通过积极地引领和运用"新社会运动"就成了一个十分关键的问题。

最早的"新社会运动"可以追溯到20世纪中期。第二次世界大战后,"新社会运动"迅速扩张高涨起来。随着西方国家绿党的政治崛起,"新社会运动"被逐步推向一个新的阶段。当前,"新社会运动"已经成为在当代发达资本主义国家兴起的群众力量,从内容和形式上来看主要有新女权运动、民权种族运动、反战和平运动、生态运动和绿党斗争运动等。[1]

20世纪90年代"新社会运动"持续高涨,成为一支举足轻重的政治力量,加之他们十分关注生态环境的保护,自然就进入了奥康纳的理论视野。奥康纳(阵营)分析了资本主义新变化下的"新社会运动"(生态运动)[2],并结合他们所坚持的马克思主义阶级分析,提出了"新社会运动"要与工人阶级、绿党相结合,要具有全球视野,成为实现生态学社会主义的重要力量的理论观点。

在奥康纳的理论建构中,他认为"新社会运动"有如下几个特点:首先,以生态运动为重要抗争议题的"新社会运动"将是资本发展的"社会障碍物",与工人阶级和绿党一样也是反对资本主义生态危机的一

---

[1] 吴广庆:《重视对西方"新社会运动"的研究》,载《社会主义研究》1994年第3期,第57页。
[2] 奥康纳说,他的理论对象就一般层面而言是指那些新社会运动,就特殊层面而言则是指生态运动。参见 James O'Connor, *Natural Causes: Essays in Ecological Marxism*, the Guilford Press, 1998, p. 306.

第三章　生态革命与新社会运动：福斯特与奥康纳生态危机解决的不同路径

支重要的社会力量。正像传统马克思主义理论对传统劳工运动实践的阐明一样，生态学马克思主义所要阐明的是"新社会运动"的实践。在奥康纳看来，"新社会运动"和工人阶级的生态政治革命运动、绿党的生态运动一样，也应该以生产条件社会化所导致的生态危机为核心，促使生产条件在供应、管理和配置等各方面的民主化，真正成为资本主义的"社会障碍物"。因此，"新社会运动"作为资本的"社会障碍物"的功能必须在斗争实践中才得以实现，其本身也才能发展和壮大。所以，奥康纳强调，对这种"新社会运动"的研究就必须放置在其实践和理论术语上来进行。

其次，奥康纳指出，"新社会运动"应该一方面加强内部的团结，形成统一的意志，另一方面又要加强和劳动者及工人运动的结合，才能应对已经形成的资本主义国家机器联合体。奥康纳进一步说，面对环境问题和资本主义国家政府的环保无力，各种劳工运动、社区团体以及穷人正在开始反击，但不幸的是，由于占据统治地位的是反抗性的身份政治和认同政治，"新社会运动"多以妇女运动、少数族裔和环保运动为形式较为分散地聚拢起来。为了改变这种分散的斗争形式，"新社会运动"应该要加强自身的团结[①]。然而，这些运动往往缺乏明确的政治目标，仅仅体现在对经济、社会和生态目标的诉求上。

再次，奥康纳还认为，"新社会运动"还应该加强和劳动者、工人运动以及其他团体的联系，建立起应对资本主义国家联合体的团结力量，从而真正实现激烈的社会政治变革。奥康纳指出，劳动者与"新社会运动"之间的密切关系不仅能够而且必然要建立起来。在绿色运动和工人运动的结合上，应该把前者对环境生态问题的关注、抗议议题和后者的经济斗争、社会政治变革结合起来，围绕生产条件和生活条件更有力地展开反对资本主义的斗争。在各国，各种各样的绿色运动以及激进

---

① James O'Connor, *Natural Causes: Essays in Ecological Marxism*, The Guilford Press, 1998, p.300.

的绿色主义方兴未艾。在某些国家中,有些工会组织如今对环境问题的关注程度已大大提高了。而环保主义者如今也提出了他们在 5 年前或 10 年前还忽视或轻视的经济和社会问题。

最后,奥康纳指出,"新社会运动"不仅要在国内加强和工人斗争的结合,还应该形成全球性的政治联盟,以实现对资本主义全球化的斗争,实现生态学社会主义的全球变革。在经济全球化的进程中,资本主义生产方式在全球的建立使得工业资本逻辑所导致的生态问题在世界范围内引发了一场生态政治运动。奥康纳强调,社会主义者(包括马克思主义者)、无政府主义者、受压迫的少数民族、生态地区主义者以及生态女权主义者应相应倾听、相互了解和相互关注[1]。在资本主义经济全球化的背景下,生态问题已经不可能在地方和个别群体的层次上得到很好的解决,"新社会运动"的广泛性和全球化的发展范式将是其本身得以存在和发展的前提,也是其成为资本的"社会障碍物",推动实现生态学社会主义变革的基本前提。

那么,新社会运动是通往生态学社会主义的现实路径吗?面对 20 世纪 90 年代以来蓬勃发展的"新社会运动",奥康纳给出了自己的理论回应,提出了把"新社会运动"发展成为变革资本主义社会的重要政治力量的理论观点,分析了"新社会运动"的发展现状和存在的问题,指出了"新社会运动"发展的全球化路径,具有积极的理论和实践意义。但是,奥康纳认为"新社会运动"(生态运动)在马克思主义理论中没有语境,这是对马克思主义的误读。另外,生态学马克思主义也没有提出"新社会运动"的运动路线、方针和阶级取向等重大问题和解决措施,因而在指导"新社会运动"发展的问题上存在一定的局限性。

第一,奥康纳认为,马克思主义忽视了对"新社会运动"(生态运

---

[1] James O'Connor, *Natural Causes: Essays in Ecological Marxism*, The Guilford Press, 1998, p. 289.

第三章 生态革命与新社会运动：福斯特与奥康纳生态危机解决的不同路径

动）的理论关注，也忽视了在资本主义新的历史条件下，"新社会运动"的生态斗争和社会政治变革的意义。"在马克思恩格斯的著作中，除了工人阶级的斗争本身之外，我们很难找到有关围绕着生产条件的供应而组织起来的社会斗争的论述。从根本上说，这种理论缺失是有理论原因的。"① 事实上，这是对马克思主义的理论误读。马克思主义理论中，不仅有关于阶级斗争的唯物史观，还有对资本主义制度全面的政治经济学批判。马克思在《1844年经济学哲学手稿》《资本论》等一系列经典著作中都有关于生产条件和社会斗争的相关论述。

第二，奥康纳的"新社会运动"（生态运动）理论忽视了阶级问题。马克思主义者认为生态危机的激化是资本主义制度本身的结果，要倡导环境生态运动，单纯地靠街头抗议是不行的，必须从根源上解决。实际上，生态问题、民族问题、女权问题等，很少是超越政治、阶级的"中立"问题。也就是说，在资本主义国家机器和阶级、政党仍然存在的条件下，"新社会运动"所提出的诸多问题要得到实质性的解决，是不能忽视阶级的。"新社会运动"忽视了阶级斗争的作用，倾向于一种后现代的斗争范式，在民族国家存在和阶级对立存在的条件下很难完成生态政治的社会斗争任务，应该把"新社会运动"放在马克思的历史唯物主义阶级斗争的语境中进行规范和重建。

第三，虽然奥康纳对"新社会运动"的现状和定位做了自己的理论分析，但是这种分析却是"学院派"的，并没有为之提出行之有效的政治纲领和具体路线、方针、政策。马克思主义告诉我们，任何一个"运动"或社会政党，要想实现对现有制度的革新，就必须有一套完整的政治纲领、组织结构，以及固定的人员和财力等条件。否则，"新社会运动"是不可能实现自己的政治诉求的。只有具备了明确的政治纲领和具体路线、方针、政策的"新社会运动"才能成为资本发展的"障碍物"，

---

① James O'Connor, *Natural Causes*: *Essays in Ecological Marxism*, The Guilford Press, 1998, p. 148.

才能成为实现社会主义生态政治变革的一支生力军。

总而言之,奥康纳设想的生态学社会主义寄希望通过"新社会运动"(生态运动),不通过革命,夺取政权是不可能实现的。在资本主义基本制度的框架内,试图不触动生产资料的私有制而谋求生态学社会主义的制度理性最多只是美好的愿望而已。

三、批判而不消灭资本

奥康纳提出的"生态学社会主义"很重要的特征是:倡导交换价值从属于使用价值,抽象劳动从属于具体劳动,也就是说,社会劳动是按照需求而不是利润来组织生产的。[1] 奥康纳认为,生态学社会主义与传统社会主义相比,无论是研究范围还是理论指向上都有本质的区别,例如:传统社会主义关注资本的生产与流通不同,而生态学社会主义更加关注生产条件;传统社会主义关注北部国家欠南部国家的经济债,生态学社会主义则关注北部国家欠南部国家的生态债;关于生产资料方面,传统社会主义研究其"国有化"是否适用于国家资本主义,而生态学社会主义研究其"社会化"是否适用于全球化资本主义;等等。奥康纳总结道,生态学社会主义内在包含了对资本主义和传统社会主义的共同批判[2]。然而,我们看到,奥康纳追求的"生态学社会主义至多只是一种改良性质的资本主义"[3]。

在一些左翼运动的影响和助推之下,或许是出于经济的考虑,或许是出于环境保护的考虑,美国政府把过去受污染的区域通过土地优化改造成国家公园,例如:2015年美国政府启动曼哈顿国家历史公园计划

---

[1] James O'Connor, *Natural Causes: Essays in Ecological Marxism*, The Guilford Press, 1998, p. 331.

[2] James O'Connor, *Natural Causes: Essays in Ecological Marxism*, The Guilford Press, 1998. p. 333.

[3] 冯颜利、周文、孟献丽:《生态学社会主义核心命题的局限——评詹姆斯·奥康纳"生产性正义"思想》,载《中国社会科学》2011年第5期,第114—120页。

(The Manhattan Project National Historical Park),此计划包括在田纳西州的橡树岭(Oak Ridge, Tennessee)、新墨西哥州的洛斯阿拉莫斯(Los Alamos, New Mexico)和华盛顿州的汉福德(Hanford, Washington)建造国家历史公园,如今位于华盛顿州东南的世界上第一座大规模核反应堆汉福德核禁区(Hanford Nuclear Reservation)已成了旅游景点。[1] 以奥康纳为代表的第一阶段的生态学社会主义的鲜明特点就是认为通过非暴力的"新社会运动",完成从资本主义向生态学社会主义的过渡,这样的畅想必定是水中月镜中花,是带有乌托邦色彩的梦想。奥康纳所设想的生态学社会主义是没有生态危机的,他所构建的生态学社会主义是建立在现有资本主义制度之上的,是不改变现有社会制度的一种改良主义。

第三节 生态危机解决的不同路径:生态革命与民主运动

正如福斯特所说,奥康纳是生态学社会主义第一阶段的代表人物,他们认为马克思基本上没有思考过生态问题,并且在某些方面是反生态的。然后,他们试图把绿色理论移植到马克思主义上(或把马克思主义移植到绿色理论上),并且认为马克思主义是基于劳动的方法论,而从外部把生态思想引入马克思主义。这一阶段的思想家有很多人(但不是全部)秉持这样的观点,并用生态学社会主义代替社会主义。即,他们否定社会主义而用生态学社会主义代替。与此相对比,包括福斯特在内的生态学社会主义第二阶段的学者回到经典历史唯物主义并构建了强有力的生态学马克思主义理论。第二阶段的生态学社会主义者认为生态学

---

[1] Most polluted US nuclear weapons building site plans for influx of tourists. http://www.theguardian.com/us-news/2015/dec/20/hanford-nuclear-reservation-manhattan-project-washington-national-park. [2016 - 06 - 28].

社会主义是社会主义自身发展的一部分，而不是社会主义的否定，这与第一阶段的生态学社会主义者有本质的区别。

奥康纳指出："资本是否不仅受到生产方法及生产过程的变革的困扰，而且还受着市场扩张的困扰？这是否意味着不仅生产条件存在着恶化的趋势，而且工资及薪金收入的结构也会恶化，类似于信用体制膨胀的危险性一样？"① 这段话显然是表明当前的生产条件的"恶化"致使资本不仅受到来自生产方法及生产过程的变革的困扰，更"糟糕的"是市场扩张受到限制，影响了资本主义的发展。

在重建人类与自然的可持续发展关系方面，奥康纳认为只有国家才有这个控制力和协调力，"在市民社会的民主化控制之下，国家将会成为重建自然界，以及重建我们人类与自然界之间的关系的基础"②。从奥康纳的论述中，我们不难看出，他的生态理论始终是围绕维护资本主义制度的。一方面，他通过提出资本主义的第二重矛盾，进而重建马克思的生态思想和历史唯物主义为当今资本主义制度辩护；另一方面，他通过提出生态学社会主义，给人们以假象，认为资本主义制度只要通过发动几次社会民主运动就可以得到（脱胎换骨式的）改良，解决生态危机。

在价值倡导方面，与传统社会主义的分配性正义不同，奥康纳提出了生产性正义。生产性正义是什么？"生产性正义强调能够使消极外部事物最小化、使积极外部事物最大化的劳动过程和劳动产品。"③ 除此之外，奥康纳没有更多地阐释生产性正义。但是，对比他批判的"分配性正义"，我们隐约可以窥视到他提出的"生产性正义"是为了资本主义

---

① James O'Connor, *Natural Causes*: *Essays in Ecological Marxism*, The Guilford Press, 1998, p. 177.
② James O'Connor, *Natural Causes*: *Essays in Ecological Marxism*, The Guilford Press, 1998, p. 155.
③ James O'Connor, *Natural Causes*: *Essays in Ecological Marxism*, The Guilford Press, 1998, p. 339.

能够生产更多的产品做辩护,为了资本主义的资本的不断扩张做理论准备。如果说传统社会主义是强调分配性正义,那么在资本主义制度下,强调的是生产性正义。奥康纳认为在目前的资本高度社会化的社会,分配性正义是不可能实现的,相反,只有生产性正义才具有合理性。因此,生产性正是可以实现的唯一正义形式。在解决生态危机的实现途径和方法方面,奥康纳强调:"我的理论对象就一般层面而言是指那些新社会运动,就特殊层面而言则是指生态运动。"① 他这里讲的新社会运动指的是环保运动和女权运动等以推进人与自然和谐相处的民主运动。通过发动新社会运动和生态运动,最大限度地遏制资本对生产条件发展的破坏,进而适应生产条件的发展,最终实现资本主义向生态学社会主义的过渡。

奥康纳认为,按照马克思的理论,在资本主义社会里,使用价值从属于交换价值,具体劳动从属于抽象劳动,强调交换价值体现为对利润的过度追求,而不是以社会的需求为导向。② 所有商品都既有交换价值又有使用价值。交换价值是指商品间的换算价值,是用劳动时间来加以衡量的,因此是一个量的概念;与之相反,使用价值关乎人为自然的或人的需要,是一种质的概念。

奥康纳提出的"生态学社会主义"很重要的特征是:倡导交换价值从属于使用价值,抽象劳动从属于具体劳动,也就是说,社会劳动是按照需求而不是利润来组织生产的。③ 奥康纳认为,生态学社会主义与传统社会主义相比,无论是研究范围还是理论指向都有本质的区别。例如:与传统社会主义关注资本的生产与流通不同,生态学社会主义更加关注生产条件;传统社会主义关注北部国家欠南部国家的经济债,生态

---

① James O'Connor, *Natural Causes: Essays in Ecological Marxism*, The Guilford Press, 1998, p. 306.
② James O'Connor, *Natural Causes: Essays in Ecological Marxism*, The Guilford Press, 1998, p. 324.
③ James O'Connor, *Natural Causes: Essays in Ecological Marxism*, The Guilford Press, 1998, p. 331.

学社会主义则关注北部国家欠南部国家的生态债；关于生产资料方面，传统社会主义研究其"国有化"是否适用于国家资本主义，而生态学社会主义研究其"社会化"是否适用于全球化资本主义；等等。奥康纳总结道，生态学社会主义内在包含了对资本主义和传统社会主义的共同批判①。然而，我们看到，奥康纳追求的"生态学社会主义至多只是一种改良性质的资本主义"②。

福斯特代表的第二阶段的生态学社会主义（或者说是生态学马克思主义）提出，生态危机的解决途径只能是通过生态革命，全面地否定资本主义制度（或资本逻辑），最终实现生态文明。福斯特没有使用生态学社会主义这个概念，是认为，生态危机的解决必定是要通过发动生态革命的，生态革命和社会主义革命互为充要条件。在不同的场合，福斯特使用的词语也有所不同，在有的文章中，他用 ecological revolution 来表达；而在有的文章中，他也用 ecological transformation 来表达，无论是哪个词语，对于福斯特来说都是表达"生态革命"的意思。笔者和福斯特本人曾经通过邮件有过交流，专门就这个问题咨询过福斯特本人。他指出 ecological revolution 和 ecological transformation 在他的文章中都是表达"生态革命"，只是在语气上或稍有所不同。

然而，正如福斯特本人说的那样，我们目前已经意识到生态革命对于最终解决生态危机的重要性，但是，我们不能确定生态革命未来具体的开展形式、时间和地点。因为，我们不能给未来开出菜单。

福斯特指出在目前的发达资本主义国家中，人们认为解决生态危机（或环境问题）普遍的方法就是通过技术革新，一方面降低生产的单位能耗；另一方面寻找较小危害的替代技术。福斯特认为这样的方法不能

---

① James O'Connor, *Natural Causes: Essays in Ecological Marxism*, The Guilford Press, 1998, p. 333.
② 冯颜利、周文、孟献丽：《生态学社会主义核心命题的局限——评詹姆斯·奥康纳"生产性正义"思想》，载《中国社会科学》2011 年第 5 期，第 114—120 页。

第三章　生态革命与新社会运动：福斯特与奥康纳生态危机解决的不同路径

解决根本性的问题①。福斯特进一步说，马克思设想中的社会主义是一种宜居的、可持续的和符合人类本性发展的制度，是建立在生态平衡基础之上的。在这样的社会制度中，人类和可持续的土地结合在一起，成为世代继承而不能出让的基本的生存条件和再生产条件。② 这样的社会或许就是福斯特设想中的生态文明社会吧。

福斯特认为生态危机的解决要通过发动生态革命来实现，实现生态革命可以有两种主要途径：（1）被描述为生态工业革命的一种新型的工业革命，它几乎完全通过技术手段，例如更加有效的能源系统，从而为社会的可持续发展创造基础。这种新型工业革命经常被其支持者们理解为某种形式的"生态现代化"，众多发达国家在其中起主导作用，将发展生态创新作为新的市场机遇。在这其中，诸如提供能源效率等没有限制的技术创新被认为非常重要。然而，在这种社会当中，除了技术之外，社会组织实际上发挥不了什么作用。资本主义无限制的资本积累和将人为的私欲置于个人与社会需求之上的秩序并没有什么变化。事实上，"变绿"通常被作为一种大规模地扩大商品生产和销售机会的手段。（2）另一种是更为彻底的生态社会革命，一方面以技术手段为依托，另一方面更重要的是改变人与自然之间的关系，进而改变基于目前生产关系的社会构成。这是一个可持续性的人类发展过程。它实行的是走向平等和公有的生产、分配、交换和消费方式，从而打破占据主导地位的社会秩序的逻辑。目标不是进一步扩大人类与自然之间的新陈代谢的断裂间隙（当前世界经济以此为特征），而是恢复到更加有机和可持续性的社会（生态）关系。这些革命包括基于文化革命以及经济和社会革命基础之上的文明转型③。

---

① John Bellamy Foster, Ecology against Capitalism, *Monthly Review Press*, 2002, p. 92.
② John Bellamy Foster, Ecology against Capitalism, *Monthly Review Press*, 2002, p. 168.
③ John Bellamy Foster, The Ecological Revolution: Making Peace with the Planet, *Monthly Review Press*, 2009, pp. 12–13.

福斯特还考察了拉美国家的情况,他指出理解生态学与社会主义相互独立关系的方式之一是委内瑞拉前总统雨果·查韦斯(Hugo Chávez)的所谓"社会主义的基本三角形"(来源于马克思),其构成是:(1)社会的所有制;(2)由工人组织的社会生产;(3)集体需求的满足。如果社会主义是可持续的,社会主义基本三角形的三个部分都是必需的。完善和深化这一提法得出所谓的"生态学的基本三角形"(更加直接的来自马克思):(1)自然的社会用途,而不是社会所有制;(2)联合的劳动者对人类与自然之间新陈代谢关系的理性的规划;(3)集体需求的满足——不仅仅是当代而且包括后代(生命本身)[1]。

　　福斯特所设想的生态社会的基础可以被称为生态学的铁三角:(1)自然的社会性开发,而不是占有;(2)联合起来的生产者合理地调节他们和自然之间的新陈代谢;(3)公共需求的满足——不仅包括现代人,也包括后代人。正如保罗·伯克特所论述的那样,马克思对未来的描述是一个可持续性发展的社会,而且把生态学的铁三角和社会主义融合成为一个整体[2]。福斯特强调,一种真正的生态革命,将同时也是一种社会和文化的革命。它需要在全球社会的每一个层面上实现平等,同时根据真正的需要理性地组织生产。所有这一切都表明,生态革命和社会主义革命(如果按照其合理的结论)两者互为必要和充分的条件[3]。正如玻利维亚总统埃沃·莫拉莱易斯(Evo Morales)说的那样:"对我们而言,'生活得更好些'的那种模式已经被证实是失败的,那是一种包括无限制的发展、无边界的工业化、轻视历史的现代性、以他人和自然为代价而不断增长的商品积累。因为这种原因,我们鼓励'生活得

---

[1] John Bellamy Foster, *Why Ecological Revolution*, Monthly Review, 2010, Vol. 61, Issue 08, pp. 15 – 16.

[2] Paul Burkett, Marx's Vision of Sustainable Human Development, *Monthly Review*, 2005, Vol. 57, Issue 05, pp. 34 – 62.

[3] John Bellamy Foster, The Ecological Revolution: Making Peace with the Planet, *Monthly Review Press*, 2009, p. 34.

第三章　生态革命与新社会运动：福斯特与奥康纳生态危机解决的不同路径

好'的这种理念，即与其他人以及我们的地球母亲和谐共处。"①

综上所述，福斯特描绘的生态革命是以实现人与自然和谐共处的生态社会为目标，在这个社会里，人类的物质资料的生产不是为了利润的增长，不是为了商品积累，不是在资本逻辑的驱使下无限制的发展，而是为了全人类和地球实现内在的、共同的和可持续的新陈代谢；在这个"共同的"共同体社会里，人类在每一个层面实现了真正的平等，消除了纯粹的个人经济交换，实现了"各尽所能，按需分配"。

---

① John Bellamy Foster, The Ecological Revolution: Making Peace with the Planet, *Monthly Review Press*, 2009, p. 135.

第四章　福斯特与奥康纳：
谁是真正的马克思主义者？

福斯特和伯克特在 2016 年出版的专著《马克思与大地：一种反批判》(Marx and The Earth: An Anti-Critique) 中指出，生态学社会主义期间发展了三个阶段：以詹姆斯·奥康纳等学者为代表的第一阶段，以福斯特等学者为代表的第二阶段和以布雷特·克拉克等学者为代表的第三阶段。[1] 虽然至今我们没有看到奥康纳的正式回应，但是，显然，福斯特正在试图把自己的生态思想与奥康纳做区分，无论这个区分是否客观或是被其他学者所认同。

近年来，奥康纳和福斯特的生态思想被国内外学界所熟悉，并且有些学者把他们的生态思想归纳为生态学马克思主义的两个重要的代表和分支。然而，通过缜密地对比研究，我们会发现：无论是他们各自的理论出发点、理论发展进路和对生态危机根源的判断，还是提出解决生态危机的路径都有本质的不同。这些不同直接决定了他们所持的理论立场和理论发展指向不同，接下来本书就这几方面进行探讨。

从整体上看，福斯特更多的是侧重政治经济学的方法论，而奥康纳

---

[1] John Bellamy Foster and Paul Burkett, *Marx and the Earth: An Anti-Critique*, Brill, Leiden, the Netherlands, 2016, pp. 3–11.

则侧重于生态政治哲学的方法论。就连福斯特本人也认为他和奥康纳在生态学马克思主义理论方面是不同的,甚至是直接对立的。① 福斯特和奥康纳的生态思想本质区别体现在以下几个方面。

第一节 理论出发点不同

奥康纳的生态思想本质上是为了维护资本主义的合理性,是为了善意地改进资本主义,是为了使资本主义发展得更好,虽然最后提出了给资本主义穿上生态学社会主义的外衣,但是,他是非生态学马克思主义的②。在相关著作中,奥康纳认为,在马克思和恩格斯生活的那个年代,人与自然的生态矛盾还没有发展到当今的恶化程度,他们也没有提出过什么生态思想,他们没有使用生态概念来论述人与自然之间的关系,他们虽然也意识到了自然在人类生产生活过程中的重要作用,但是,他们更多的是把自然作为人类劳动以外的对象来研究和考虑。因此,奥康纳强调,在马克思和恩格斯那里,确实存在着生态学意义上的"理论空场"。③ 与奥康纳同一阵营的艾伦·鲁迪认为,马克思本人对生态学的贡献非常缺乏,他没有解释生态危机如何使资本主义产生积累危机,因此,他的分析不完整、不系统、不成熟。④ 奥康纳则是从一开始就声明,要探寻一种能将文化和自然的主题与传统马克思主义的劳动或物质生产

---

① 郭剑仁:《生态地批判——福斯特的生态学马克思主义思想研究》,人民出版社2008年版,序,第2页。
② 即便奥康纳著有《自然的理由——生态学马克思主义研究》一书,但是,本质上来说,奥康纳是想借用生态学马克思主义这个概念来完成他关于资本主义生态学思想的构建。
③ [美] 詹姆斯·奥康纳:《自然的理由——生态学马克思主义研究》,唐正东等译,南京大学出版社2003年版,第6页。
④ Alan Rudy, Marx's Ecology or Ecological Marxism, *Capitalism*, *Nature*, Socialism. 12 (September 2001), p.143.

的范畴融合在一起的方法论模式，形成生态学马克思主义的历史观，这样的历史观要回答下面这个问题：理查德·莱沃汀（Richard Lewontin）和理查德·莱维斯（Richard Levins）所说的自然系统中的"弱决定力量"向自然史及历史唯物主义理论的核心地带推进到多远？① 奥康纳的方法论的最核心理念是：文化、自然与作为自然和文化之间媒介的劳动是三位一体的。② 这种方法一方面强调劳动仍是历史唯物主义的核心范畴，另一方面又重点强调文化和自然是必然地构成劳动或物质生产过程的要素。具体地说，奥康纳是通过重新理解传统历史唯物主义中的生产力和生产关系范畴来完成他的方法论的建构及实现修正历史唯物主义这一目标的。③ 这样的研究方法规定了奥康纳的研究主题是：重新理解生产力、生产关系和生产条件，修正历史唯物主义，构建新的资本主义矛盾理论（资本主义第二矛盾理论）。④

与之相对应，福斯特的生态思想本质上是反资本主义的，其理论出发点是为了颠覆资本主义制度（或对资本逻辑的批判），实现生态文明，他是生态学马克思主义的。与奥康纳对比，福斯特提出了完全相反的看法，他认为在马克思的经典著作中包含了大量的生态学思想⑤。福斯特通过梳理马克思和恩格斯的著作，尤其是马克思的思想发展史，提出了生态唯物主义分析方法，这种方法的核心观点是：唯物主义和生态相互内在包含，彻底的唯物主义包括生态思想，科学的生态学要求彻底的唯

---

① [美]詹姆斯·奥康纳：《自然的理由——生态学马克思主义研究》，唐正东等译，南京大学出版社2003年版，第8页。
② [美]詹姆斯·奥康纳：《自然的理由——生态学马克思主义研究》，唐正东等译，南京大学出版社2003年版，第141页。
③ 郭剑仁：《西方生态学马克思主义的方法论研究》，载《马克思主义哲学研究》2008年第1期，第223页。
④ 曾文婷、郭剑仁、徐艳梅、钱振华：《"生态学马克思主义"与马克思主义比较研究》，社会科学文献出版社2015年版，第212页。
⑤ 有其他一些学者的佐证，认为马克思的经典著作中本身已有生态学思想。例如帕森斯、伯克特等。

物主义。他认为:"马克思的世界观是一种深刻的、真正系统的生态(指今天所使用的这个词中的所有积极含义)世界观,而且这种生态观是来源于他的唯物主义的"①,福斯特从马克思的《1844年经济学哲学手稿》《德意志意识形态》《共产党宣言》和《资本论》等重要的经典著作中挖掘出了马克思的生态学思想。这些生态学思想与马克思的其他思想融为一体,是马克思的历史唯物主义的核心思想(地位)。福斯特的"生态学马克思主义"的核心观点是:资本主义的生产资料私有制与(自然和社会)生态是根本对立的,它不仅导致了人的异化和劳动的异化,还导致了自然的异化,它是一切异化的根源。②

第二节 理论发展进路不同

奥康纳的生态思想构建首先是从对历史唯物主义的重构开始的。他认为,在马克思关于生产力和生产关系的解读模式中,"文化"和"自然"的线索是缺失的。事实上,生产力和生产关系同时都是文化的和自然的。③ 因此,历史唯物主义还必须研究社会劳动作用于自然与文化的方式问题。

针对有人认为历史唯物主义理论只涉及资本主义社会中的商品和资本拜物教的理论,并不存在一种关于文化、语言、主体间性和伦理的理论。奥康纳指出,不管是生产力还是生产关系都是与文化规范问题融合在一起的。他以19世纪和20世纪早期的工人为例,指出在这些工人的

---

① John Bellamy Foster, *Marx's Ecology: Materialism and Nature*, *Monthly Review Press*, 2000, p. viii.
② 曾文婷、郭剑仁、徐艳梅、钱振华:《"生态学马克思主义"与马克思主义比较研究》,社会科学文献出版社2015年版,第215页。
③ James O'Connor, *Natural Causes: Essays in Ecological Marxism*, the Guilford Press, 1998, p. 36.

实践中,手工技术和文化技能是完全融合的。他还对比了日本和美国两国在资本占有和工厂管理体制方面的不同,日本人强调责任、秩序和荣耀的企业文化,而这些概念对大多数美国人来说是比较陌生的。奥康纳认为,"劳动既是一种物质性的实践,也是一种文化实践"。① 他指出,生产力概念具有两种维度:一是客观性的维度,主要是指它是由自然界所提供的生产资料和生产工具以及生产对象所构成的角度来说,或通过劳动从自然界中获得;二是主观性的维度,主要是指包含劳动力的不同组合或协作方式,而这些方式不仅受到技术水平的影响,而且还受到文化实践活动的影响②,具体受到哪些文化实践活动的影响以及如何影响,奥康纳并没有展开论述。

奥康纳认为,生产关系概念也具有两重维度③。同样,一方面是客观的维度,主要考虑它的发展是与价值规律、竞争、资本的集中与垄断以及资本主义的其他一些发展规律相一致;另一方面是主观的维度,主要考虑它所包含的财富的文化意蕴,并且,它所具有的构建独特的剥削方式(例如:强迫劳动和剩余劳动的剥削)通过独特的文化实践活动进行调解。例如:日本的那种强调责任感的工作文化在美国公司中就可能会收到对牛弹琴的效果,而美国的以个人主义为核心的工作文化在日本公司中也许会遭遇同样的命运。正如有的人类学家指出的那样,人力资源本身就是文化产品,因为在它们被认为是有价值的或有用的之前,它们首先就包含文化的意义。④

总而言之,奥康纳认为,社会劳动被解释为生产力和生产关系,它与文化和自然界、语言和主体间性、生态学之间是一种调节与反调节的关系。生产力和生产关系既是文化的又是自然的。

---

① James O'Connor, *Natural Causes: Essays in Ecological Marxism*, the Guilford Press, 1998, p. 36.
② James O'Connor, *Natural Causes: Essays in Ecological Marxism*, the Guilford Press, 1998, p. 37.
③ James O'Connor, *Natural Causes: Essays in Ecological Marxism*, the Guilford Press, 1998, p. 37.
④ James O'Connor, *Natural Causes: Essays in Ecological Marxism*, the Guilford Press, 1998, p. 37.

奥康纳分析了在传统马克思主义的历史唯物主义中，文化与自然的范畴往往被忽略或被弱化，其主要原因在于，协作（cooperation）的主题在它需要被全面理解的时候，却被加以了单方面的处理。从方法论的层面来说，协作被边缘化了。①

在分析了生产力和生产关系之后，奥康纳提出了他的理论核心范畴——"生产条件"，他这样给了定义："它并不是作为商品，并根据价值规律或市场力量而生产出来的，却被资本当成商品来对待的所有东西。"② 他分析了马克思所界定的三种不同的生产条件：（1）作为"生产的个人条件"的工人劳动力；（2）被视为"自然条件"或"外在的物质条件"的土地；（3）被视为"公共的、一般性条件"的物质性的基础结构，例如"交通与运输的设施"。奥康纳进一步解释说，他沿用"生产条件"的概念，是因为他想用马克思自己的术语及基本理论来重新阐释一些问题，同时也因为他的讨论仅限于资本的生产和流通过程中的危机态势，而不是把整个社会形态的社会性的生产过程全都包括在里面。③

奥康纳认为，无论是马克思本人，还是其他的马克思主义者，都没能够发展出一种理论，来解释由危机所导致的资本主义生产条件方面的变化，与生态学社会主义的条件的建立之间的关系问题。④ 因此，奥康纳指出，我们需要构建出一种资本主义的理论，使之能帮助我们清晰地思考全球环境被破坏的问题。这样的理论应该能够既对系统性的经济力量，又对社会性和政治性的运动做出恰当的思考，能够在社会的运动与变迁以及人们的日常经验领域展开生态科学、政治经济学以及社会学

---

① ［美］詹姆斯·奥康纳：《自然的理由——生态学马克思主义研究》，唐正东、臧佩洪译，南京大学出版社2003年版，第64页。

② James O'Connor, *Natural Causes: Essays in Ecological Marxism*, the Guilford Press, 1998, p. 307.

③ ［美］詹姆斯·奥康纳：《自然的理由——生态学马克思主义研究》，唐正东、臧佩洪译，南京大学出版社2003年版，第248页。

④ James O'Connor, *Natural Causes: Essays in Ecological Marxism*, the Guilford Press, 1998, p. 167.

的理论思考。"资本主义的第二重矛盾"理论也许是很关键性的一种理论思路。①

奥康纳（阵营）认为马克思生活的 19 世纪 50 年代的资本主义与 20 世纪末的资本主义由于"要素"不同而在整体上表现出巨大差异，他们是以差异为出发点的。② 福斯特（阵营）研究马克思生态思想的目标是"揭示生态内容在历史唯物主义的早期发展过程中的关键性地位，为历史唯物主义的生态批判奠定基础"③。

福斯特对马克思的生态思想的挖掘和构建是从对唯物主义生态思想史的梳理开始的。在福斯特看来，系统而深刻的生态世界观来源于唯物主义，具体地说是伊壁鸠鲁的唯物主义哲学。福斯特通过研究发现，无论是培根的还是马克思的或达尔文的唯物主义都可以追溯到一个共同的起点：伊壁鸠鲁的古代唯物主义哲学。伊壁鸠鲁唯物主义对于生态学来说之所以重要，是因为它突出了两点：一是人依赖于自然，要按自然规律办事；二是突出了唯物主义的自由观，这就是说，在处理人与自然的关系时，要注意发挥人的主观能动性。福斯特认为，深刻的、全面的唯物主义理论对于解决当今的生态难题是必要的，而马克思的历史唯物主义正是这样一种对生态学有益的完备的唯物主义，它包括本体论上的唯物主义、认识论上的唯物主义和实践论上的唯物主义。马克思的历史唯物主义既强调社会存在对生物存在的依赖性及科学研究对象相对于人而言的独立存在性，又强调人类能够通过自己的实践活动能动地改变外部环境，调节社会与自然之间的物质变换。故马克思主义的唯物主义对于我们今日理解和解决生态问题，仍是必不可少的哲学资源，值得我们好

---

① ［美］詹姆斯·奥康纳：《自然的理由——生态学马克思主义研究》，唐正东、臧佩洪译，南京大学出版社 2003 年版，第 203 页。

② Maarton Kadt, S. E. Mauro, etc. Rejoinders, *Capitalism Nature Socialism*, 2001, Vol. 12, Iss. 3. pp. 139–147.

③ Paul Burkett, Marx's Ecology and the Limits of Contemporary Ecosocialism, *Capitalism Nature Socialism*, 2001, Vol. 12, Iss. 3.

好学习和反思。这样,通过福斯特的分析,我们可以看到,唯物主义含有丰富的内涵,不仅指自然的先在性和人对自然的依赖性;而且还指人们可以在遵从自然规律的前提下改造自然。

正如 M. 卡德(Maarten de Kadt)和 S. E. 马洛(S. E. Mauro)指出的那样,福斯特《马克思的生态学》的理论贡献是:"福斯特以马克思时代的科学为背景,从思想史的角度考察了马克思科学思想的发展过程,揭示了马克思和恩格斯为现代生态思想的发展所做出的贡献。"① 福斯特代表的是第二阶段的生态学社会主义,这个阶段的思想家从方法论角度来讲,都是力争回到马克思的文本,从经典马克思主义著作中挖掘生态思想,并赋予马克思主义以生态维度,这个阶段的思想家可以称得上是马克思主义者。

福斯特和伯克特总结了以奥康纳为代表的第一阶段的生态学社会主义的三个特征:(1)他们没有全面地阅读经典马克思主义著作,既没有对历史唯物主义也没有对生态标准做出内在的批判,而是强硬地把现代生态标准强加到历史唯物主义之中;(2)他们没能把唯物主义对人类社会和自然的一般理解同具体理论分析的概念和结果区分开,导致弱化和绕开了历史唯物主义的本体论和方法论特性;(3)他们没有对超越理论和实践的"差异中的统一"做内在的批判性研究,就认同生态学社会主义者把一些理论和概念嫁接到新的宏大的自然与社会关系中。② 奥康纳代表的是第一阶段的生态学社会主义,他们的研究进路是首先否定马克思提出过生态思想,认为在经典马克思主义著作(思想)中根本就没有生态思想,并且在分析生态危机的根源时,他们提出了资本主义的第二重矛盾,这些思想家充其量只能称作社会主义者或改良的资本主义者,而不能称作马克思主义者。

---

① Maarton Kadt, S. E. Mauro, Failed Promise, *Capitalism Nature Socialism*, 2001, Vol. 12, Iss. 2.
② Paul Burkett, Marx's Ecology and the Limits of Contemporary Ecosocialism, *Capitalism Nature Socialism*, 2001, Vol. 12, Iss. 3.

福斯特认为生态和资本主义是相互对立的两个领域，这种对立不是表现在每一实例之中，而是作为一个整体表现在两者之间的相互作用之中。人类有望在克服最严重的环境问题的同时，继续保持着人类的进步。但前提是，只有我们愿意进行根本性的社会变革，才有可能与环境保持一种更具持续性的关系。福斯特的理论进路首先是回到马克思的经典文本，从马克思和恩格斯的经典著作中挖掘相关的生态思想。他认为在马克思的经典著作中包含了大量的生态学思想，福斯特对马克思的生态思想的认识是在不断地深入和变化中的。马克思常常被一些学者看作一位反生态的思想家。起初，福斯特自认为非常熟悉马克思的作品，从来没有认真对待过这种批判。即便是福斯特在写作《脆弱的星球：短暂的环境经济史》的时候，他仍然认为在某种程度上马克思的生态观点在其思想中是居于次要地位的。但是，当福斯特进行了一系列的研究后，他意识到："马克思的世界观是一种深刻的、真正系统的生态世界观，而且这种生态观是来源于他的唯物主义的。"①

福斯特根据英国科学哲学家罗伊·布哈斯卡的观点，把唯物主义分为本体论的唯物主义、认识论的唯物主义和实践唯物主义。他认为马克思的唯物主义历史观主要关注于"实践唯物主义"。"人与自然的关系从一开始"就是"实践的关系，也就是说，是通过行动建立起来的关系"②。但是，马克思在更普遍的唯物主义自然观和科学观中，既接受了"本体论的唯物主义"，也接受了"认识论的唯物主义"。马克思对待唯物主义的态度在很大程度上受到他的博士论文的研究对象，即古代希腊哲学家伊壁鸠鲁的启发。③福斯特指出，在对马克思的这些批判中，许多批判都是将马克思与马克思本人所批评的其他社会主义理论家相混

---

① John Bellamy Foster, Marx's Ecology: Materialism and Nature, *Monthly Review Press*, 2000, p. viii.
② Karl Marx, *Texts on Method* Oxford: Basil Blackwell, 1975. p. 190.
③ John Bellamy Foster, Marx's Ecology: Materialism and Nature, *Monthly Review Press*, 2000, p. 3.

消,因此,用让·保罗·萨特(Jean-Paul Sartre)的话来说,"某种反马克思主义的观点只是某种前马克思主义思想的明显复苏。"①

福斯特认为,马克思对生态的见解通常都是相当深刻的,这些见解并不只是一位天才瞬间闪烁的火花。相反,他在这方面的深刻见解来源于他对17世纪的科学革命和19世纪的环境所进行的系统研究,而这种系统研究又是通过他对唯物主义自然观的一种深刻的哲学理解而进行的。比如,马克思在《1844年经济学哲学手稿》中就从生态的角度详细地分析过人类与自然的异化问题。这种趋势由于马克思对人类生存和人类与土壤的关系以及资本主义农业的全部问题的关注而得到加强。这种思想的核心就是关于城乡对立问题。② 马克思为什么声称,对于理解资本主义农业的发展来说,李比希比所有政治经济学家之总和还重要?为什么马克思说达尔文的自然选择理论"为我们的观点提供了自然史的基础"③?如果不了解马克思的唯物主义自然观及其与唯物主义历史观之间的关系,就不可能全面理解马克思的著作。换句话说,马克思的社会思想是与生态学世界观不可分割地联系在一起的。

正是在《资本论》中,马克思的唯物主义自然观和唯物主义历史观完整地结合在一起。马克思采用了"Stoffwechsel/Metabolism"(新陈代谢)这一词语来定义劳动过程"是人和自然之间的过程,是人以自身的活动来引起、调整和控制人和自然之间的物质变换的过程"④。然而,资本主义的生产关系和城乡之间相互敌对的分裂,使这种新陈代谢出现了"一个无法弥补的裂缝",这就是马克思的新陈代谢断裂理论。福斯特认

---

① [美]约翰·贝拉米·福斯特:《马克思的生态学——唯物主义与自然》,刘仁胜、肖峰译,高等教育出版社2006年版,第12页。
② John Bellamy Foster, Marx's Ecology: Materialism and Nature, *Monthly Review Press*, 2000, p. 20.
③ 《马克思恩格斯全集》第30卷,人民出版社1974年版,第131页。
④ John Bellamy Foster, Marx's Ecology: Materialism and Nature, *Monthly Review Press*, 2000, p. 141.

为，新陈代谢断裂理论构成了马克思生态学的核心内容。

在福斯特看来，马克思在两个意义上使用了"新陈代谢"这个概念：一是在狭义上使用，自然和社会之间通过劳动而进行的实际的新陈代谢相互作用；二是在广义上使用，用来描述一系列已经形成的但是在资本主义条件下总是被异化地再生产出来的复杂的、动态的、相互依赖的需求和关系，以及由此而引起的人类自由问题，所有这一切可以被看作与人类和自然之间的新陈代谢相联系，而这种新陈代谢是通过人类具体的劳动组织形式而表现出来的。这样，新陈代谢概念既有特定的生态意义，也有广泛的社会意义。① 福斯特指出，新陈代谢概念，以及它所包含的物质变换和调节活动的观念，使马克思能够把人和自然的关系表述为既包括"自然条件"又包括影响这一过程的人类的能力。更为重要的是，新陈代谢概念为马克思提供了一个表述自然异化（以及它与劳动异化的关系）概念的具体方式，而自然异化概念在他早期著作的批判当中居于核心地位。

第三节 对生态危机根源的判断不同

奥康纳从政治哲学视角分析了生态危机产生的原因，他认为生态危机的根源在于资本主义的第二重矛盾②，而第二重矛盾的本质是资本主义的生产不足。关于出现第二重矛盾的根本原因，奥康纳认为是资本主义从经济的维度对劳动力、城市的基础设施和空间，以及外部自然界或

---

① ［美］约翰·贝拉米·福斯特：《马克思的生态学——唯物主义与自然》，刘仁胜、肖峰译，高等教育出版社2006年版，第175—176页。
② 奥康纳认为传统马克思主义的经济危机及向社会主义转型的理论，其出发点是资本主义的生产力与生产关系之间的矛盾，即奥康纳称之为"资本主义的第一重矛盾"；而生态危机的出发点是资本主义的生产力、生产关系与生产条件之间的矛盾，奥康纳称之为"资本主义的第二重矛盾"。

第四章 福斯特与奥康纳：谁是真正的马克思主义者？

环境的自我摧残性的利用和使用。之所以是"自我摧残性"的，那是因为，当私人成本转化为"社会成本"的时候，健康和教育的成本、城市交通的成本、房屋及商业性的租金，以及从自然界中榨取资本要素所要付出的代价都将会上升。今天，资本所面临的不仅是成本的上升，还有市场需求的疲软，也就是说，资本同时面临着第一重和第二重的矛盾。①在奥康纳看来，第一重矛盾描述了这样一个事实：资本主义的生产不仅生产了商品，而且还生产了剩余价值，资产阶级通过生产对无产阶级劳动（成果）进行剥削。对无产阶级劳动的剥削引发了阶级斗争和经济危机，而经济危机被称为"资本的生产过剩"，传统马克思主义对经济危机的探讨焦点往往在于交换价值。奥康纳认为，第二重矛盾恰恰与之相反，当今世界资本主义之中不仅有资本的生产过剩的危机（经济危机），而且也有资本的不充分发展②的危机（生态危机）。危机不仅来源于传统马克思主义所说的需要的层面，而且来源于生态学马克思主义所说的成本的层面。在这个过程中，使用价值是很重要的，奥康纳甚至认为，在任何一种关于资本主义的第二重矛盾的阐释中，使用价值在或多或少的程度上都一定与交换价值处于同等重要的地位。"我们越是在理论上接近使用价值，在实践中，我们就越能够接近真实的实践语境以及真实的、活生生的人们。"③

福斯特认为生态危机的根源是资本主义制度（或资本逻辑），由此，他从政治经济学角度对生态危机进行了深刻的揭露和批判。福斯特指

---

① James O'Connor, *Natural Causes*: *Essays in Ecological Marxism*, The Guilford Press, p. 177.
② 不充分发展意味着鼓励资本的发展，鼓励资本主义的发展，奥康纳的最终目的并不是建设马克思意义上的社会主义，而是重构社会主义，是按照资本主义标准的重构。正如奥康纳所说："如果我们真的这样做了，那么，其结果必然是，我们能够清晰地看出今日我们所需要的，其实并不是'社会主义的建设'，而是对自然的'社会主义式的重建'——包括我们自身的'自然'在内。"见［美］詹姆斯·奥康纳：《自然的理由——生态学马克思主义研究》，唐正东、臧佩洪译，南京大学出版社2003年版，第207页。
③ ［美］詹姆斯·奥康纳：《自然的理由——生态学马克思主义研究》，唐正东、臧佩洪译，南京大学出版社2003年版，第203—204页。

出,全世界的自然科学家虽然做了大量努力来警示我们人类和地球所面临的危机,却没有足够的能力认识到问题的根源,因为他们大都没有深入探究生态危机背后的社会问题。福斯特进一步强调,危机的原因需要超出生物学、人口统计学和技术以外的因素做出解释,这便是历史的生产方式,特别是资本主义的制度。①

福斯特指出,只有结合资本积累的知识分析生态发展趋势,才能全面清晰地认识我们面临的全球生态危机。正如大多数世界伟大的或主流,或激进的经济学家所早已认识的那样,资本主义是一种永不安分的制度,投资前沿只要不再扩张,利润只要不再增长,资本流通就将中断,危机就会发生。所以,"静止的"资本主义是不可能的。正如熊彼特阐明的那样,"资本主义是一个过程,静止的资本主义本身就自相矛盾"②。正如期刊《资本主义、自然和社会主义》意大利版总编辑乔万纳·里科韦里(Giovanna Ricoveri)精辟地指出,导致目前全球生态危机的主要根源是资本与自然之间的致命冲突。但是,"人也是自然的一部分,所以,对自然的剥夺也是一部分人对另外一部分人的剥夺;环境恶化也是人类关系的恶化"③。因此,福斯特得出结论,讨论任何全球性的生态危机都必须以发达资本主义国家的毫无节制及其对周边世界经济的影响为重点。正是在资本主义国家的体制中心,存在着最尖锐的不可持续发展的问题。④

第四节 解决生态危机的出路不同

奥康纳指出如今资本所面临的不仅是成本的上升,而且还有市场需

---

① John Bellamy Foster, Ecology against Capitalism, *Monthly Review Press*, 2002, p. 74.
② John Bellamy Foster, Ecology against Capitalism, *Monthly Review Press*, 2002, p. 74.
③ Giovanna Ricoveri, Culture of the Left and Green Culture, *Capitalism, Nature, Socialism*, 4, 3, September 1993, pp. 116 – 117.
④ John Bellamy Foster, Ecology against Capitalism, *Monthly Review Press*, 2002, pp. 82.

求的疲软,也就是说,资本同时面临着双重的矛盾。他进一步说:"资本是否不仅受到生产方法及生产过程的变革的困扰,而且还受着市场扩张的困扰?这是否意味着不仅生产条件存在着恶化的趋势,而且工资及薪金收入的结构也会恶化,类似于信用体制膨胀的危险性一样?"① 这段话显然是表明当前的生产条件的"恶化"致使资本不仅受到来自生产方法及生产过程的变革的困扰,更"糟糕的"是市场扩张受到限制,影响了资本主义的发展,这不正显示奥康纳是为资本的扩张摇旗呐喊吗?

在重建人类与自然的可持续发展关系方面,奥康纳认为只有国家才有这个控制力和协调力。"在市民社会的民主化控制之下,国家将会成为重建自然界,以及重建我们人类与自然界之间的关系的基础。"② 从奥康纳的论述中,我们不难看出,他的生态理论始终是围绕维护资本主义制度的,一方面,他通过提出资本主义的第二重矛盾,进而重建马克思的生态思想和历史唯物主义为当今资本主义制度辩护;另一方面,他通过提出生态学社会主义,给人们以假象,认为资本主义制度只要通过发动几次社会民主运动就可以得到(脱胎换骨式的)改良,解决生态危机。

在价值倡导方面,与传统社会主义的分配性正义不同,奥康纳提出了生产性正义。生产性正义是什么?生产性正义强调能够使消极外部事物最小化、使积极外部事物最大化的劳动过程和劳动产品(具体劳动和使用价值)③。除此之外,奥康纳没有更多地阐释生产性正义。但是,对比他批判的"分配性正义",我们隐约可以窥视到他提出的"生产性正义"是为了资本主义能够生产更多的产品做辩护,为了资本主义的资本的不断扩张做理论准备。因为与传统社会主义倡导的分配性正义相比,资本主义更需要的是生产性正义。奥康纳认为在目前的资本高度社会化的社会,分配性正义是不可能实现的,相反,只有生产性正义才具有合

---

① James O'Connor, *Natural Causes*: *Essays in Ecological Marxism*, The Guilford Press, 1998, p. 177.
② James O'Connor, *Natural Causes*: *Essays in Ecological Marxism*, The Guilford Press, 1998, p. 155.
③ James O'Connor, *Natural Causes*: *Essays in Ecological Marxism*, The Guilford Press, 1998, p. 339.

理性。因此，正义可以实现的唯一形式就是生产性正义。在解决生态危机的实现途径和方法方面，奥康纳强调："我的理论对象就一般层面而言是指那些新社会运动，就特殊层面而言则是指生态运动。"① 他这里讲的新社会运动指的是环保运动和女权运动等以推进人与自然和谐相处的民主运动。通过发动新社会运动和生态运动，最大限度地遏制资本对生产条件发展的破坏，进而适应生产条件的发展，最终实现资本主义向生态学社会主义的过渡。

奥康纳认为，按照马克思的理论，在资本主义社会里，使用价值从属于交换价值，具体劳动从属于抽象劳动，因此，资本主义生产的目的是追求利润，而不是满足需要。② 所有商品都既有交换价值又有使用价值。交换价值是指一种商品同所有别的商品的换算价值，是用劳动时间来加以衡量的，因此是一个量的概念；与之相反，使用价值是关乎人为自然的或人的需要，是一种质的概念。

奥康纳提出的"生态学社会主义"很重要的特征是：它寻求使交换价值从属于使用价值，使抽象劳动从属于具体劳动，也就是说，按照需求而不是利润来组织生产。③ 奥康纳认为，传统社会主义涉及资本的生产和再生产；生态学社会主义则涉及生产条件的生产和再生产。因此，生态学社会主义与传统社会主义相比，研究范围更为宽泛，更为普遍化。同时，生态学社会主义的研究也更为特殊化，例如，它会关注特定工人群体的健康问题、特定社区的污染问题，以及特定行政区域的分区问题等。具体而言，生态学社会主义在理论上是对资本主义生产关系影响或建构生产力方式的一种批判；在实践上则是对这些生产力和再生产力的一种批判。

---

① [美]詹姆斯·奥康纳：《自然的理由——生态学马克思主义研究》，唐正东、臧佩洪译，南京大学出版社 2003 年版，第 486 页。
② James O'Connor, *Natural Causes: Essays in Ecological Marxism*, The Guilford Press, 1998, p. 324.
③ James O'Connor, *Natural Causes: Essays in Ecological Marxism*, The Guilford Press, 1998, p. 331.

第四章　福斯特与奥康纳：谁是真正的马克思主义者？

奥康纳总结道，生态学社会主义在多大程度上构成对资本主义的一种批判，那么它也就在多大程度上构成对传统社会主义的一种批判。然而，我们看到，奥康纳追求的"生态学社会主义至多只是一种改良性质的资本主义"①。

福斯特代表的第二阶段的生态学社会主义（生态学马克思主义）提出，生态危机的解决途径只能是通过全面地否定资本主义制度（或资本逻辑），发动生态革命，最终实现生态文明。福斯特没有使用生态学社会主义这个概念，是认为，生态危机的解决必定是要通过发动生态革命的。在不同的场合，福斯特使用的词语也有所不同，在有的文章中，他用 ecological revolution 来表达；而在有的文章中，他也用 ecological transformation 来表达，无论是哪个词语，对于福斯特来说都是表达"生态革命"的意思。然而，正如福斯特本人说的那样，我们目前已经意识到生态革命对于最终解决生态危机的重要性，但是，我们不能确定生态革命未来具体的开展形式、时间和地点。因为，我们不能给未来开出菜单。

福斯特指出在目前的发达资本主义经济体中，解决环境问题的标准方法就是引导技术向较良性的方向发展：生产的能源效率更高，汽车的单位里程油耗更低，用太阳能替代矿物燃料以及资源的循环利用。福斯特认为，有两种方式可以通过改变技术降低环境影响：一是降低单位生产的能源消耗；二是选择危害较小的替代技术。② 福斯特进一步说，在马克思看来，一个符合人性的、可持续的制度应是社会主义的，并且，它应该建立在稳固的生态原则基础之上。它将把自己与可持续性的土地联结起来，成为"人类世世代代……不能出让的生存条件和再生产条

---

① 冯颜利、周文、孟献丽：《生态学社会主义核心命题的局限——评詹姆斯·奥康纳"生产性正义"思想》，载《中国社会科学》2011 年第 5 期，第 114—120 页。

② John Bellamy Foster, Ecology against *Capitalism*, Monthly Review Press, 2002, p. 92.

件"。① 这样的社会或许就是福斯特设想的生态文明吧。

福斯特认为生态革命据实现路径，可以被划分为两种：（1）生态工业革命，一种新型的工业革命，它几乎完全通过技术手段，例如更加有效的能源系统，从而为社会的可持续发展创造基础。这种新型工业革命经常被其支持者们理解为某种形式的"生态现代化"，众多发达国家在其中起主导作用，将发展生态创新作为新的市场机遇。在这其中，诸如提供能源效率等没有限制的技术创新被认为非常重要。然而，在这种革命当中，除了技术之外，社会组织实际上发挥不了什么作用。资本主义无限制的资本积累和将私欲置于社会需求之上的秩序并没有什么变化。事实上，"变绿"通常被作为一种大规模地扩大商品生产和销售机会的手段。（2）一种更加根本的生态社会革命，它以必要的替代技术为依托，但是强调必须变革人类与自然之间的关系，以及根植于现存社会生产关系当中的社会结构。这是一个可持续性的人类发展过程。它实行的是走向平等和公有的生产、分配、交换和消费方式，从而打破占据主导地位的社会秩序的逻辑。目标不是进一步扩大人类与自然之间的新陈代谢的断裂间隙（当前世界经济以此为特征），而是恢复到更加有机和可持续性的社会—生态关系。这些革命包括基于文化革命以及经济和社会革命基础之上的文明转型。②

福斯特还考察了拉美国家的情况，他指出理解生态学与社会主义相互独立关系的方式之一是根据委内瑞拉前总统雨果·查韦斯的所谓"社会主义的基本三角形"（来源于马克思），其构成是：（1）社会的所有制；（2）由工人组织的社会生产；（3）集体需求的满足。如果社会主义是可持续的，社会主义基本三角形的三个部分将都是必需的。完善和深化这一提法得出所谓的"生态学的基本三角形"（更加直接的来自马克

---

① John Bellamy Foster, Ecology against *Capitalism*, Monthly Review Press, 2002, p. 168.
② John Bellamy Foster, The Ecological Revolution: Making Peace with the Planet, *Monthly Review Press*, 2009, pp. 12–13.

思）：（1）自然的社会用途，而不是社会所有制；（2）联合起来的劳动者对人类与自然之间新陈代谢关系的理性的规划；（3）集体需求的满足——不仅仅是当代而且包括后代（生命本身）。①

福斯特所设想的生态社会的基础可以被称为生态学的铁三角：（1）社会对自然的使用，而不是所有；（2）联合起来的生产合理地调节他们和自然之间的新陈代谢；（3）满足公共需求——不仅满足现代人，也要满足后代人。正如马克思所说："甚至整个社会、一个民族，以至一切同时存在的社会加在一起，都不是土地的所有者。他们只是土地的占有者，土地的受益者，并且他们应当为好家长把经过改良的土地传给后代。"② 因此，马克思关于未来的概念，正如保罗·伯克特所论述的那样，属于人类可持续发展的概念；其中，社会主义和生态学的铁三角融合在一起，合二为一成为一个共同的概念。③ 福斯特强调，一种真正的生态革命，将同时也是一种社会和文化的革命。它需要在全球社会的每一个层面上实现平等，同时根据真正的需要理性地组织生产。所有这一切都表明，生态革命和社会主义革命（如果按照其合理的结论）两者互为必需和充分的条件。④ 一种真正的生态革命，需要结束资本主义的破坏性新陈代谢，取而代之以一种包括所有人类和地球在内的新型的、共同的新陈代谢。正如玻利维亚总统埃沃·莫拉莱斯（Evo Morales）说的那样："对我们而言，业已失败的是这样一种模式，即'生活得更好些'、无止境的发展、无限制的工业化、蔑视历史的现代性、以他人和自然为代价而不断增长的商品积累。因为这种原因，我们鼓励'生活得

---

① John Bellamy Foster, Why Ecological Revolution, *Monthly Review*, 2010, Vol. 61, Issue 8, pp. 15 – 16.
② 《马克思恩格斯文集》第7卷，人民出版社2009年版，第878页。
③ Paul Burkett, Marx's Vision of Sustainable Human Development, *Monthly Review*, 2005, Vol. 57, Issue 5, pp. 34 – 62.
④ John Bellamy Foster, The Ecological Revolution: Making Peace with the Planet, *Monthly Review Press*, 2009, p. 34.

好'这种思想，即与其他人以及我们的地球母亲和谐共处。"①

综上所述，福斯特描绘的生态革命是以实现人与自然和谐共处的生态社会为目标，在这个社会里，人类的物质资料的生产不是为了利润的增长，不是为了商品积累，不是在资本逻辑的驱使下无止境的发展，而是所有人类和地球实现内在的共同的新陈代谢；在这个"共同的"共同体社会里，人类在每一个层面实现了真正的平等，消除了纯粹的个人经济交换，实现了"各尽所能，按需分配"。

第五节　两个讨论：福斯特的生态思想与21世纪《共产党宣言》

一、福斯特的生态思想：个人道德视角抑或生产方式视角？②

唐正东教授在两篇文章：《基于生态维度的社会改造理论》（2009）和《异化的生产方式与资本主义的生态危机》（2015）中先后指出福斯特的生态思想是从道德层面来理解生态危机的解决之道和他在解读资本主义生态危机时具有很强劲的生产方式视角，唐教授始终以批判的方式和视角试图解读福斯特的生态思想。那么事实上，福斯特本来的生态思想是不是如同唐教授所批判的那样呢？笔者经过全面地梳理福斯特的相关论述发现，福斯特的生态思想并不完全是唐正东教授眼中的样子，而是有其特定的内在逻辑和方法。本节也就有关的问题与唐正东教授商榷。

---

① John Bellamy Foster, The Ecological Revolution: Making Peace with the Planet, *Monthly Review Press*, 2009, p. 35.
② 此文于2018年4月发表在《科学技术哲学研究》，正式发表时有部分删减。

第四章　福斯特与奥康纳：谁是真正的马克思主义者？

（一）福斯特的生态学思想是用个人道德视角吗？

唐正东教授在文章中指出："一旦谈到生态危机的解决之路，福斯特仍然会落脚在道德革命之上。"① 非也，从福斯特众多的论著中，我们看到福斯特更多地使用了政治经济学的视角和方法来剖析资本主义的生态危机。在论述过程中，福斯特也会借用相关学者的理论，如在论述社会结构的道德状态塑造和束缚个人的选择和行为方面，他借用了莱特·米尔斯（C. Wright Mills）的"更高的不道德"（Higher Immorality）概念，通过揭露社会中大量的资源和财富集中在少部分人手里，而忽略了大部分人的利益，凸显了在资本主义制度下任何制度性的破坏环境和使后代更加贫困都是一种"更高的不道德"，进而说明在资本主义社会里，对生态环境的破坏不仅是个人的行为，而是社会制度的一部分，这样的社会制度驱使人们拒绝除了获得资本积累以外的任何价值追求。这样的论述是基于政治经济学视角的生态批判。

在一些文章中，福斯特之所以指出要关注生态正义或环境正义，是由于在资本主义制度下，统治者（官方）为了迎合资本（家）的需要，为实现资本的最大化，不惜牺牲少数族群（黑人、拉美人）的利益，把大量的污染物，例如 PCB（多氯联苯）排放到他们生活的区域而远离白色人种的居住地，由此带来了一系列的生态种族歧视。② "在洛杉矶，超多 70% 的非洲籍美国人，50% 的拉美籍美国人和仅有 34% 的白人生活在空气严重污染的地区。"③ 1982 年，在北卡罗来纳州（生活着 60% 的非洲籍美国人和 4% 的美国印第安人）人民集体反对在他们的社区设置 PCB 排放点。在这次斗争中，有超过 500 名的反对者遭到逮捕。

福斯特认为以阿兰·利比兹和奥康纳为代表的第一阶段生态社会主

---

① 唐正东：《基于生态维度的社会改造理论》，载《马克思主义研究》2009 年第 1 期。
② John Bellamy Foster, *The Vulnerable Planet*, Monthly Review Press, 1999, p. 138.
③ John Bellamy Foster, *The Vulnerable Planet*, Monthly Review Press, 1999, p. 138.

义者是基于一些特定的有选择的社会主义者（马克思主义者）的思想，试图寻找与自由绿色理论的融合，比如：劳动第一性。与此相反，以保罗·伯克特和福斯特为代表的第二阶段生态社会主义者认为，一种更加强大的生态和社会批判是依靠历史唯物主义作为基础，回到马克思的思想。现在的目标是，从后者的立场提出了生态革命——开创一种稳定的人类发展的社会。近年来，福斯特和弗莱德·马格多夫（Fred Magdoff）对生态文明概念进行研究，部分地受到中国理念的启发。这一回应是政治性的，但不是像利比兹和奥康纳那样通常的标准的政治，而是革命性的政治。

唐正东教授在文章中引用了福斯特的几段论述，就说福斯特的生态思想是从道德层面上分析资本主义，是看到他的一些文章中只言片语地有一些有关"道德"词语的使用。恐怕唐教授没有看到，福斯特更多的是使用了政治经济学的视角和方法来剖析资本主义的生态危机。时间再往前推，福斯特的博士论文《垄断资本主义理论——一种对马克思政治经济学的详细阐述》（1986，2014），就是从研究政治经济学开始的。

笔者曾经梳理过福斯特2000—2015年在《每月评论》（Monthly Review）上发表的全部118篇文章，文中关键词"政治经济学"使用频率是最高的，达到了73次之多。与此相反，所有文章中的关键词根本就没有出现过"道德"或"个人道德"的字眼。之所以以2000年为界，主要考虑福斯特的代表作《马克思的生态学》为当年出版。而在之后的十几年中，福斯特更是把主要精力从之前研究垄断资本主义理论、帝国主义和经济停滞等转向了生态学马克思主义。确切地说，从20世纪80年代起，福斯特即在他的朋友艾拉·夏皮罗（Ira Shapiro）的启发下，明确地认识到可以"把生态问题作为马克思的主要思想来解释马克思"[1]。纵观福斯特各个时期的著作，结合其自身的学术背景，我们

---

[1] John Bellamy Foster, *Marx's Ecology*, Monthly Review Press, 2000, vi.

不难判断出，福斯特的生态思想中始终是运用和贯穿了政治经济学的方法和视角，深刻地分析了当代资本主义社会，重点是资本主义社会的生态危机。为我们全面深刻地了解当代资本主义和马克思主义的最新发展构建了一个完整的理论体系。

（二）福斯特的生态学思想是用生产方式视角吗？

唐正东教授在文章中谈道：福斯特"在解读资本主义生态危机时具有很强劲的生产方式视角"[1]。关于这方面，福斯特本人也承认这一点。但是，从福斯特的文本中，我们得知面对异化了的生产方式，社会革命运动并不是所谓的乌托邦，而是面对一个完全由资本控制的西方社会（如美国），福斯特对此提出一种解决方案，既然生态危机的根源是资本主义制度，那么生态危机的解决就必须是针对资本主义制度本身的。然而，目前的情况是，高度发达的资本完全控制着这个（西方）社会，要想实现消灭生态危机，现实可行的就是发动生态革命（或社会革命）[2]。福斯特从总结以往环境运动的经验教训的角度，提出了把环境运动与社会运动结合起来，认为应对全球性生态威胁，唯一的选择是推进环境运动和社会运动，进而组织生态革命和社会革命。福斯特进一步指出"忽视阶级、种族、性别、国际不平等的单一的环保运动也能成功的时代已经结束"[3]，只有融合环境运动和社会运动的力量，发动生态革命（社会革命）才能消除资本主义生态危机。

毕竟，这样的方案无论是马克思或者恩格斯当年都没有提到过。当然，随着环境的变化，目前的社会与马克思和恩格斯那时是完全不一样的。福斯特认为他提出的批判是针对整个资本主义社会的。处理今天的

---

[1] 唐正东：《异化的生产方式与资本主义的生态危机》，载《南京社会科学》2015年第1期。
[2] John Bellamy Foster, "Organizing Ecological Revolution," *Monthly Review*, 2005, Volume 57, Issue 05 (October), pp. 1–11.
[3] John Bellamy Foster, *Ecology against Capitalism*, Monthly Review Press, 2002, p. 127.

全球化生态危机要求巨大的改变，这个改变是涉及全世界的。为了在大部分国家实现这个目标，我们不得不发动基于大众的激进的社会运动。不像利比兹和奥康纳那样，福斯特（作为生态学马克思主义第二阶段的代表）没有宣称资本主义已经死亡或放弃劳动（工人阶级或许多国家的农民阶级）的概念。此外，这个方案不是基于乌托邦的，而是根据在世界各地实实在在发生的，为必要的革命变化提供了希望。与利比兹和奥康纳不同，福斯特聚焦于马克思的"新陈代谢断裂"概念，他进一步挖掘自然科学因素，探索一系列的物质条件，而不是仅仅限制于文化和狭隘的社会科学层面。福斯特认为，这个理由很清楚，变化的辩证法要求这样，任何一种方法或者是乌托邦式的，或者（正如马克思说蒲鲁东那样）是辩证的。

2009年，福斯特在接受采访的时候强调："今天的资本主义正遭遇三重危机，即经济危机、生态危机和帝国统治危机。"① 对资本主义生态危机的研究，福斯特得出的结论是：要解决生态危机，必须摒弃资本主义制度，走向可持续的社会主义。因为全球的生态危机"已经关系到整个星球的命运，并且社会和生态相关的极其复杂的问题都可追溯到现行的生产方式。要想阻止全球化的生态危机，在全球范围内仅仅解决生产、销售、技术和增长等基本问题是无法实现的。这类问题提出的越多，就越明确地说明资本主义在生态、经济、政治和道德方面是不可持续的，是必须被取代的"②。而"社会主义——从正面取代而不是从负面取代资本主义——对任何转变过程都至关重要"。③

与第一阶段生态学马克思主义者代表奥康纳和利比兹不同，福斯特提出，一个更有力的生态和社会批判必然是基于历史唯物主义概念的，

---

① John Bellamy Foster, *Economy*, *Ecology*, *Empire*, http：//www. thenation. com/doc/20090323/foster, 2016 - 3 - 10.

② John Bellamy Foster, *Ecology against Capitalism*, Monthly Review Press, 2002, p. 67.

③ John Bellamy Foster, *Ecology against Capitalism*, Monthly Review Press, 2002, p. 132.

必然是回归马克思的。现在的目标是从第二阶段的生态学马克思主义出发，发动一场生态革命，以实现人类可持续发展的社会。福斯特的生态思想从其起初即是运用马克思的历史唯物主义和政治经济学的方法，这个是其与第一阶段生态学马克思主义者最大的区别。

（三）对福斯特生态思想路径的再分析

通过分析，我们认为福斯特的生态思想不仅具有很强劲的生产方式视角，确切的说是按照马克思主义政治经济学范式的，具有西方社会学特征的社会批判理论体系。他讲垄断资本、讲政治经济学、讲资本主义的停滞等，通过揭露由于资本主义制度带来（引发）的各种生态危机现象，运用马克思主义政治经济学原理深刻地剖析资本主义生态危机形成的根源，并提出消灭资本主义、消灭生态危机的实施路径，最终实现生态社会主义。福斯特的生态思想是全面的、系统的，是马克思主义在生态学方面的最新（高）成果。"在英语世界里，福斯特的生态学马克思主义代表了到目前为止的肇始于20世纪60—70年代的生态学马克思主义这一股西方思潮的最新和最高水平"[①]。我们通过以下几方面来分析。

1. 马克思的生态学：一种生态唯物主义

福斯特在《马克思的生态学》导论中开宗明义地讲道：本书讨论的基础是为了了解生态学的起源，必须理解随着17世纪到19世纪唯物主义和科学的发展而出现的关于自然的新观念。此外，本书的重点是论述唯物主义和科学的发展如何促进了生态学思维方式的产生。并且，书中的全部讨论都是围绕19世纪两位最伟大的唯物主义者达尔文和马克思的著作而展开的。[②]

[①] 郭剑仁：《生态地批判——福斯特的生态学马克思主义思想研究》，北京：人民出版社2008年版。

[②] John Bellamy Foster, *Marx's Ecology*, Monthly Review Press, 2000, p.1.

《马克思的生态学》一书的核心任务,就是围绕马克思以及达尔文的生平与著作,来阐释"一种生态的唯物主义"或"一种辩证的自然历史观",以超出当代许多绿色理论中的唯心主义、唯灵论和二元论。① 福斯特把这一研究的重要性表达为:"如果不了解马克思的唯物主义自然观与唯物主义历史观之间的关系,就不可能全面了解马克思的著作。换句话说,马克思的社会思想是与生态学世界观不可分割地联系在一起的。"② 概言之,福斯特的核心观点是:马克思通过批判和整合伊壁鸠鲁的自然观、黑格尔的异化理论、李嘉图的经济学、李比希的化学和达尔文的进化论,进入了一种革命的哲学,其最终的指向是"在所有方面对异化的超越:一种具有现实基础的理性生态学和人类自由——生产者联合起来的社会"③。这里面,我们看不到有关个人道德的一丁点信息。

生态是自然的事情,文明是人类的事情,生态文明就是人与自然的事情。福斯特阐述的重点是"马克思的生态学",其阐发路径也和其他生态学马克思主义者(或生态学社会主义者)有显著的不同,"采取的是追溯和再现马克思本人思想发展历程的方式"。④《马克思的生态学》一书在其酝酿阶段时为《马克思与生态学》,书名的变更意味着思想上的明显变化:马克思常常被视作一位反生态的思想家,由于对马克思著作的熟悉,福斯特一开始就对这种批判没有认真对待⑤;不过,即使是在写作《脆弱的星球:短暂的环境经济史》时,福斯特也仍然认为马克思的生态观点在他的整个思想中只具有次要的地位,认为这些观点对于当代生态学来说没有什么实质性的贡献,马克思对于生态学发展的重要

---

① John Bellamy Foster, *Marx's Ecology*, Monthly Review Press, 2000, pp. 19 – 20.
② John Bellamy Foster, *Marx's Ecology*, Monthly Review Press, 2000, p. 24.
③ John Bellamy Foster, *Marx's Ecology*, Monthly Review Press, 2000, p. 256.
④ 程伟礼、马庆:《中国一号问题:当代中国生态文明问题研究》,上海:学林出版社 2012 年版,第 149 页。
⑤ John Bellamy Foster, *Marx's Ecology*, Monthly Review Press, 2000, Ⅵ.

性仅仅在于他所提供的历史唯物主义的分析方法①;但在《马克思的生态学》一书的写作过程中,福斯特得出的结论是,"马克思的世界观是一种深刻的、真正系统的生态世界观"②。这段话表明福斯特的生态思想和对马克思生态学思想的认识也是在不断的深化和完善中的。

2. 福斯特的生态思想:一种发展的唯物主义生态哲学

福斯特的生态思想是在继承马克思的生态学的基础上的发展,这种新的哲学范式是将西方马克思主义的历史文化本体论与传统马克思主义的自然本体论相结合,以资本主义社会形态中的自然异化为主要批判对象,以西方新社会运动为主要社会载体而发展起来的一种关于环境正义和社会正义的唯物主义生态哲学。福斯特的生态唯物主义以"自然""生产""自由""实践"和"辩证法"为主要范畴,"融西方人道主义马克思主义的实践观于自然本体论和认识论为一体,建立起人与自然、社会相互作用的新的哲学本体论"③。福斯特阐述了一种在承认自然先在性、独立性和不断进化特点的基础上,人类可以认识和利用自然规律、进行社会实践、发挥自由能力的生态世界观。生态唯物主义以"正义""社会化""民主化""道德"和"革命"等范畴为主要连接点,提出走一条将资本和生产社会化、国家政权民主化,对人与自然关系来一场彻底的生态革命道路,在具体策略上实践一种使环境运动与以工人阶级为基础的社会运动相结合,以彻底打破资本主义的权力体系,实现人与自然可持续发展的路径。④

对照生态哲学的四个方面,本体论、认识论、实践论和价值论,福

---

① John Bellamy Foster, *Marx's Ecology*, Monthly Review Press, 2000, Ⅵ.
② John Bellamy Foster, *Marx's Ecology*, Monthly Review Press, 2000, Ⅷ.
③ 郭剑仁:《生态地批判——福斯特的生态学马克思主义思想研究》,北京:人民出版社2008年版,第4页。
④ 康瑞华等:《批判、构建、启思——福斯特生态马克思主义思想研究》,北京:中国社会科学出版社2011年版,第207—208页。

斯特的生态哲学在本体论方面承认和坚持客观存在是独立于人之外的，人和社会单向度地依赖自然的存在而存在，人是自然的一部分，是生态系统的一个成员，是由自然进化而来的，人的意识或精神也是源于客观存在的。"自然——物质世界——是人类存在的前提；生活资料的生产是人类生活——在其所有的各种定义形式之中——以及人类历史的前提。"①

在认识论方面，福斯特认为，自然本身是独立存在的，而且在各种现象和事实之间隐藏着深层生物因果关系和自然规律，具体地表现为巴里·康芒纳的生态学四条"非正式法则"：第一，万物皆相互联系；第二，万物皆有归属之地；第三，自然洞察一切；第四，无中不能生有。②

不过，福斯特指出资本主义制度下的生产性劳动和自然本身都发生了异化，呈现出四条反生态特性：（1）事物之间唯一持久的联系是金钱关系；（2）除非重新进入资本循环，否则某些物质去了何处（它怎样被外在化）并不重要；（3）自我调节的市场懂得的是最好的；（4）自然是给私有财产者的免费赠予。福斯特强调，资本主义反生态的特点可以归结为一句话：获利关系在很大程度上已成为人与人、人与自然联系的唯一通道。③资本主义生产方式在本质上是对这种获利关系的鼓励，必然受到资本主义与资本家的欢迎。而反生态的生产方式的本质就是利润增长问题。

福斯特的生态哲学实践观主要表现在他对"劳动"和"新陈代谢"两个词的运用上。福斯特认同马克思利用新陈代谢概念来描述劳动中人与自然的关系："劳动首先是人和自然之间的过程，是人以自身的活动来引起、调整和控制人和自然的物质变换的过程。……劳动过程是人和自然

---

① John Bellamy Foster, *Marx's Ecology*, Monthly Review Press, 2000, p. 115.
② John Bellamy Foster, *Marx's Ecology*, Monthly Review Press, 2000, p. 15.
③ John Bellamy Foster, *The Vulnerable Planet*, Monthly Review Press, 1999, pp. 120 – 121.

之间的物质变换的一般条件,是人类生活的永恒的自然条件。"① 福斯特指出马克思的成熟作品中贯穿着新陈代谢概念,尽管背景有所不同,新陈代谢概念在马克思的政治经济学批判中处于中心地位。在马克思的分享当中,经济循环是与物质变换(生态循环)紧密地联系在一起的,而物质变换又与人类和自然之间新陈代谢的相互作用相联系。②

在生态哲学价值观方面,福斯特承认地球和环境的道德及建立大地伦理的可能性。福斯特指出,我们必须建立新的生态文化和生态道德,也就是建立罗斯福新政时期环保专家奥尔多·利奥波德(Aldo Leopold)所提出的"大地伦理"。但是,需要引起注意的是,福斯特"不是一个环境伦理学家,而是一个环境社会学家,他在寻求建立大地伦理的可能性并将其付诸实践的同时,明确的意识到人与自然的关系的认识绝不能局限在静止的价值关系领域,而应该关注更加广泛的、共同进化的、复杂的物质实践关系。"③

在生态哲学研究方法方面,福斯特主要是通过思想史与诠释学相结合的研究方法形成生态世界观的。他运用诠释学的方法,沿着马克思思想的发展脉络,重新解读了马克思的著作。福斯特从马克思的博士论文中发现了马克思生态哲学基础的萌芽,在马克思关于费尔巴哈、黑格尔的论著中找到了一种新的唯物主义哲学,即生态唯物主义。在对马克思各个时期成熟作品的解读中,发现"新陈代谢"一词可以作为一个中介或枢纽将马克思关于生态的思想串联起来,从而重新构建起马克思的生态学。

福斯特的生态唯物主义具体表现为以下几个方面:第一,福斯特的生态哲学承认自然环境固有的价值和生态道德;第二,福斯特的生态哲

---

① 《马克思恩格斯全集》第 23 卷,北京:人民出版社 1972 年版,第 202—208 页。
② John Bellamy Foster, *Marx's Ecology*, Monthly Review Press, 2000, pp. 157 – 158.
③ 康瑞华等:《批判、构建、启思——福斯特生态马克思主义思想研究》,北京:中国社会科学出版社 2011 年版,第 216 页。

学强调要将环境正义与社会正义结合起来,实行生态革命,对社会进行全方位的变革;第三,福斯特的生态哲学的未来指向是否定资本主义的生态社会主义;第四,福斯特的生态哲学在总体上观点鲜明,不仅有理论构建,还十分注重运动层面的实践活动。[1]

3. 对资本主义制度的生态批判:为了生态社会主义而斗争

1999 年西雅图爆发反全球化运动,之后,福斯特越加强调把各种反抗资本主义的力量汇聚起来,因为普通民众受到的剥削压迫和地球生态环境受到的各种威胁都来自贪得无厌、毫无限制地追逐利润的资本主义制度。福斯特认为"这样一场革命,如果要创造出平等的条件、可持续性和值得称之为真正'伟大的变革'的人类自由,就必须从劳动人民和处于全球资本主义等级制度最底层的群体的斗争中汲取动力。"[2] 福斯特是"依据于现实来阐述马克思把生态危机归结于资本主义制度的基本观点,从而显得既具现实感又富有说服力"[3]。福斯特进一步指出,"当今资本主义的发展趋势——它对人类和人类生存条件的破坏表明,除了社会主义我们已经别无选择,在这种情况下,所有的斗争都成了一种反对资本主义的斗争。全球生态革命的长期战略是建立一个真正平等的社会,即为了社会主义而斗争"[4]。可见,福斯特并不是一个没有哲学"味道"的、基于社会学立场的批判理论家,他不仅擅长于对问题的发现及对问题之严重性的揭示,同时也更擅长于对一些具有思辨性的问题的理解和分析。福斯特正是建立在对资本主义制度的深刻剖析的基础上,才

---

[1] 康瑞华等:《批判、构建、启思——福斯特生态马克思主义思想研究》,北京:中国社会科学出版社 2011 年版,第 220 页。

[2] John Bellamy Foster, "Organizing Ecological Revolution," *Monthly Review*, 2005, Volume 57, Issue 05 (October), pp. 1–11.

[3] [加]本·阿格尔:《西方马克思主义概论》,慎之等译,北京:中国人民大学出版社 1991 年版,第 4 页。

[4] 康瑞华等:《批判、构建、启思——福斯特生态马克思主义思想研究》,北京:中国社会科学出版社 2011 年版,第 174 页。

第四章　福斯特与奥康纳：谁是真正的马克思主义者？

提出了具有历史性意义的解决方案——用生态社会主义取代资本主义，从而最终解决人类的生态危机。

福斯特看到20世纪90年代以来由环保主义者孤军奋战的环保运动不再能取得预期目标，他提出让环境运动与社会主义运动结合，认为保护环境必须从全球资本主义等级制度最底层的群体的斗争中汲取动力，他相信这就是未来的趋势。他强调指出，要通过废除浪费性的过度生产来消灭异化劳动和拯救我们的生态系统，实行社会主义所有制是必要的。① 福斯特从私有化的生态后果和当今自然私有化的趋势提出自然社会化，进而生产也社会化的问题。19世纪初，在西北太平洋地区，仅在俄勒冈州和华盛顿州的西部，原始森林就有2000万英亩。随后，两个世纪的时间里，这些具有千百年树龄的参天古树就被无情地砍伐殆尽，私有资本清除了这些森林，为了是种植那些生长更快，可以更快砍伐的人工林木。自然社会化加剧了资本主义环境危机。到20世纪80年代，这一地区的原始森林只剩下12%左右。而它们之所以能被保留下来，"就是因为它们被置于国家控制之下，因为它们已经被社会化了"。②

福斯特指出，在这个以解决管制和私有化著称的时代，自然界的一切包括水、森林、物种，甚至大气本身正在被变成商品。可是把一切都交给私人利益集团，民主国家的公共领域就消失了。这个无情的现实使我们唯有使自然和生产社会化没有其他选择。因为只有自然和生产社会化，大多数普通人才能够在一个不平等的资本主义体制内利用共有的资源。鉴于劳动构成了人与自然关系的基础，只有生产也社会化了，自然的社会化才能完全实现。因此，"生态革命必然导致社会革命"③。只有

---

① [加] 本·阿格尔：《西方马克思主义概论》，慎之等译，北京：中国人民大学出版社1991年版，第507—509页。

② John Bellamy Foster, *Ecology, Capitalism, and the Socialization of Nature: An Interview with John Bellamy Foster*, Monthly Review, 2004, Volume 56, Issue 06 (November). pp. 1–13.

③ John Bellamy Foster, *The Vulnerable Planet*, Monthly Review Press, 1999, p. 142.

通过在全球范围内发扬社会民主把生产和自然组织起来，才是有意义的希望，世界将体现世世代代的共同利益，而不是仅仅受益于短期的个人利益。

当年，小布什总统面对美国汽车工业集团的反对，不顾国际舆论的压力，毅然退出《京都议定书》，并为控制海湾地区的石油发动了伊拉克战争。可见，要转向生态可持续性社会，不仅要摒弃资本主义的积累方式，还必须改变"作为资本主义制度支柱的国家与资产阶级的伙伴关系，而代之以新的民主化的国家权力与民众权力的伙伴关系"①。当环境保护与资本主义（利益集团）的利益相冲突时，既得利益者及其代言人就会义无反顾地抛弃环境保护。

4. 关于生态革命的判断：必然是社会主义的

全球环境改革的失败也印证了真正的环境改革必须打破国家政权与资本的伙伴关系。对此，福斯特分析了原因："最根本的还在于国家政权与资本的伙伴关系。……经济增长——实际上是不惜任何社会或环境代价的增长是发达国家的第一要务。全球经济制度的力量使得主要资本主义国家的决策层不愿意采取有效的环保行动。鉴于此，福斯特认为，不打破国家政权与资本的伙伴关系，社会正义与可持续发展运动不会发生预期结果。"②

关于生态革命新时代的主要历史主体和发起者，福斯特认为要从第三世界人民群众中寻找，那里将是最先受到生态灾难冲击的地方，而生活在那里的人们也如马克思所说的无产阶级的情形一样，在采取必要的激进措施来避免灾难上没有什么可失去的，所以他们能担当起这样的角色。③

---

① John Bellamy Foster, *Ecology against Capitalism*, Monthly Review Press, 2002, pp. 113, 132.
② 康瑞华等：《批判、构建、启思——福斯特生态马克思主义思想研究》，北京：中国社会科学出版社2011年版，第178页。
③ John Bellamy Foster, "Why Ecological Revolution?" *Monthly Review*, 2010, Volume 61, Issue 08 (January).

福斯特在探讨解决生态危机的出路时,毫不犹豫地举起了生态革命和社会主义的旗帜,他多次声言,当今资本主义的发展趋势——它对人类和人类生产条件的破坏表明,除了社会主义,我们已经别无选择。他在阐明社会主义与生态革命的关系时指出:"真正的生态革命必然是社会主义的,真正的社会主义革命必然是生态革命。"①

正如福斯特本人所言:"由于新的社会主义正处于形成之中以及受到正在变化的历史条件的影响,因此,想知道新的社会主义的复兴是以何种面目出现是不可能的。然而,在吸取历史经验教训的基础上,构建新的社会主义也并非天方夜谭。因此,我们是从历史的角度来分析社会主义,是从改变资本主义的现状提供可资选择的角度来研究社会主义的,过去我们不曾注意的可能性或许会给未来带来希望。"② 福斯特在对资本主义的生态批判中反复阐明了他关于发展的主张。他认为,社会主义社会建立在合理的生态原则基础上,对发展的态度是:发展必须以人为本,适度发展,协调发展,人与自然共同进化,和谐发展。"新的发展形式追求适度,而不是更多。它必须以人为本,特别是要优先考虑穷人而不是利润和生产,必须强调满足基本需求和确保长期安全的重要性。"③

关于发展问题,福斯特既不像主流经济学家那样不加区别地主张全球经济增长,也不像一些生态马克思主义者(高兹、萨卡、克沃尔等)那样,一味地限制增长,而是贫富有别,主张把发展空间留给落后的第三世界。福斯特认为发展生产本身并不能自动消除贫困,发展必须优先考虑穷人。④ 他关于发展以人为本特别是要优先考虑穷人的发展理念,

---

① John Bellamy Foster, "Why Ecological Revolution?" *Monthly Review*, 2010, Volume 61, Issue 08 (January).
② John Bellamy Foster, "The Renewing of Socialism: An Introduction," *Monthly Review*, 2005, Volume 57, Issue 03 (July-August).
③ John Bellamy Foster, *Ecology against Capitalism*, Monthly Review Press, 2002, p.81.
④ John Bellamy Foster, "Why Ecological Revolution?" *Monthly Review*, 2010, Volume 61, Issue 08 (January).

展示了他对占世界人口大多数的普通人特别是处于弱势的穷人强烈的人文关怀。

"国家真正作为整个社会的代表所采取的第一行动,即以社会的名义占有生产资料"①,把社会化生产资料变成公共财产。"社会化的人,联合起来的生产者,将合理地调节他们和自然之间的物质变换,把它置于他们的共同控制之下,而不让它作为盲目的力量来统治自己"②,这是福斯特引用次数最多的马克思的一段话,最能代表他对未来社会生产关系的看法。福斯特认同马克思的观点,在社会主义经济中,"市场依然发挥作用,但处于从属而非支配地位"③。

"要在生态马克思主义的发展史中,寻找一位最有勇气、最有创见,同时又饱受争议的生态马克思主义者,恐怕非约翰·贝拉米·福斯特莫属。"④ 从福斯特的理论体系的内容上看,其生态马克思主义思想以生态学为主线重读马克思思想,拓展了马克思主义研究的新思路,开辟了生态马克思主义发展的新阶段。且不说这种大胆尝试的结果如何,仅凭福斯特这种敢"冒天下之大不韪"的勇气和魄力就十分值得我们对其表示敬重,更何况他的尝试取得了其预期的效果:"即把生态问题作为马克思的主要思想来解释马克思。"⑤ 福斯特这种大胆的尝试也使他超越了无数的生态马克思主义者,甚至是推动了整个生态马克思主义学科的发展。⑥

---

① 《马克思恩格斯全集》第 20 卷,北京:人民出版社 1971 年版,第 305 页。
② 《资本论》第 3 卷,北京:人民出版社 1975 年版,第 926—927 页。
③ John Bellamy Foster, "The Renewing of Socialism: An Introduction, "*Monthly Review*, 2005, Volume 57, Issue 03 (July-August).
④ 康瑞华等:《批判、构建、启思——福斯特生态马克思主义思想研究》,北京:中国社会科学出版社 2011 年版,第 220 页。
⑤ John Bellamy Foster, *Marx's Ecology*, Monthly Review Press, 2000, Ⅵ.
⑥ 康瑞华等:《批判、构建、启思——福斯特生态马克思主义思想研究》,北京:中国社会科学出版社 2011 年版,第 221 页。

二、21 世纪《共产党宣言》①

为了纪念《共产党宣言》发表150周年,《每月评论》的联合创始人和资深编辑保罗·斯威齐（Paul Sweezy，1910—2004）于1998年5月在《每月评论》上发表了《今日共产党宣言》一文。近期，一个来自越南朋友的特殊请求，让我们为纪念《共产党宣言》发表170周年发表声明。作为回应，约翰·马赫（John Mage）和约翰·贝拉米·福斯特修改了斯威齐的原稿，在保留了几乎所有内容的基础上，根据新时代的特征确定了新的开头和结论。这篇文章也获得了一个新的标题，并联合署名三位作者。

（一）资本主义危机

撰写《共产党宣言》的1848年是欧洲充满危机的一年。2018年是当今全球化的资本主义经济永无止境的危机的第十个年头。卡尔·马克思和弗里德里希·恩格斯关于"在周期性的重复中越来越危及整个资产阶级社会生存的商业危机"的论述还适用于我们这个时代。并且他们对商业危机爆发的基本原因的诊断也是如此，他们写道："在危机期间，发生一种在过去一切时代看来都好像是荒唐现象的社会瘟疫，即生成过剩的瘟疫。"今天，这可能更好地表述为"生产资料过剩的时代"。资产阶级经济学仍然没有破解它，而且很可能永远不会破解它。

始于2007—2008年的美国金融危机和经济大衰退很快席卷了全球，这将是世界历史上的一个转折点。尽管在20世纪最不景气的时期，经济复苏的时间延长了两年，但是在危机爆发15年后的今天，世界经济

---

① 本译文经由《每月评论》期刊授权，本文原文首次在《每月评论》第70卷，第1期，2018年5月发表。中文译文发表在中国社会科学网，2018年7月5日。http://www.cssn.cn/mkszy/yc/201807/t20180705_4496635.shtml？COLLCC=2749039166&.

仍处于低谷。美国、欧洲和日本已经处在缓慢增长和金融不稳定状态，并且随着新的经济动荡不断出现，诸多负面影响正在全球蔓延。从经济增长的角度来看，世界经济的一个亮点是一些新兴经济体（尤其是中国）看似势不可当的扩张势头。

因此，一些见多识广的经济观察人士普遍认为，世界资本主义经济正面临着长期经济停滞的威胁，并且由于金融的进一步去杠杆化，问题变得更加复杂。有时这个威胁被称为"失去的几十年（lost decades）"的问题。资本主义经济停滞的问题，已经成为世界范围内的一个大问题（姑且搁置环境问题不谈），即使对所有严肃的资产阶级经济学家来说也持这样的观点。

《共产党宣言》中对持续危机的分析表明"在周期性的重复中越来越危及整个资产阶级社会生存的商业危机"仍然是任何预测未来事件的关键。长期疲弱的经济复苏只有在全球范围内前所未有的债务（这个债务既包括公共的也包括私人的）扩张的情况下才可能实现。在没有先例的情况下，这个经济复苏只有被迫降低利率水平，才有可能实现。

正如经济增长的巨大停滞所显示的那样，新债务的洪流并没有进入生产性投资，而是进入了资产价格的全球通胀。其结果是，过去十年中产生的所有利润几乎都被全世界极少部分拥有世界资产（这些世界资产是房地产或是证券）的人所获取。

但是，全球资本主义仍然陷于矛盾之中，这是由于对劳动力的剥削来获取剩余价值而不断扩大利润的必然结果，这个必然结果通过消费或新投资来实现剩余价值的增值。全球资本主义在充斥着产能过剩的情况下，对产能的新投资正日益成为一个问题，而不是对制度问题的解决方案。由于全球工资的下行压力和资产通胀导致租金上涨压力不断加大，工人的消费只能通过工人阶级债务大幅增加来维持；在今天的美国，大部分的工资劳动者实际上没有任何净储蓄。在一个不确定的世界里，《共产党宣言》里所确定的商业周期仍是一个非常确定的事实。2007—

2008年大危机的复苏正处于其最后阶段,新债务和利率抑制的技术使得最后的复苏不再有效。眼前的前景只会强化《共产党宣言》中"越来越危及"这句话的持续特征。

(二) 我们将向何处去?

马克思和恩格斯都是有献身精神的革命者,他们坚信资本主义固有的、不可根除的矛盾会产生一个不断壮大的、最终成功的革命斗争。这个斗争将推翻资本主义制度,并将其置于更加人道和理性的境地。但是他们的分析是否考虑到或者甚至暗示了一个不同的历史结果?我们的结论是肯定的。在《共产党宣言》的前面部分,确切地说是第一部分的第一页"资产者和无产者"中,经常被引用的段落是:

> 至今一切社会的历史都是阶级斗争的历史。自由民和奴隶、贵族和平民、领主和农奴、行会师傅和帮工,一句话,压迫者和被压迫者,始终处于相互对立的地位,进行不断的、有时隐蔽有时公开的斗争,而每一次斗争的结局都是整个社会受到革命改造或者斗争的各阶级同归于尽。

在《共产党宣言》中,没有更多关于"斗争的各阶级同归于尽"的说法。最有可能的原因是马克思和恩格斯并不认为这是在资本主义制度下阶级斗争的结果。但是如果我们环顾今天的世界——考虑到资本主义在某种程度上正在摧毁或破坏可持续经济的自然基础——我们一定要恢复"斗争的各阶级同归于尽"作为不久的将来一个确定的历史性的现实场景。

(三) 我们应该尝试完成什么?

我们应该试着给世界人民留下关于资本主义真相的深刻印象,这个印象并非如资产阶级思想家想让我们相信的那样——"历史的终结",而是它的继续存在必将带来历史的终结。《共产党宣言》在这一方面给予我们任何帮助了吗?如果我们仔细阅读并以想象的方式解读它,或许我们可以找到《共产党宣言》给予我们的帮助。在一个经常被忽视的段落中,马克思和恩格斯在他们的分析中引入了一个新的主题。

最终,当阶级斗争临近决定性的时刻,资本主义瓦解的过程发生在统治阶级内部。事实上,在整个旧社会中,假定有一群生性暴力的,并且惹人注意的统治阶级,他们本身独立谋生,并且加入了革命阶级,那么未来将掌握在他们自己手中。因此,在较早的时期,有一部分贵族走向资产阶级,现在资产阶级的一部分转到无产阶级,尤其是有一部分资产阶级思想家,他们把自己提升到了从理论上理解整个历史运动的水平。

对于马克思来说,这反映了他所理解的"瓦解时代(the age of dissolution)"[特别是他在《1857—1858 年政治经济学批判大纲》(*Grundrisse*)中对"前资本主义经济形态"的讨论],这个时代的阶级财产关系瓦解了整个封建社会。我们相信,尽管资本主义关系的瓦解必然会带来另一种形式,但是一个类似的瓦解时代终将会使资本主义走向衰落。

今天,尤其在最富有的国家里,我们能够在现存的资本主义制度中看到越来越多的瓦解现象。在所有国家存在的收入和财富两极分化的极端情况下,尖锐矛盾的出现加速了资本主义制度的瓦解。停滞的腐蚀性问题、金融化和新自由主义全球化和不断加速的地球危机,所有这一切都在威胁着全人类。这些历史的发展是在"统治阶级内部(目前)发生的瓦解"的背后,在国家日益不稳定的情况下呈现出来的。尽管资产阶级经济学继续扮演着意识形态的角色,但是我们的时代并没有隐藏着严重的矛盾,关于这一点,每个孩子都能看到。

随着资本主义的致命后果的展开,越来越多的人——这其中不仅包括参加世界各地革命运动的人，也包括那些把自己提升到从理论上理解整个历史运动水平的资产阶级理论家——将会看到，如果我们人类作为一个物种有任何未来的话，我们必须做些什么。我们的工作是在尽可能短的时间内帮助普通民众获得这一认识，趁着我们还有时间。

第五章 福斯特和奥康纳的生态学：马克思主义思想的后续效应和当代意义

福斯特和奥康纳分别代表了北美生态学马克思主义（生态学社会主义）研究的最高水平，他们分别身处两个不同的理论阵营，且有过正面的思想交锋，虽然双方的具体观点不同，但揭示出了生态学马克思主义理论研究不能回避或忽视的问题有哪些。提出这些问题本身就是对生态学马克思主义理论研究和当代马克思主义理论研究的贡献。

第一节 福斯特阵营与奥康纳阵营之间的论战

近20多年来，福斯特与奥康纳分别以其具有开创性、系统的生态学马克思主义理论吸引了一批学者，在他们周围分别形成了学术阵营（以下分别简称为"福方"和"奥方"）。福方与奥方在2001年发生了一场历经两个回合的论战，论战源于福斯特在2000年出版的著作《马克思的生态学：唯物主义和自然》。2001年，奥康纳以小型研讨会"马克思的生态学还是生态学马克思主义"为名，发起了针对《马克思的生态学：唯物主义和自然》的理论批判，并且邀请福斯特对这些批判做出回应。奥方的4篇批判文章分工明确。M.卡德（Maarton de Kadt）和S.

第五章 福斯特和奥康纳的生态学：马克思主义思想的后续效应和当代意义

E. 马洛（S. E. Mauro）主要批判福斯特的"生态"范畴；艾伦·鲁迪主要批判福斯特的"新陈代谢断裂"理论；C. 潘拉若塔基斯（Costas Panayotakis）主要批判福斯特的"辩证生态学"范畴及其政治意蕴；科维尔（Joel Kovel）主要批判福斯特的"唯物主义"范畴。福斯特委托伯克特和摩尔（Jason W. Moore）回应奥方的批判。针对伯克特和摩尔的回应，奥方也做出书面回答。时隔一年，福斯特发表论文《资本主义与生态：矛盾的本质》批判奥康纳的资本主义第二重矛盾理论，同时，对奥方针对《马克思的生态学》的批判做出回应。总的来看，这场论战充分体现了两个学术阵营的生态学马克思主义研究范式间的差异。

一、两个阵营论战的关键问题

争论之一：马克思与"生态"的关系

卡德和马洛首先肯定了福斯特《马克思的生态学》的理论贡献：福斯特以马克思时代的科学为背景，从思想史的角度考察了马克思科学思想的发展过程，揭示了马克思和恩格斯为现代生态思想的发展所做出的贡献。然而，开门见山，他们也指出了福斯特著作中的严重缺陷，福斯特用现代意义的"生态"范畴强行替换了马克思的"自然"范畴，赋予了马克思以现代生态思想家的面貌。卡德和马洛指出，事实上，现代意义的"生态"与马克思的"自然"有着本质区别，因而，不可能有"马克思的生态学"，只能有生态学马克思主义。

卡德和马洛指出，福斯特的《马克思的生态学》中所研究的马克思的"生态"实质上是 19 世纪的"自然"，马克思自己是没有现代生态思想的；福斯特即便坚持要用"生态"这个术语来概括他对马克思的相关思想的理解，"生态"的含义也是狭隘的，只可能表达现代"生态"的某一部分含义。奥方其他三位学者在批判福斯特的生态学马克思主义思想时，基本上认同卡德和马洛的现代意义上的"生态"概念，奥康纳也是以这种认同为前提来区分"马克思的生态学"与"生态学马克思主义"的,并认为马克思是不可能有"生态学"的。

伯克特在答复卡德和马洛及其他学者的批判时,概括了当代生态学社会主义实践(在福斯特和伯克特看来,奥康纳的生态学马克思主义是当代生态学社会主义实践在美国的理论代表)的三个特征:(1)由于没有全面地阅读经典的马克思主义著作,既没有对历史唯物主义也没有对生态标准做出内在的批判,而是强硬地把现代"生态"标准强加到历史唯物主义之中;(2)没能把唯物主义对人类社会和自然的一般理解同具体理论分析的概念和结果(如经济的和/或生态危机模式)区分开,因此历史唯物主义的本体论和方法论特性被绕开了、弱化了或变得无足轻重;(3)没有对超越理论和实践的"差异中的统一"做内在的批判性研究,就认同生态学社会主义者把一些理论和概念嫁接成新的宏大的自然——社会关系主题。在伯克特看来,奥方的4篇评论文章在不同程度上分别暴露出上述局限。福斯特当然知道马克思的历史唯物主义中不可能有现成的现代生态学科学思想。伯克特指出,卡德和马洛从术语学意义上批判福斯特有点吹毛求疵。

争论之二:揭示马克思生态思想的范畴是"新陈代谢"还是"生产条件"

鲁迪把福斯特的《马克思的生态学》的理论贡献概括成:不太成功的生态马克思学(Ecological Marxology)。鲁迪主要是批判了福斯特把"新陈代谢"泛化为"生态学"的错误倾向,以及忽视了对一般公共条件和国家的研究。鲁迪认为这无异于给生态学帮了倒忙。

伯克特认为,鲁迪没有从应该有的"本体论和方法论"层面,而是用"嫁接的方法构筑宏大的功能主义的主题这样的范式",去理解福斯特的"新陈代谢断裂理论",从而削弱了"新陈代谢断裂"理论的解释力。

第五章 福斯特和奥康纳的生态学：马克思主义思想的后续效应和当代意义

福斯特回应了鲁迪的批评，他指出，在"新陈代谢断裂"的解释模式下，历史上英国的精耕式的农业生产涉及的不是生产方式而是一种"掠夺土地的制度"。福斯特把论战的焦点转移到奥康纳的资本主义第二重矛盾理论上，他对奥康纳的资本主义第二重矛盾的论证逻辑和逻辑结果提出质疑，并立足于马克思的文献和研究理路指出创立资本主义第二重矛盾理论的非必要性。

福斯特认为，奥康纳创立"资本主义第二重矛盾"理论主要是想回答这一问题，即"被资本破坏的生产条件是怎样导致资本主义的特定形式的经济危机的？"简要地说，在奥康纳看来：遭到破坏的资本主义的生产条件（主要包括纳入生产过程中的自然环境）会提高生产成本，进而导致资本生产不足，压缩利润率，引发经济危机。

事实上，奥康纳的这一理论因为能够为生态稀缺、经济危机和寻求社会变革而层出不穷的新社会运动的发展提供一个统一的逻辑框架而有着强大的解释力和广泛的社会影响。然而，福斯特提出两点质疑：(1) 受环境危害影响最严重的不一定是生产条件，而是人类和其他生物的生活条件，因而，环境危害不一定必然触发经济危机；(2) 没有如下自发出现的反馈机制：环境破坏自动地转化为资本成本的增加。

综上所述，无论是奥方的生态学马克思主义还是福方的马克思的生态学都致力于发展马克思的生态思想或挖掘马克思的生态思想，这是双方的共同点。不同点在于，出发点不同，阐发的概念不同，建立的理论不同，进而实现的理论诉求不同，如奥方选取的基本范畴是"生产条件"，以之为基础创立了资本主义第二重矛盾理论，而福方选取"新陈代谢"概念，建构新陈代谢断裂理论。

争论之三：生态学马克思主义需要怎样的辩证法和唯物主义

奥方的潘拉若塔基斯和科维尔分别从各自的立场出发，批判了福斯特的辩证生态思想和唯物主义观，并阐明了自己的观点。与前两个焦点问题相比，这部分论战内容更具哲学方法论倾向。

潘拉若塔基斯认为福斯特对卢卡奇的总体性的态度是不可取的：福斯特因为卢卡奇早年抛弃了自然辩证法，并且他的社会历史辩证法沾染有目的论倾向而抛弃卢卡奇的"总体性"范畴，代之以根除了目的论倾向的由理查德·莱沃汀（Richard Lewontin）和理查德·莱维斯（Richard Levins）发展出来的辩证的生态学。潘拉若塔基斯认为这种二选一的做法使得福斯特无法深刻挖掘莱沃汀和莱维斯的实质上是"总体性的辩证的生态学"中蕴含的政治意蕴，因而最终对当代各种社会运动呼唤的政治生态学无法做出贡献。潘拉若塔基斯逐一列举莱沃汀和莱维斯思想与卢卡奇思想在理论表达形式、内容和价值取向上的极端相似性或联系，为自己的如下主张提供论证：不能在莱沃汀—莱维斯思想与卢卡奇思想之间二选一，而是以"辩证的总体实在"为出发点实现二合一。潘拉若塔基斯认为可取的做法是，综合以下三个思想来源实现"辩证的社会—生态总体观的重构"：（1）莱沃汀和莱维斯的人类与自然（或文化—基因）的辩证关系思想；（2）卢卡奇的以社会生活中多层次社会因素相互作用为基础的总体性社会观；（3）马克思恩格斯的历史唯物主义的家庭观以及社会关系的再生产观。

潘拉若塔基斯批判的目的在于阐发如下问题：在发展马克思与生态思想的关系时，莱沃汀—莱维斯的辩证生态学与卢卡奇的历史辩证法作为可资选用的现代思想源泉是二选一还是合二为一？由于直接针对福斯特的批判不多，伯克特与潘拉若塔基斯之间的论辩大多是澄清一些所谓的歧见，这里略去不讲。

科维尔批判了福斯特的唯物主义观，在引述和分析了福斯特的一些句子和段落后，科维尔概括出福斯特的四个主张：（1）当代绿色思潮弥漫着唯心主义、精神主义和二元论的影响；（2）马克思为他的自然哲学发展出了唯物主义；（3）信仰并研究精神现象的哲学家对物质和自然哲

第五章 福斯特和奥康纳的生态学：马克思主义思想的后续效应和当代意义

学没有发言权；(4) 自然科学的发展必须坚持以不断发展着的去精神化的世界观为基础的唯物主义，如伊壁鸠鲁的唯物主义就是榜样：实在仅由虚空和原子构成，此外没有他物，上帝同科学的物质宇宙观没有任何关系。科维尔以他概括出的这四个主张为基础，指责福斯特的唯物主义观是机械论的，并且指责福斯特把唯物主义与"精神"（科维尔认为，精神与实在是对立的，是对实在的超越，而实在是社会性的建构）对立起来进而拒绝"精神"范畴的观点和立场。在科维尔看来，福斯特唯物主义的机械论性质特别表现为还原论，即"暗示了物质缺乏内在的形式原则"，因而才不加区分地把精神看作是与反科学、非理性、迷信、宗教和唯心主义同一类型的东西而加以拒绝。科维尔从现代量子物理学和遗传学基因理论出发，批判了福斯特的物质与精神关系观以及唯物主义观。科维尔指出，"量子世界里，不再有物质与空间的边界以及物质与精神的边界"。科维尔还从马克思恩格斯的相关文献出发来继续他的批判，以马克思恩格斯的文献为背景，科维尔讨论了马克思恩格斯与雅科布·伯麦（Jacob Bohme）的思想关系后指出：马克思恩格斯是需要"自然包含有内在于物质中的形式原则"这个判断的；事实上，马克思恩格斯也是把精神意识纳入他们的历史唯物主义中的。综合上述观点，科维尔明确指出，我们是有可能建立马克思主义的生机（主要指自然发生）唯物主义自然观的，进而为当下的生态变革提供真正的理论基础；而福斯特却把马克思的唯物主义拉回到了19世纪的机械论唯物主义的水平上。

伯克特认为科维尔的选择性引用及由此做出的概括没有抓住福斯特唯物主义观的核心，即物质形式的自然发生，而做出了完全相反的判断；同时，科维尔也忽略了"新陈代谢"的丰富内涵和理论旨归。科维尔在回应中强调，他批判福斯特的著作有一个更深的目的——反教条主义，即不能以保卫伟大思想的纯洁性为借口贬低伟大思想。科维尔指出，福斯特和伯克特对马克思没有做出一丁点儿批判，这即是教条主义的一种表现。

　　从这部分论战内容可以概括出一个问题：生态学马克思主义需要怎样的辩证法和唯物主义？需要指出的是，就奥方的代表人物奥康纳和科维尔而言，他们都没有专门论述这两个问题，奥方是出于驳斥福斯特和伯克特对辩证法和唯物主义的专门论述才注意到这两个问题的。不过，由这个焦点概括出的这个问题及双方的观点却具有重大的启发意义：一方面，辩证法和唯物主义可以成为我国学术界与西方生态学马克思主义学者对话的切入口；另一方面，在中国当前的现实环境和思想语境中，这能为我们开启马克思主义中国化的生态问题研究提供启发和借鉴。

　　如果说发生在2001年那场奥康纳和福斯特两个学术阵营之间的争论还体现关于马克思是否有生态学思想存在争议的话，那么，在那之后，越来越多的学者（尤其是中国学者）已经认识到（认同）在马克思的传统思想中确实是包含有生态思想的。现在看来，发生在2001年的那场争论，最终是福斯特学术阵营获得了胜利[①]。正如哥伦比亚大学教授刘易斯·普罗耶克特（Louis Proyect）指出的那样，福斯特在用马克思主义来研究当代环境生态问题时走在了正确的理论道路上，但是任务远未完成。[②]

二、两个阵营论战与生态学社会主义的三个阶段的划分

　　生态学马克思主义的观点最早由马克思主义理论家卢卡奇在其著作《历史与阶级意识》中提出，对于人类生活领域技术理性化的不赞成和进一步的批判成为其最初的表现形式。1979年，本·阿格尔在其著作

[①] 郭剑仁：《奥康纳学术共同体和福斯特学术共同体论战的几个焦点问题》，载《马克思主义与现实》2011年第5期。

[②] 郭剑仁：《生态地批判——福斯特的生态学马克思主义思想研究》，人民出版社2008年版，第217页。

第五章 福斯特和奥康纳的生态学：马克思主义思想的后续效应和当代意义

《西方马克思主义概论》中提出了"生态学马克思主义"一词，这是该名词第一次出现在大众视野中。① 实际上，生态学马克思主义的兴起并不是历史偶然产生的结果，而是基于人们环保意识的觉醒和不断进行的生态保护运动。②

从生态学马克思主义的对比研究到生态思想的对比研究，按照福斯特的说法，马克思的唯物主义思想中包括了生态学社会主义思想，因此，福斯特是马克思的生态学社会主义思想的继承者。而奥康纳则不这么认为，在奥康纳的生态思想中，他认为马克思的历史唯物主义本身并没有生态学维度，出现了"理论缺失"，为了填补这一空白，奥康纳"代替"马克思提出和发展了生态学马克思主义。

福斯特认为，马克思对自然的批判，再加上对自然辩证法的拒绝，在20世纪80年代和90年代间产生了两个不同的传统。其中一个被称作"第一阶段的生态学社会主义思潮"③，这一思潮的代表学者有安德烈·高兹（Andre Gorz）、泰德·本顿（Ted Benton）、罗宾·艾克斯利（Robyn Eckersley）、詹姆斯·奥康纳、唐纳德·沃斯特（Donald Worster）、乔尔·科沃尔（Joel Kovel）、丹尼尔·班萨德（Daniel Bensaïd）和丹尼尔·塔努罗（Daniel Tanuro）。他们的特点是通过对马克思关于生态学的否定评价，企图把更加主流的绿色马尔萨斯主义概念与之相连。这个时期出现的第二个有影响力的传统是具有激进性的地理学的自然生产的视角，尤其与尼尔·史密斯（Neil Smith）和诺埃尔·卡斯特里（Noel Castree）等思想家相关联的思潮，他们在很大程度上从与生态学社会主义的激烈辩论中分离出来。在这里，阿尔弗雷德·施密特（Al-

---

① 章天顺：《西方生态学马克思主义的当代价值》，载《人民论坛》2016年第20期，第117—119页。
② 章天顺：《西方生态学马克思主义的当代价值》，载《人民论坛》2016年第20期，第117—119页。
③ John Bellamy Foster and Paul Burkett, *Marx and the Earth: An Anti-critique*, Boston, MA: Brill, 2016, pp. 2-3.

fred Schmidt）关于"支配自然"的否定批判被更加积极的"自然生产"的观点所取代。这样的结果就是一个左翼的社会建构论（left social constructionism①）和社会一元论——以政治经济学的视角——把自然融合到社会中去。由于超社会建构论（hyper-social constructionism）的影响，自然生产的视角越来越与后现代主义的方法重叠，而越来越远离经典马克思主义——参见于布鲁诺·拉图尔（Bruno Latour）的著作和他关于社会与自然的"混合性"的论述。

在21世纪的前15年里，从第一阶段生态学社会主义那里我们看到了一种分裂——伴随着对马克思生态学的重建——来自"第二阶段生态学社会主义"的看法。在这个思潮中，保罗·伯克特、约翰·贝拉米·福斯特、埃尔玛·阿尔特瓦特（Elmar Altvater）、布雷特·克拉克、彼得·狄肯斯（Peter Dickens）、安德烈亚斯·马尔姆（Andreas Malm）和理查德·约克（Richard York），他们试图回到马克思和恩格斯，从他们经典的政治经济学批判中，寻找自己的生态学概念的基础。这段时期最戏剧性的发现是马克思的生态学价值分析和他的新陈代谢断裂理论。与此同时，我们看到在艾瑞尔·萨勒（Ariel Salleh）和帕米拉·奥迪（Pamela Odih）的著作中有关马克思主义生态女性主义的相关发展。这个基于马克思主义经典基础的新方法是大部分与第一阶段的生态学社会主义相对的，因此出现了第二阶段的生态学社会主义或生态学马克思主义。这最终引发了第三阶段的生态学社会主义，他们通过在地球系统中对发展中的生态断裂的研究，提出了一种进入生态学社会主义实践的新的理论视角。这有助于一个更加革命的生态运动的出现，美国生态学社会主义组织"制度变化而非气候变化"（System Change Not Climate Change）就是一个例证②。

---

① 在这里，福斯特认为 constructionism 和 constructivism 是同样的用法。
② John Bellamy Foster, Marxism in the Anthropocene: Dialectical Rifts on the Left, *International Critical Thought*, Vol. 6, Issue 3, 2016, p. 397.

第五章　福斯特和奥康纳的生态学：马克思主义思想的后续效应和当代意义

"西方马克思主义"通过对自然辩证法的否定，使自身疏离于大家熟知的哲学传统，不仅否定自然和自然科学，而且否定马克思主义的自然异化概念。① 这样导致的结果是，西方马克思主义大部分具有唯心论的特征，表现为封闭的、严格的主客体概念和包括一切的内在关系，同时又排除所有自然过程。

斯洛文尼亚著名的左派哲学家斯拉沃热·齐泽克（Slavoj Žižek）认为："人们与日俱增的对生态问题的认识不能称作是马克思主义思想家对恩格斯自然辩证法的复兴，相反，辩证唯物主义/自然主义是一种内在的反生态学哲学……在这里唯物辩证法（更大范围的唯物主义科学）变成了敌人。"② 不仅自然辩证法，而且任何唯物主义的自然概念都被否定。与施密特一样，齐泽克声称："因此，我们应该拒绝青年马克思对主体的生产力或潜力和它本质属性的庆祝"，他的关于自然主义和人道主义的方程式，包括这个方程式在古希腊思想中的根源。他给出的原因是人类是"反自然的"，在资本主义制度下，生态学已经成了"一种群众的新式鸦片"。③

福斯特认为，在第一阶段生态学社会主义和第二阶段社会主义之间的辩论——考虑到马克思自己的分析——在整体上以支持建立在马克思的基本观点上的后者而结束。社会主义思想家以基于人类世为特点的地球边界向前发展了关于新陈代谢断裂的强有力的批判。④ 这一新的批判视角连接着地面运动，不仅马克思价值理论的生态本质被揭露出来，而

---

① John Bellamy Foster, Marxism in the Anthropocene: Dialectical Rifts on the Left, *International Critical Thought*, Vol. 6, Issue 3, 2016, p. 399.
② John Bellamy Foster, Marxism in the Anthropocene: Dialectical Rifts on the Left, *International Critical Thought*, Vol. 6, Issue 3, 2016, p. 399.
③ John Bellamy Foster, Marxism in the Anthropocene: Dialectical Rifts on the Left, *International Critical Thought*, Vol. 6, Issue 3, 2016, p. 400.
④ John Bellamy Foster, Marxism in the Anthropocene: Dialectical Rifts on the Left, *International Critical Thought*, Vol. 6, Issue 3, 2016, p. 401.

且他的生态危机的概念也完全地被揭露了,新陈代谢断裂——连接着他的社会新陈代谢概念和普遍的自然新陈代谢概念。① 最近更多的研究强调马克思和恩格斯关于热力学的应用,和感官上的美学,显示了他们生态思想的全貌。②

第二节 其他国家和地区的生态学马克思主义代表

世界范围内,生态学马克思主义已经成了一个受到广泛关注和接受的流派和思想。除福斯特和奥康纳两个阵营外,在西方欧美国家都出现了具有生态学马克思主义性质的学者,介绍和对比他们各自的生态思想对于我们研究全球范围内的生态学马克思主义具有重要的理论意义和实践意义。

一、本·阿格尔:期望破灭的辩证法和与美国民粹主义的嫁接

本·阿格尔(Ben Agger)是生态学马克思主义的主要倡导者之一,在生态学马克思主义的发展过程中,他起了关键性的作用。在其经典著作《西方马克思主义概论》一书中,阿格尔指出,在20世纪末,资本主义的经济危机已发展为生态危机,并由生态危机取代。阿格尔的贡献在于:(1)提出了"生态学马克思主义"概念。在20世纪60、70年代的西方世界中,现实的生态和环境问题,由此激发出的保护生态环境的

---

① John Bellamy Foster, Marxism in the Anthropocene: Dialectical Rifts on the Left, *International Critical Thought*, Vol. 6, Issue 3, 2016, p. 401.

② John Bellamy Foster and Paul Burkett, *Marx and the Earth: An Anti-critique*, Boston, MA: Brill Press, 2016, pp. 150 – 160.

第五章 福斯特和奥康纳的生态学：马克思主义思想的后续效应和当代意义

意识和运动以及由生态危机引发并加深的笼罩在西方社会人们内心深处的世界末日情绪近乎从天而降，令人措手不及。在这样的社会背景下，正是阿格尔第一次公开地预言了将作为未来马克思主义主流形态的"生态学马克思主义"思潮即将到来。（2）尝试建立"生态学马克思主义"研究范式。阿格尔创立概念，形成判断，开展了属于他的"生态学马克思主义"研究。①

阿格尔是从分析资本主义社会的危机理论入手，来开始重构历史唯物主义的，具体为"通过分析资本主义生态危机和消费危机产生的根源，以生态、需要和消费三者之间的矛盾运动来建构他的生态学马克思主义理论"②。阿格尔是以他创立的"异化消费"和"期望破灭的辩证法"两个概念来深化他对"资本主义与生态的关系"的研究的。在阿格尔看来，"异化消费"是强化资本主义生态危机的直接根源，"期望破灭的辩证法"的动态过程能为朝向社会主义的变革提供强有力的动力。③

阿格尔和威廉·莱易斯同是生态学马克思主义承上启下的代表人物。他们不仅使生态学马克思主义从一种学院派的理论变成了一种与现实密切结合的理论，而且使生态学马克思主义真正从西方绿色运动中分化出来，而与社会主义革命汇合在一起。在生态学马克思主义者中，阿格尔较早旗帜鲜明地提出生态危机的出现表明资本主义的具有无限倾向的生产能力与生态环境有限的承受能力之间存在着尖锐的不可克服的矛盾，这一矛盾将导致人们对资本主义的"期望的破灭"（shattered expectations），并由此引发社会主义革命。阿格尔还与威廉·莱易斯一起，使

---

① 郭剑仁：《西方生态马克思主义的得与失》，见复旦大学当代国外马克思主义研究中心编：《当代国外马克思主义评论》，人民出版社2011年版，第57页。

② 王雨辰：《生态辩证法与解放的乌托邦》，载《武汉大学学报》（人文科学版）2006年第3期，第134—139页。

③ 郭剑仁：《西方生态马克思主义的得与失》，见复旦大学当代国外马克思主义研究中心编：《当代国外马克思主义评论》，人民出版社2011年版，第57页。

生态学的马克思主义成了较为完整的理论体系。生态学马克思主义在他们两人那里，不仅包括当代资本主义危机理论、资本主义批判理论，而且还有关于社会主义革命的动力、道路、策略的理论，以及关于生态社会主义较完整的构想。

通常认为，生态学马克思主义有三个方面的理论来源：一是马克思主义关于人与自然相互关系的理论；二是生态学、系统论、未来学的理论成果；三是法兰克福学派的理论。阿格尔与其他的生态学的马克思主义者不同之处在于，他不是只同其中的一个方面的理论有渊源关系，而是较为全面地继承了这三个方面的理论，也就是说，他把这三个方面的理论同时吸收到自己的理论体系之中。

阿格尔认为历史的变化已使马克思原先关于只发生在工业资本主义生产领域的危机理论失效了。马克思的危机理论之所以失效，一个重要的原因是马克思过高估计了 19 世纪末资本主义危机趋势的严重性，而过低估计了资本主义生产方式的再生性，没有预见到资本主义在其以过快的速度积累资本以致难以有效利用的内在固有趋势中，还有继续生存的能力。随着马克思的资本主义危机理论的过时，从中衍生出的对资本主义危机的两种解释也相应失去了时效。第一种是第二国际和第三国际的一些理论家的经济决定主义；第二种是早期法兰克福学派的批判理论。然而，在阿格尔看来，马克思的资本主义危机理论以及从中衍生出的他的继承人对资本主义危机的两种解释的过时，并不表明当今资本主义的危机已消失。

阿格尔指出，正是在重新探索资本主义的危机理论的过程中，形成了生态学马克思主义。他的《西方马克思主义概论》这部著作的最后一章最后一节的标题就是"走向生态学的马克思主义"[①]。他还预言，在未来，生态学的马克思主义将成为马克思主义的主流，成为指导社会变革

---

① 本·阿格尔：《西方马克思主义概论》，中国人民大学出版社1991年版，第486页。

第五章 福斯特和奥康纳的生态学：马克思主义思想的后续效应和当代意义

的一种主要马克思主义理论。他说道："80年代的大规模的社会变革可能会表现为一种'生态学马克思主义'。"① 在阿格尔看来，生态学马克思主义的基本观点就是确认当今资本主义社会"危机的趋势已经转移到消费领域，即生态危机取代了经济危机"，"资本主义由于不能为了向人们提供缓解其异化所需要的无穷无尽的商品而维持其现存工业增长速度，因而将触发这一危机"②。

阿格尔认为生态学马克思主义的独创之处是提出了一种"破坏了的期望的辩证法"（the dialectic of shattered expectations）作为社会变革模式，以取代根植于传统马克思主义的资本主义危机理论中的社会变革模式。而正是这一"破坏了的期望的辩证法"使传统马克思主义的资本主义危机理论得以恢复活力，也正是在这一"破坏了的期望的辩证法"的动态过程中，我们看到了进行社会主义变革的强大的动力。

阿格尔对生态学马克思主义的阐述，始终紧密结合北美，特别是美国的实际。通过结合美国的现实来研究生态学马克思主义，他得出的一个基本结论是，生态学马克思主义能够而且应该嫁接到美国的民粹主义上去。他提出美国民粹主义的民主气质可以作为生态激进主义的出发点，"民粹主义可以使马克思主义传统以这样一种方式美国化，即以传统的美国人对实行高压统治的政府和对广泛存在的官僚主义的不信任态度为基础把马克思主义传统美国化"③。由于在阿格尔看来，批评分工和官僚化是解决生态危机的关键，所以生态学的马克思主义与民粹主义在批评分工和官僚化上的结合也就是在解决生态危机上的结合。基于这一认识，他又这样说道："民粹主义（消费者破碎了的期望）和马克思主义（对资本主义的激进批判）可以通过正确评价企图解决资本主义生态

---

① 本·阿格尔：《西方马克思主义概论》，中国人民大学出版社1991年版，第268页。
② 本·阿格尔：《西方马克思主义概论》，中国人民大学出版社1991年版，第316页。
③ 本·阿格尔：《西方马克思主义概论》，中国人民大学出版社1991年版，第337页。

危机的努力所开辟的社会主义前景而结合在一起。"①

在阿格尔的生态学马克思主义理论体系中，最有吸引力的就是关于把生态学马克思主义嫁接到美国的民粹主义的论述。他醉心于"北美马克思主义"的建设。尽管这不失为一种探索，但正如许多评论者所指出的，这过于浪漫了，仅是乌托邦式的臆想。

二、威廉·莱易斯：控制自然与异化消费

威廉·莱易斯（William Leiss）是北美著名的生态学马克思主义者，师承法兰克福学派的马尔库塞，他是法兰克福学派的批判理论与生态学马克思主义之间的桥梁。但是，真正使莱易斯广为人知的是阿格尔，正是阿格尔在《西方马克思主义概论》一书中提出了生态学马克思主义的概念，并介绍了当时还鲜为人知的莱易斯的《自然的控制》和《满足的极限》这两部著作，以作为生态学马克思主义的代表作。阿格尔认为，对生态学马克思主义的观点"表述得最清楚、最系统的"是莱易斯②。生态学与马克思主义相结合，并在20世纪80年代于西方左翼中产生影响，发展成为一种新社会运动，与莱易斯，特别是与他的这两部著作，不无关系。

莱易斯在生态学马克思主义中的主要贡献是旗帜鲜明地主张用马克思主义透视绿色理论，致力于马克思主义与生态学的结合。正是从他开始，一些生态主义者又公开地、明确地自称是马克思主义者。

莱易斯认为导致现当代社会生态危机的原因是多方面的：首先是观念层面的原因。莱易斯认为"控制自然"的传统观念是生态危机的深层根源。莱易斯把人们对生态危机问题的看法归结为两大类。一类观点认为生态问题基本上或主要是经济方面的问题，当人们把环境质量看作一

---

① 本·阿格尔：《西方马克思主义概论》，中国人民大学出版社1991年版，第339页。
② 本·阿格尔：《西方马克思主义概论》，中国人民大学出版社1991年版，第308页。

第五章 福斯特和奥康纳的生态学：马克思主义思想的后续效应和当代意义

种可以购买的商品、把环境问题看作一个经济代价核算问题的时候，这种观点仅仅把自然看作满足人类需要的一个对象或客体，实际上是"人类中心主义"价值观的体现，这种观点潜藏着对市场机制和现代工业技术革新能力的高度信任。市场机制与技术革新并不能从根本上解决生态危机；环境问题绝不仅仅是一个经济成本或经济代价的核算问题。另一类观点认为人们对科学技术的盲目崇拜是导致生态危机的根源，认为科学与技术的发展是一切生态危机的祸首。[1] 在莱易斯看来，生态危机的问题既不单纯是经济方面的问题，也不是科学技术本身的问题，而是支配人类行为的观念问题，是"控制自然"的观念问题；实际上，在关于生态危机的上述两类观点的背后都潜藏着"控制自然"的观念。生态危机最深层的根源乃是数千年来人类控制自然的观念，科学技术正是在这一观念的支配下发挥对自然的控制作用的。

如果说在《自然的控制》一书中，莱易斯主要论述的是资本主义制度下技术运用必然会造成生态危机这一问题的话，在《满足的极限》一书中莱易斯着力解决的则是通过阐发人的需要和商品的辩证关系为"解决'高集约度的市场布局'（High-Intensity Market Setting）中人类需要的不断膨胀问题提供一种解决方案"[2]。莱易斯把当代资本主义社会称为"高集约度的市场布局"的社会，它主要包括北美、西欧和日本等发达资本主义国家，其含义是指能够通过建立在科学技术之基础上的工业生产体系给人们提供大量商品供应的社会，其首要信条是经济应当持续膨胀以便为消费者提供种类不断翻新的商品，以满足消费者的需要，这就意味着商品和人的需要二者的辩证运动必然会对生态环境产生负面影响。分析它们之间的联系，并找寻解决生态危机的办法成为莱易斯在《满足的极限》一书中的主题。

---

[1] William Leiss, *The Domination of Nature*, McGill-Gueen University Press, 1994, p. 117.

[2] William Leiss, *The Limits to Satisfaction*, McGill-Gueen University Press, 1988, p. 7.

莱易斯认为生态学马克思主义的社会改革方案并不是要倒退回人的原始状态去，放弃现代文明的一切成果，而只是力图改变其某些生产活动和消费活动的方式的辩解，具有一定的说服力。莱易斯提出了建立一个"较易于生存的社会"的目标。莱易斯强调"较易于生存的社会"从其思想来源可追溯到傅立叶和马克思，因为他们较早意识到了生态限制，而主张对现存社会进行根本性的变革。所谓"较易于生存的社会"就是继承和发展这些思想传统的结果。那么，"较易于生存的社会"具有什么特点呢？莱易斯从如下几个方面展开了论述。首先，"较易于生存的社会"要重新改变社会政策，抛弃在幸福标准上单纯重视量而代之以质的标准。其次，"较易于生存的社会"并不关注社会在特定条件的影响下国民生产总值的波动，如增长或下降，它关注的是如何通过重新配置资源和改变社会政策，使满足人的需求的问题不被仅仅归结为消费活动的功能。最后，"较易于生存的社会"并不是要人们回到那种穷乡僻壤的艰苦环境中，也更不认为早期人类社会就实现了人和人、人和自然之间关系的和谐。"较易于生存的社会"的着力点是要使人们从异化消费中摆脱出来，改变那种根据疯狂的消费确定人的幸福的异化现象，理顺需要、商品和幸福的关系，使人们到富有创造性的生产活动中寻求满足和幸福，莱易斯认为对上述问题的探讨还主要是拘泥于狭隘的人类中心主义的范围内，还必须进一步从人类同生物圈的关系出发探讨人的需要问题。①

三、戴维·佩珀：马克思的生态思想比历史任何时候都更需要

戴维·佩珀在其《生态社会主义：从深生态学到社会正义》一书中文版出版时，特意写了"中文版序言"。在"序言"中，他指出，"当《生态社会主义》一书的中文版即将在它英文版首版十一年后面世之际，

---

① William Leiss, *The Limits to Satisfaction*, McGill-Gueen University Press, 1988, pp. 112–116.

第五章　福斯特和奥康纳的生态学：马克思主义思想的后续效应和当代意义

我们被告知，社会主义和共产主义已经死亡"，"这一观点认为，它们在当今全球化的世界中已不再具有相关性，其中，围绕着工业化与现代化成果的阶级斗争已经被由工业化和现代化引起的环境与其他风险分配的争论所代替"。事实果真如此吗？他接着马上明确地说道："尽管上述论点中包含着某些真理性的因素，但它们在总体上是立足于一个极端错误和夸大其词的立场上的。"① 在他看来，全部的关键在于，"事实上，由于'全球化'正在带来的经济、社会和环境威胁，社会主义和共产主义理论与实践变得比以往任何时候都更需要"②。他的意思是说，全球化正使整个世界在当代比以往任何时候都更需要"社会主义和共产主义的理论与实践"。而"社会主义和共产主义的理论与实践"是与马克思主义密切不可分的，所以这也意味着我们这个世界在当今比以往任何时候都更需要马克思主义的理论与实践。

当1992年全球高峰会议在里约热内卢召开之际，一些绿色运动的领导人满怀着希望也参加了会议，但他们大多深感失望，他们宣布："对高峰会议开得如此苍白，毫无成果感到失望"。佩珀向这些绿色分子提出你们为什么会感到失望呢？在佩珀看来，他们感到失望则"意味着他们原先在一定程度上寄希望于世界上最富裕的国家牺牲它们的一大部分财富，尤其是放弃获取财富的手段来帮助最贫穷国家，以保护这些贫穷国家为了在世界体系中有立足之地而必须破坏的环境"③。佩珀认为自己与这些绿色分子不同，没有对这一会议的结果感到失望，因为这些结果"是在他的意料之中"。他这样说道，人们应当意识到，"作为资本主义国家的美国、欧共体和日本等国家和地区，它们倘若不从根本上改变

---

① 戴维·佩珀：《生态社会主义：从深生态学到社会正义》，刘颖译，山东大学出版社2005年版，第1页。

② 戴维·佩珀：《生态社会主义：从深生态学到社会正义》，刘颖译，山东大学出版社2005年版，第1页。

③ David Pepper, *Eco-Socialism: From Deep Ecology to Social Justice*, London and York, Routledge, 1993, p. XI. 本文在翻译时，参阅了由刘颖译的中译本。

其性质,就不可能以认真而持久的方式做到这一点",即通过牺牲自己的经济发展来帮助贫穷国家保护生态环境。①

面对一些绿色分子对马克思主义的如下指责:马克思主义是僵死的、不灵活的、决定论的、机械论的、历史观过分"科学化的";马克思主义缺乏人性主义与精神向度;马克思主义是一本包含一系列大多数业已证明是错误的和在前瞻与含义上具有极权主义性质的预测的圣经。他说:"我所理解的马克思主义表明,这些批评通常是部分或全部的胡说八道。"②他认为,事实上,马克思主义并不是这样一种理论。"马克思主义分析的各个方面已经被证明是有用的和有效的,以至于身处西方国家的我们这些人在一定程度上都是'马克思主义者'","就我们所思考问题的方式而言,我们已经吸收了马克思主义观点的许多成分"③。他着重从马克思主义理论与生态建设的相关性来加以说明。

在他看来,尽管不能认为存在着一个马克思主义的生态流派,但无疑,"马克思主义确实以一种虽然比较含蓄但颇具意义的方式包含了足够的生态学观点"④。他完全赞同维兰特科(J. D. Vaillancourt)的这一判断:"马克思和恩格斯是人类的、政治的和社会生态学的先驱。"⑤

佩珀指出,打开马克思和恩格斯的著作,无论是恩格斯的《英国工人阶级的状况》还是马克思的《资本论》,都可以非常清楚地看到,他

---

① David Pepper, *Eco-Socialism: From Deep Ecology to Social Justice*, London and York, Routledge, 1993, p. XI.

② David Pepper, *Eco-Socialism: From Deep Ecology to Social Justice*, London and York, Routledge, 1993, p. 3.

③ David Pepper, *Eco-Socialism: From Deep Ecology to Social Justice*, London and York, Routledge, 1993, pp. 59-60.

④ David Pepper, *Eco-Socialism: From Deep Ecology to Social Justice*, London and York: Routledge, 1993, p. 61.

⑤ David Pepper, *Eco-Socialism: From Deep Ecology to Social Justice*, London and York: Routledge, 1993, p. 62.

第五章 福斯特和奥康纳的生态学：马克思主义思想的后续效应和当代意义

们在那个时候就已经提醒人们，"对于多数人来说，19世纪的环境问题明显是由社会破坏所带来的难题"。他们认定，"环境问题主要由日益与城市化和资本主义工业化联系在一起的经济剥削所带来的"。佩珀借用帕森斯（Persons）的话说："如果马克思和恩格斯生活在今天，我们可以合理地假设，他们将会更加有力和明确地阐明他们自己关于人和自然辩证关系的生态方面。"①

佩珀进一步强调，纵观当今的马克思主义队伍，也不是所有的马克思主义者都能看清和把握马克思主义理论的生态意蕴。他把当今的马克思主义者概括为四个派别：其一"教条主义"学派；其二"人本主义"学派；其三信奉批判理论的法兰克福学派；其四"生态学社会主义"学派。在他看来，只有最后一个学派即"生态学社会主义"学派才能够看清楚和把握马克思主义理论的生态意蕴。佩珀在《生态社会主义：从深生态学到社会正义》一书中对马克思的生态学上的贡献作了如下概述："马克思主义对资本主义进行了透彻的分析，但马克思主义事实上能为绿色分子提供远比此更多的东西，虽然马克思主义对资本主义所做出的分析对这些绿色分子也很重要。在社会与自然的关系上马克思主义主张一种辩证的观点，这不同于生态中心主义者和技术中心主义者同时构成了对这两者的挑战。马克思用历史唯物主义的方法来分析社会变革，而这种历史唯物主义的方法应当贯穿于整个绿色战略。……马克思主义信奉社会主义，而且在像我所主张的那样，马克思所说的社会主义在很大程度上是人类中心主义的，以至于完全有理由强调：自然的权力（生物平等主义）倘若没有人类的权利（社会主义）是毫无意义的。"② 这段话可以视为佩珀对马克思理论的生态内涵的

---

① David Pepper, *Eco-Socialism: From Deep Ecology to Social Justice*, London and York: Routledge, 1993, p. 64.

② David Pepper, *Eco-Socialism: From Deep Ecology to Social Justice*, London and York: Routledge, 1993, p. 3.

概述。

尽管佩珀不像福斯特那样明确肯定马克思的哲学无论是在本体论意义上,还是在认识论意义上都是唯物主义,而马克思的生态理论完全根源于这种唯物主义,但他也同样强调"马克思解释社会如何演变的方法从根本上来说是唯物主义的"[①]

四、安德列·高兹:超越经济理性,实现政治学与生态学的结合

安德列·高兹(Andre Gorz),法国左翼思想家、萨特的学生、《新观察家》周刊的创始人,他既是存在主义的马克思主义的重要代表人物,又是生态学马克思主义的主要理论家。在全球性问题日益凸显的大背景下,高兹的生态学社会主义主张以马克思主义的方法重新检讨人类与自然的关系,指出资本主义制度是生态危机的根源,资本主义的出路是社会主义,这方面与福斯特的观点有些类似。但是,不同的是,高兹从全球范围看待生态问题,主张生态学只有与政治学结合起来,用政治手段去解决现实的生态问题,才有实践意义。同样,政治学也只有与生态学结合起来,才能更好地发挥自身的政治作用。生态学注重人与自然的关系的探讨,政治学注重人与人的关系的分析,只有生态学与政治学的结合才能达到对社会、人与自然三者之间的正确认识。

高兹广泛地吸收了存在主义、精神分析学、马克思主义和法兰克福学派诸多理论,《叛逆者》一书是高兹详细考察他与自身、与周围环境、与社会整体之间关系的历史的代表作。其思想的发展经历了存在主义马克思主义和生态学马克思主义这两个既相互区别又相互联系的阶段。高

---

① David Pepper, *Eco-Socialism: From Deep Ecology to Social Justice*, London and York: Routledge, 1993, p. 67.

兹在这两个阶段所做的理论研究的主要内容不同，视角有重大转移。存在主义马克思主义侧重个性问题、人的非理性和个体性，远离现实生活；生态学马克思主义关注全球问题、人类整体的解放、人与自然的协调，在现实问题的应对方面更加有力。但这两个阶段之间渗透着或明或暗的精神联系，具有内在精神上的契合性甚至一致性。高兹的生态学马克思主义具有存在主义马克思主义的底色和基调，高兹的生态学马克思主义与存在主义马克思主义在"以人为本"上是一致的，差异只在于由关注个人的解放转向关注人类整体的解放，这是高兹理论思想的内在逻辑的发展和现实社会变化的结果。

劳动分工在提高劳动生产率的同时，也带来了严重的消极后果。按照马克思的分析，劳动分工使雇用劳动者成为片面的人，加深了雇用劳动者对资本家的依赖。高兹运用马克思《资本论》中批判劳动分工的理论考察当代资本主义社会，高度重视马克思把劳动分工视为由资本主义的生产目的所决定的思想，指出"马克思似乎是看到了今天的情况才对劳动分工提出批判的"。在高兹看来，资本主义的劳动分工不仅是一种生产技术问题，也是一种统治关系、等级关系。科学技术在意识形态上不是中立的，而是融合在资本主义生产关系中，打上了体力劳动与脑力劳动分工的资本主义印记。"正是工厂的技术，把某种劳动的技术分工强加于人，这种技术分工转而需要某种服务的类型、等级制和专制统治。"①

五、瑞纳·格伦德曼：人类中心主义

瑞纳·格伦德曼（Reiner Grundmann）从界定生态问题的立场出发，树立人类中心主义自然观，赋予"支配自然"积极的含义，重构历史唯

---

① Andre Gorz, *Critique of the Labor Division*, London, 1978, p. 176. 转引自吴宁：《高兹的生态学社会主义》，载《南京政治学院学报》2006 年第 5 期。

物主义，提倡以马克思主义为指导来阐释和解决当代生态问题，为马克思主义的人类中心主义正名，开创了人类中心主义的生态学马克思主义。

在格伦德曼看来，人类中心主义比生态中心主义更能够确立一个清晰的标准，以供我们判断现存的生态现象和解决生态问题[①]；应从人类中心主义的立场来界定和阐释生态问题，纯粹从自然的立场来看待生态问题的生态中心主义是错误的，理由如下：第一，对生态问题的考察以一定的文化背景作为标准；第二，人与自然的关系以及人的存在二重性要求人们必须在改造自然中求生存；第三，生态中心主义的缺陷。

格伦德曼认为，马克思对"支配自然"概念作了最令人信服的表述。首先，马克思确实有"控制自然"的思想，但这种"控制"是在遵循自然规律的前提下进行的，是与人类及其后代的利益和需要联系在一起的。格伦德曼认为，马克思的"控制自然"观表明人类在充分认识自然规律的前提下利用科学技术尽可能地利用大自然为人类造福，马克思设想的共产主义社会就是人类成功支配自然、生产力高度发达的社会。这是对环境主义指责马克思反生态的一个有力反击，扭转了人们对马克思的误解，还原了马克思的本来面目。

其次，对马克思来说，"支配"概念只有在与利益和需要相联系时才是有意义的。一个社会如果无法充分考虑到其对自然的改造给自己所带来的深远影响，那么很难说它支配了自然。就像一位小提琴家演奏技艺炉火纯青、完全支配着乐器，这既不是指人以无意识方式对待乐器，也不是指一个熟练的演奏者可以用铁锤敲击的方式来控制乐器，而是在了解乐器的结构、性能、特点和功能的基础上通过自己的

[①] Reiner Grundmann, The Ecological Challenge to Marxism, *New Left Review*, 1991, p. 112. 转引自吴宁：《瑞纳·格伦德曼生态学马克思主义思想评析》，载《鄱阳湖学刊》2016 年第 2 期。

精湛技艺来演奏和谐、美妙的乐章。人类对自然的支配也应该是同一意义上的。在通常的意义上，生态危机被看作人类支配自然的结果，而在这里"支配自然"发生了转义，被看作恰恰是人类缺乏这种支配的结果。

再次，马克思将支配自然的概念与其共产主义的构想联系起来。格伦德曼指出："一个能够在自然环境中控制自身活动的社会才能称其为共产主义。"① 他赞同马克思对共产主义的设想："对马克思而言，共产主义社会是一个以合理方式规范人类同自然进行交换的社会，任何存在着严重生态问题的社会都不能称其为共产主义社会"。② 格伦德曼将马克思的合理的社会蓝图即共产主义社会的特征归纳为："一是废除私有制；二是消灭阶级、消灭阶级剥削和阶级压迫；三是普遍化的幸福感；四是普遍化的物质财富；五是消除周期性的经济危机；六是增加闲暇时间；七是回到使用价值的生产；八是构成人类总体的每一个人都能有意识地控制自己的劳动产品。"③ 在共产主义状态下，人类第一次能够获得完全的自我实现，自然和社会都是人类有意识的共同控制的产物。因此，共产主义是人类不断增强的支配自然过程所达到的理想。

最后，马克思"控制自然"的思想对我们今天进行生态文明建设具有重要的指导意义。生态文明建设要求我们尊重自然规律和维护生态平衡，但这并不是要我们追随环境主义的思潮、停止发展，而是在尊重自然的基础上发展生产力，提高国民的物质和精神生活水平。格伦德曼认为，包括人类在内的自然界是一个完整的有机系统，它的整体性决定了人类利益与自然利益的统一，人类保护自然、维护生态系统的完整性同维护人类自己的生存权是一致的。

---

① Reiner Grundmann, *Marxism and Ecology*, London: Oxford University press, 1991, p. 11.
② Reiner Grundmann, *Marxism and Ecology*, London: Oxford University press, 1991, p. 232.
③ Reiner Grundmann, *Marxism and Ecology*, London: Oxford University press, 1991, p. 262.

第三节　人类世时代生态学马克思主义的演进[①]

一、引言

自然科学家将"人类世"命名为一个新的地质学纪年,这被看作"第二次哥白尼式的革命"。虽然"人类世"至今尚未得到科学共同体的正式认可,但是它从根本上改变了人类感知人与地球关系的方式[②]。在许多方面,人类世概念背后的核心思想已经存在了很长时间,人类已经成为扰乱地球系统的主要地质力量。然而,社会主义思想家在最开始就发挥了批判的作用。19世纪40年代,马克思和恩格斯曾声称地球上已经没有一处是人类没有触及的地方,或许除了最近少量的刚刚升起的珊瑚礁。人类世(Anthropocene or Anthropogene)这个词,首次是在20世纪20年代在苏联地质学家阿列克谢·巴甫洛夫(Aleksei Pavlov)[③]的分析中提出来的。与苏联地理化学家弗拉基米尔·I. 沃尔纳德斯基(Vladimir I. Vernadsky)一样——沃尔纳德斯基在同时期著有其伟大的著作《生态圈》——巴甫洛夫坚持认为人类在20世纪已经越来越成为一股改变整个生态圈的地质学力量。

在20世纪70年代早期,美国的社会主义生态学家巴里·康芒纳得出了一个相关结论,却是一个只适合他自己时代的结论。在他的著作

[①] 本译文发表在《国外理论动态》2017年第7期,发表时有删减。约翰·贝拉米·福斯特著。原文发表于 International Critical Thought(中文名是《国际思想评论》),Vol. 6, No. 3, 2016, pp. 393–421。

[②] 施勒恩胡伯(Schellnhuber)倾向于使用地球系统分析概念而不是人类世概念。然而,时至今日这两个概念难分难解,因此,这一表达适用于人类世的概念。

[③] 在尚策尔(Shantser)的《伟大的苏联百科全书》文章中,巴甫洛夫的人类世概念首次以英文出现。

第五章 福斯特和奥康纳的生态学：马克思主义思想的后续效应和当代意义

《封闭的循环》中，康芒纳坚持认为，人类与地球之间关系的根本性破坏是由于在第二次世界大战期间随着原子能的兴起和合成化学品的扩散，大量生产的结果，进而导致了生态环境的加速退化。在70年代，沃尔纳德斯基的生态圈概念——长期被西方忽视——曾经是《科学美国》期刊的一个特殊问题的主题。

正如克莱夫·汉密尔顿（Clive Hamilton）和雅克·格林瓦尔德（Jacques Grinevald）观察的那样，人类世"是一个在地球自然历史过程中的人为的断裂，而不是在人类中心主义生态圈的进一步发展"。① 它代表在生产领域中的量变的转化，超越人类历史过程实现质的飞跃，体现为一种全球性的"断裂"。这是由当今著名的自然物理和社会变化图表所描述的，描绘了自1945年以来的"大提速"（the Great Acceleration），因此，所有主要的生物和社会变化的测量都显示为遵循曲棍球棒的模式，包括众所周知的二氧化碳排放量的增长。人类世的地理学"金色道钉"（Golden Spike）现在逐渐地被确定为在1945年之后的时期，伴随着"大提速"，人类对地球的破坏，最明确的地层痕迹是在核武器测试的放射性核素中被发现的②。

第二次世界大战后出现的"大提速"并不是偶然的，它伴随着同一时期全球环保运动的发展，并最终导致了科学家们现在称作的"人类世时代"的开启。自20世纪50年代以来，环保斗争首先由科学家们发起，旨在反对原子核裂变实验，然后逐步蔓延到反对杀虫剂的使用和更一般的生态问题，尤其是蕾切尔·卡逊（Rachel Carson）的《寂静的春天》的出版。在接下来的半个世纪里，随着全球生态矛盾的日益恶化，环保运动越来越关注全球的紧急情况。

今天，世界处在"资本主义更年期"（Great Climacteric）的中期，

---

① Hamilton, C., and J. Grinevald, Was the Anthropocene Anticipated? *The Anthropocene Review*, 2015, 2 (1), pp. 59–72.

② 从一个长远的角度上看，地质学上的"金色道钉"将地球的每一个主要时期分开。

表现为人类世的到来，这是一个过渡时期的巨大结果，伴随着被称作"生态启蒙时代"的出现。现在的问题是：马克思主义思想家们和通常意义上的左翼，如何应对人类世的到来（例如，在地球系统里新的人类中心主义断裂的出现），这个挑战如何与由于人类生产引发的历史条件的改变相关联？马克思主义必须提供什么样的智慧来处理这些新的变化和新的危机？

回答这些问题是不容易的。况且，马克思主义思想在这个领域的许多方面仍然表现为由于社会主义理论中长期存在的分歧而带来的分歧状态，这个状态正在快速发展并且正走向更高层次的综合，这个现象的出现大部分原因归咎于冷战，并且随着近期新左翼力量的抬头与社会建构论和后现代主义联系起来。本书将要论述的是尽管马克思的政治经济学与他的生态学之间的关系在过去15年的辩论中已经得到了很大的澄清，而且马克思自己独特的生态批判现在已经被广泛认可，现在的辩论已经转向了自然和社会本身的辩证法。这导致了在那些致力于自然和社会辩证法的人和那些致力于激进社会的人之间在生态左翼分析方面出现了不断扩大的鸿沟，然而，一元论的观点不能完全地融入整体性。

二、人类世时代的马克思主义生态学思想（1945— ）

如果我们察看一下从"二战"以来尤其是英语世界的马克思主义生态学分析的历史，会看到一连串的关键的发展和争论，围绕马克思自己的生态学地位，分为第一阶段和第二阶段生态学社会主义分析。此外，今天这个长达几十年的在第一阶段和第二阶段生态学社会主义之间的辩论正在被一个关于生态辩证法的更深远的和关系到革命实践的争论所取代。

（一）1950年代到1970年后期：社会主义与生态学

生态学思想随处可见，尤其是在"二战"结束之后，随着人类

第五章　福斯特和奥康纳的生态学：马克思主义思想的后续效应和当代意义

世的出现，一种预示了 20 世纪 60—70 年代马克思主义的环境视域的出现，这些从一些著名学者的著作中折射出来，例如：K. 威廉·卡普（K. William Kapp），巴里·康芒纳，弗吉尼亚·布罗丁（Virginia Brodine），赫伯特·马尔库塞（Herbert Marcuse），保罗·斯威齐，霍华德·帕森斯（Howard Parsons），查尔斯·安德森（Charles Anderson）和阿伦·施耐伯格（Allan Schnaiberg）。社会主义和激进的环境运动被视为有机地联系在一起，这就是左翼力量对环境保护的主要贡献。

（二）1970 年代后期到 1990 年代后期：生态学社会主义

与马克斯·霍克海默（Max Horkheimer）和西奥多·阿多诺（Theodor Adorno）联系在一起的支配自然的否定辩证法在 20 世纪 70 年代开始慢慢地渗透到英语世界里，这个现象的发生要归因于阿尔弗雷德·施密特（Alfred Schmidt）的《马克思的自然概念》（1971）被翻译成英语出版，而这本著作起初是在 1962 年以德文出版。20 世纪 70 年代晚期至 90 年代，这一思潮的发展特征被称作"西方马克思主义"，他们反对自然辩证法（与恩格斯相关联，而不是马克思），因此，他们不仅与苏联式的马克思主义有距离，而且与所有与马克思主义和自然科学有联系的思想都有距离。追随霍克海默和阿多诺，在施密特的解释中，自然启蒙的支配地位指向了一个类似韦伯式（Weberian-like）的铁笼，无法逃脱[1]，据说，马克思本人也曾沦为牺牲品。阿多诺认为马克思"承认有一种对自然的绝对控制程序就像早期资产阶级一样"[2]。

马克思关于自然的批判与对自然辩证法的抛弃在 20 世纪 80—90 年代引发了两个不同传统的兴起。其中一个被称作"第一阶段的生态学社

---

[1] 关于韦伯的环境观点和他与法兰克福学派的关系，参见福斯特和霍利曼（2012）。
[2] Adorno, T., *Negative Dialectics*, New York: Continuum, 1973, p.244.

会主义思潮"①，这一思潮的代表学者有安德烈·高兹（Andre Gorz）、泰德·本顿（Ted Benton）、罗宾·艾克斯利（Robyn Eckersley）、詹姆斯·奥康纳、唐纳德·沃斯特、乔尔·科沃尔（Joel Kovel）、丹尼尔·班萨德和丹尼尔·塔努罗（Daniel Tanuro）。他们的特点是通过对马克思关于生态学的否定评价，企图将更加主流的绿色马尔萨斯主义概念与之相连。

这个时期出现的第二个有影响力的传统是具有激进性的地理学的自然生产的视域，尤其与尼尔·史密斯和诺埃尔·卡斯特里等思想家相关联的思潮，他们在很大程度上从与生态学社会主义的激烈辩论中分离出来。在这里，施密特关于"支配自然"的否定批判被更加积极的"自然生产"的观点所取代。这样的结果就是一个左翼的社会建构论（left social constructionism②）和社会一元论以政治经济学的视角把自然融合到社会中去。由于超社会建构论（hyper-social constructionism）的影响，自然生产的前景越来越与后现代主义的方法重叠，而越来越远离经典马克思主义——参见布鲁诺·拉图尔的著作和他关于社会与自然的"混合性"的论述。

（三）1990 年代后期至 2016 年：生态学马克思主义、一元论和辩证法

在 21 世纪的前 15 年里，从第一阶段生态学社会主义那里我们看到了一种被称作"第二阶段生态学社会主义"的分裂，这种分裂试图对马克思的生态学重建。在这个思潮中，保罗·伯克特、约翰·贝拉米·福斯特、埃尔玛·阿尔特瓦特（Elmar Altvater）、布雷特·克拉克、彼得·狄肯斯、安德烈亚斯·马尔姆和理查德·约克，他们试图回到马克思和恩格斯，从他们的经典政治经济学批判中寻找自己的生态学概念的

---

① Foster, J. B., and P. Burkett, *Marx and the Earth: An Anti-critique*. Boston, MA: Brill, 2016, pp. 2-3.
② 在这里，福斯特认为 constructionism 和 constructivism 是同样的用法。

第五章 福斯特和奥康纳的生态学：马克思主义思想的后续效应和当代意义

基础。这段时期最具戏剧性的发现是马克思的生态学价值分析和他的新陈代谢断裂理论。最近，我们看到在艾瑞尔·萨勒和帕米拉·奥迪的著作中有关马克思主义—生态女性主义的相关发展。这个基于马克思主义经典基础的新方法大部分与第一阶段的生态学社会主义是相对的，因此出现了第二阶段的生态学社会主义或生态学马克思主义。这最终引发了第三阶段的生态学社会主义，他们通过在地球系统中对发展中的生态断裂的研究，提出了一种进入生态学社会主义实践的新的理论视角。这有助于一个更加革命的生态运动的出现，美国生态学社会主义组织"制度变化而非气候变化"（System Change Not Climate Change）就是一个例证。

今天，第二阶段的生态学社会主义学者们开创了一种"现代合题"（modern synthesis）被广泛地接受[①]，这个合题将经典马克思主义与在很大程度上源自生态科学的现代生态批判辩证地结合起来。马克思的政治经济学生态价值形式特征的再发现——他的新陈代谢断裂概念和不等价生态交换的认识（生态帝国主义）——已经完全改变了全球沿着更加革命的方向进行生态辩论。今天几乎很少有人在涉及生态学社会主义讨论时会质疑马克思对资本主义生态批判的基础性的贡献[②]。

[①] "现代合题"的参考意味着回到达尔文主义与20世纪30年代的孟德尔式遗传学的合题，像朱利安·赫胥黎（Julian Huxley）和约翰·伯顿·桑德森·霍尔丹（J. B. S. Haldane）这样的遗传学家回到达尔文的起源学说，并描述那些新的知识不能代替自然选择的理论，但是提出了一个新的复杂的和重要的理论，为当今更充分地展示了达尔文经典理论的意义。今天，关于马克思和生态学的一个类似的过程正在发生。

[②] 之前各式的左翼生态思想没有一个完全消失。法兰克福学派对支配自然的否定辩证法自然地在某些方面坚持左倾，导致一种可怕的负面性，霍克海默认为人不能为了地球上合理的组织利用他们的力量征服自然，而是必须在环境和不可避免的操纵的强制下屈服自己并使个人和民族利己主义失去理智，他在2004年的专著《社会和自然：改变我们的环境，改变我们自己》中批判了这一观点，狄肯斯把霍克海默和阿多诺的"可怕的反启蒙批判"定义为纯粹的"悲观主义"。这种可怕的批判对马克思的解读具有负面的影响，而这些影响在某些方面仍然存在。因此，第一阶段的生态学社会主义——其中大部分的动机是企图尝试把自己从与马克思主义密切的关系中脱离出来——通过其重复的尝试中描绘马克思的生态学内在的"根本性的瑕疵"，从而在近些年里获得了第二条生命。

然而，生态学社会主义关于马克思的生态学的一般性观点——尤其是关于马克思的新陈代谢断裂理论——仅仅会带来与各式各样的超社会建构论、一元论的冲突，目前这些正在马克思主义、后马克思主义和后现代主义的圈子里发展。这种分析强调生态关系的日益统一，正如自然被认为包含在资本主义社会内部。因此，他们与最激进的环保主义者和生态学社会主义者在观点上不一致。自然生产的观点在环保主义和生态学社会主义之间的激烈辩论中很大程度上是独立的①，它们在过去30年，主要在激进的地理学中获得了一定的影响，表现为一种平行发展的趋势。这种理论主张几乎所有涉及环境的自然—社会问题（包括马克思本人的问题）的其他左翼方法都是以笛卡尔的二元论为特征②。

与此相关的是激进的混合体（hybridity）的社会建构论理论家们（有时偏向于"相关的"理论家），通过机器网络、人工产品、赛博格等来看待这个世界。或者正如拉图尔说的"怪物"。这些思想家同样坚持认为马克思主义在"自然—社会二元论"方面有致命的缺陷，马克思自己除了他的辩证法观点之外，也被认为深受其害。这样看来，正如拉图尔在行动者网络理论（ANT）中描述的那样，马克思没有感知到一个混合世界的存在。又如拉图尔在为生态现代主义突破研究所做的一次谈话中提到的那样，今天的目标应该是"爱你的怪物"。这样看来，"纷扰"或者技术的怪物，玛丽·雪莱（Mary Shelley）的科学怪人（Frankenstein）的现代版本，都只是我们和自然之间关系的一个正常

---

① 值得注意的是，史密斯在2008年继续撰写关于自然生产的文章时忽视了伯克特和福斯特的作品，同时卡斯特里仅仅是稍微提到了伯克特。隐含的假设是，施密特对马克思对自然的解释仍然有效，但是这在很大程度上被遗弃在其他地方。
② 关于笛卡尔二元论的斗争在哲学史上是由来已久的。只是最近才针对马克思和马克思主义。马克思的哲学观点，体现了辩证的批判现实主义/物质主义，对那些试图教条主义式地攻击二元论的人来说，几乎不是一个可能的目标。关于马克思的认识论及其与批判现实主义的关系参考巴斯卡（Bhaskar）。

部分，我们应该接受他们以及他们的后果，在拒绝环保主义的同时，赞成"政治生态学"，有意识地内化和束缚自然。由此拉图尔论证了诺德豪斯（Nordhaus）和谢伦伯格（Shellenberger）的"突破性"的整体概念的亲和力，例如，一种"后现代环境保护主义"，这一流派不仅没有挑战资本积累和无限制的经济增长，或接受自然极限的存在，而是强调机械/技术的作用，整合市场机制，作为一个完整的解决方案。①

因此，西方左翼与一元论（monism）/混合论（hybridism）之间不断的相互交流导致了在生态学马克思主义和激进社会一元论之间出现认识上的裂痕。拉图尔主义的马克思主义者越来越多地参与到大量的生态学马克思主义者的批判中，今天他们根植于对马克思的新陈代谢理论的分析。

三、生态学马克思主义与激进的生态学一元论

对于后现代主义左翼包括一些与自然生产/社会建构主义/混合主义传统（the production of nature/social constructionist/hybridist traditions）连接的马克思主义理论家们，他们声称环保主义者，包括生态学社会主义者是原始的大灾难的传播者，这一观点已经是很常见的事情。或者用尼尔·史密斯的话说："左翼启示录"（left apocalypticism）——正如他们认为自然或地球系统是一个可能退化的概念。

要理解在这里表现出来的深刻的理论差异，就必须认识到，通常被称为"西方马克思主义"的哲学传统通过拒绝自然和自然科学的辩证法，以及拒绝马克思的自然异化概念，在何程度上疏远了自己。其结果

---

① 在社会分析中否认自然物理和环境过程的倾向以及他们在社会中的理论吸收是由邓拉普（Dunlap）和马丁（Martin）在30多年前提出的，正如"一种新的决定论品牌——社会—文化决定论"的兴起。

就是西方马克思主义的辩证法在很大程度上具有了理想主义的特征，因此，不包括所有自然过程，只局限于主体—客体同一性和包罗万象的内部关系的概念。①

环保主义分析受到"西方马克思主义"传统的影响，为了迎合人类中心主义的一元论，展现出放弃唯物主义辩证法和批判现实主义的趋势。这样看来，如果笛卡尔的二元论被拒绝了，唯一的选择是采取一种与莱布尼茨更为密切相关的观点——连同他强调的先定和谐——而不是斯宾诺莎，更接近斯宾诺莎而不是马克思（或者黑格尔）。在这个转向社会一元论的过程中最经常丢失的是作为一个辩证的整体性概念对自然和社会之间复杂的调节关系的理解。这个结果排除了与马克思的社会主义概念相一致的可持续发展的人类社会的可能性。

在新后现代主义影响的左翼视角下，与历史唯物主义的自然概念彻底的分离是十分严重的。对于一个兼具黑格尔式—拉康主义—马克思主义的哲学家斯拉沃热·齐泽克而言，即使具有日益增长的生态问题意识也不能赋予马克思主义思想家们复活恩格斯的自然辩证法的权利。相反，辩证唯物主义/自然主义被说成一种内在的反生态学的哲学。参考马克思主义生态学家的频繁的争论，唯物辩证法"由于它把人类历史置于一个包罗万象的'自然辩证法'的一般性框架中……更适合于捕捉生态学问题"，齐泽克煞有介事地问："但事实确实如此吗？相反，那不是辩证唯物主义视野连同它的'自然客观规律'纠正一种冷酷的对自然的

---

① 贝尔特·奥尔曼（Bertell Ollman）有影响力的著作，用"内在关系的哲学"来解释马克思的辩证法，部分地说明了这种对内在关系的强调。借鉴莱布尼兹的形而上学和理想主义传统，特别是斯宾诺莎、黑格尔和怀特海，以及早期的马克思主义者约瑟夫·迪茨根（Joseph Dietzgen），奥尔曼写道："在思想史上，我们所发展起来的观点被称为内部关系哲学。在这方面，对马克思造成直接影响的哲学思想来自莱布尼兹、斯宾诺莎和黑格尔……所有这一切的共同之处是相信构成整体的各种关系，而这些关系通过各个部分表达出来。"这一观点因本质上是批判现实主义的基础而遭到质疑，一个开放的唯物观的马克思主义理论家，如雷达（Rader）和巴斯卡（Bhaskar）不相符合。

第五章 福斯特和奥康纳的生态学：马克思主义思想的后续效应和当代意义

技术统治和开发？"①

这里唯物辩证法（更宽泛的唯物主义科学）变成了敌人。不仅自然辩证法，而且任何意义上的自然唯物主义概念都是否定的。与施密特一致，齐泽克声称，"因此，我们应该拒绝年轻的马克思对主体的生产能力或潜力的庆祝，和对它的本质属性的庆祝"，包括他的自然主义和人文主义的方程，和那些来自古希腊思想的根源。齐泽克给出的拒绝原因是"人本主义是反自然的"。生态学在资本主义制度下已经成为"一种新的大众鸦片"（强调在其最初意义上）②。因此，伴随着与自然的可持续性关系的潜在发展的想法，"生态学的意识形态方面应该……被谴责"。齐泽克质疑"建筑应该与自然环境和谐相处"的概念，他坚持认为"建筑是被定义为反自然，对自然的划界行为"。他说，人类，确切地说，是"自然的一部分"，没有自然是脱离人类和人类知识的。③

事实上，对于许多社会建构主义者、激进的后现代主义者和左翼唯心主义者而言，自然的问题本质上是通过它对社会的从属关系而消除的。尼尔·史密斯在他的《不平衡发展》一书中介绍了关于自然生产的观点，提出"对于拟人论没有什么可辩解的"。同样地，批判理论家兼激进的社会建构主义者史蒂文·沃格尔（Steven Vogel），在他的《反对自然》一书中，批判卢卡奇和马尔库塞关于社会和自然的所谓的二元论观点，并坚持基于批判理论的需要接受"拟人论的观点"④。

---

① Žižek, S, *Less than Nothing: Hegel and the Shadow of Dialectical Materialism*, London: Verso, 2013, p.262.
② 正如"新的大众鸦片"的新的生态学词语同样被巴迪欧（Badiou）和斯温吉道（Swyngedouw）以积极的方式使用。
③ 虽然经常发表反生态，甚至反自然的言论，但几乎不以一贯性著称的齐泽克，却能够在某些背景下理性地讨论生态危机及其与资本主义的关系。参见 Žižek, S, *Less than Nothing: Hegel and the Shadow of Dialectical Materialism*, London: Verso, 2013, p.373.
④ 沃格尔的强人类中心主义在他最近的作品的标题中更加明显，《像商场一样思考：自然结束后的环境哲学》。

这些观点引出了一种抽象的拟人论的整体论/社会一元论。自然被看作以一个统一的方式渐进的人为的结果，没有异化，也没有断裂。不需要自然和社会的辩证法，甚至在通常情况下不需要自然科学，因为自然过程现在被看作社会辩证法的应有之义。任何有点像资本主义与自然之间矛盾的事物都被肢解成二元论的一种形式，最终被追溯到马克思主义或马克思本人。

所有这一切在生态学马克思主义和左翼生态学一元论之间产生了一个巨大的鸿沟。在过去的15年中，值得注意的是，我们看到了马克思的古典生态观的重新崛起，重申其政治经济学批判的作用。第一阶段生态社会主义与第二阶段生态社会主义之间的争论已经基本上得到了解决。就此争论与马克思自己的分析而言，基于马克思的基础性观点更有利于后者。社会主义思想家们已经提出一种以人类世为特征的，在地球的限度之内的强有力的断裂批判。这一崭新的批判性的观点与现实运动相关联。不仅马克思价值理论的生态学自然已经摘去面纱，而且他的生态危机概念——确切地说是新陈代谢断裂，连同他的社会新陈代谢概念和广义的自然新陈代谢——也揭露了出来①。马克思关于资本主义如何掠夺土地的理解——在世界范围的，而不仅仅是以国家为基础——已经发展为关于不平等生态交换的分析。恩格斯对自然辩证法的研究——目前意识到——引发了对资本主义与自然不可持续性关系的批判（马克思的《政治经济学批判大纲》和《资本论》中也有发现）。恩格斯的理论发展在今天被称作基因—文化共同进化，这预示了在人类进化史上20世纪主要的发现。最近更多的著作强调了马克思和恩格斯关于热力学的运用和马克思的感官美学，显示了他们更加全面的生态学思想。对于马克思而言，一个主要的生态矛盾，例如人为沙漠化——始于历史上的阶

---

① 马克思的"自然的普遍新陈代谢"的概念清楚地反驳了萨尔瓦托·恩格尔·迪·毛罗（Salvatore Engel-Di Mauro）反对马克思使用新陈代谢的理由，因为它"排除了不涉及人的物质变换的重要性"。

第五章 福斯特和奥康纳的生态学：马克思主义思想的后续效应和当代意义

级社会，直至资本主义社会仍然继续——被认为是"一种无意识的社会主义倾向"，要求必要的自然条件的革命性的恢复①。

不仅马克思和恩格斯，而且正如我们现在开始理解的那样，在马克思去世之后和人类世兴起之时这段时期里，大量的社会主义思想家也致力于生态学的研究。这就包括——仅在英国（在那里马克思和达尔文的联系最为紧密）——就有像爱德温·雷·兰克斯特（Edwin Ray Lankester），威廉·莫里斯（William Morris），赫伯特·乔治·威尔斯（H. G. Wells），约翰·伯顿·桑德森·霍尔丹（J. B. S. Haldane），J. D. 贝尔纳（J. D. Bernal），兰斯洛特·霍格本（Lancelot Hogben），海曼·利维（Hyman Levy），乔瑟芬·李约瑟（Joseph Needham），阿瑟·坦斯利（Arthur Tansley），和克里斯托弗·考德威尔（Christopher Caudwell）等这样的人物。

然而，这种对社会主义生态学的新式辩证理解——在其中，辩证法是通过生产（在最宽泛的意义上）认识自然和社会的调解的中心——最近在左翼社会建构主义圈子里已经形成了冲突，伴随着社会一元论把自然归入社会/资本主义。这样一种"激进的一元论"或者"一元论者和相关者"的观点被认为既是马克思自己的特征，也是作为马克思设想的二元论的一种形式。以马克思主义的视角来说，看不到整个的历史，作为一个在自然与社会新陈代谢中的辩证的调解和变化的过程，这样的分析往往促进整体论、一元论与和谐论的理想主义观念，从资本主义与自

---

① 在解释卡尔·弗拉斯（Carl Fraas）在前资本主义阶级社会中讨论荒漠化问题时，马克思明确表示，他认为这是一个只有在历史资本主义下全球恶化的问题——一个基于他的新陈代谢断裂理论的观点。这种矛盾的唯一真正的答案是一个相关的生产者的社会，理性地调节人类和自然之间的社会新陈代谢。因此，他将这种不断增长的文明生态矛盾定义为"无意识的社会主义倾向"。马克思这里声明的重要性在苏联晚期的生态学中被加以强调。因此，地球物理学家和气候学家（最高苏维埃主席团成员）E. K. 费德洛夫（E. K. Fedorov）在这里使用马克思的论点来解释为什么今天的环境科学家和活动家"显示（可能不自觉地）某些'社会主义倾向'"。

然的互动中产生——或者从一种混合状态中产生，人类和社会被看作相互啮合或用新的方式捆绑在一起。

通过这些手段，资本主义对自然世界和围绕着它的自然过程（其中的一部分）的异化的对抗被魔法驱除了。马克思关于自然与社会的新陈代谢断裂的概念被划分为一种二元论的观点。似乎物质的存在已不再是问题，人类世、大加速和大跃变的问题也不构成21世纪的根本挑战。

这种激进的社会一元论将环境纳入社会。事实上，通过将自然还原为社会，抛弃了自然与社会的辩证关系。这种观点的人类中心主义特征时常伴随着一种经济还原论，其中生态危机被视为存在，仅仅是因为它们代表资本的经济危机。事实上，在新的、时髦的后现代主义左翼观点中，所有资产阶级思想的特征形式都重新出现了——即使他们声称要超越马克思。

正如伊斯特凡·梅扎罗斯（István Mészáros）在《方法的社会确定》一书中解释道——他的权威著作《社会结构与意识形态》的第一卷——资产阶级在历史上以形式主义的方式对抗了二元论，将统一、普遍性和和谐的理想化概念作为一种基本的矛盾。从一个角度永恒地移动到另一个角度，每个角度都有助于一种异化的意识形态的再生产。"在用资本的政治经济学的角度构思的著作中，哲学上的二元论和二分法无休无止地延续下去，"梅扎罗斯说，"……如果没有多种实际的二元论和社会经济秩序的二律背反，这种传统的二元论方法仍然是完全不可理解的。"[①] 它并不是简单的抽象一元论和整体论取代这些二元概念的事，因为他们是嵌入在统治秩序的结构本身。因此，

> 正如二元论和后笛卡尔哲学传统的二分法来自一个确定的社

---

① Mészáros, I, *The Social Determination of Method*, See Vol. 1 of *Social Structure and Forms of Consciousness*, New York: Monthly Review Press, 2010, p. 186.

第五章 福斯特和奥康纳的生态学：马克思主义思想的后续效应和当代意义

会实践的土壤，同样的道理，认为从理论上解决他们简单地通过一个新的分类框架是不可能的，无须在同一时间设想一种可替代的社会秩序，因为这些可以从资本的历史性具体制度的现实矛盾中删除。①

最终，二元论的答案并不是抽象的一元论（构成二元论辩证的孪生兄弟），而是一种延伸到自然和社会新陈代谢的革命实践概念。

当然，即使是马克思主义理论家也苦于克服这些矛盾。因此，让·保罗-萨特做出一个特别的声明：马克思主义是"二元论，因为它是一元论"②。物质对于思想的不可还原性——认识到思想是物质实践的特定产物——是萨特对马克思主义的解读，介绍一种新的本体论的一元论，反过来，产生了一种新的认识论的二元论：不是存在与思想之间的，而是存在与事实之间的二元论。然而，所有这一切是萨特自身寻求主客辩证法的结果，也是他强烈反对自然辩证法的结果。这个结果是二元论和一元论永恒的矛盾，在他看来是不可避免的。他写道："辩证法恰恰是一元论的一种形式……自然是物质性的一元论。"③

但是萨特——一个远离生态视角的学者——谴责他称作"物质的暴力"的事物，声称"任何哲学通常将人类列于人类以外的他者（把世界简化为能量的方程式）……憎恨人类源于它的基础和结果"④。萨特的存在主义一元论与自然外在性的毁灭相关（或巴斯卡尔说的他异性），不是人类的物质性的基础。萨特在他的文章《唯物主义和革命》中说："他（指人类）完全是在自然的控制中，在任何时刻，自然能击败他，

---

① Mészáros, I, *The Social Determination of Method*, See Vol. 1 of Social Structure and Forms of Consciousness, New York: Monthly Review Press, 2010, p. 189.
② 弗雷德里克·詹姆森对萨特的立场的解释表明，萨特赞成"二元论，在重建一元论的某个时刻发挥适当的功能"的观点。
③ Sartre, J P, *Critique of Dialectical Reason*, Vol. 1, London: Verso, 2004, pp. 181–182.
④ Sartre, J P, *Critique of Dialectical Reason*, Vol. 1, London: Verso, 2004, pp. 181–182.

消灭他，包括他的身体和灵魂。"①

由于无法在这些术语中调和必然性和自由，或接受一种开放的、唯物主义的辩证法，萨特选择了在一个永恒的矛盾之轮中，将二元论作为一元论的必要时刻。他试图超越的东西——通过包含对立面的两端，尽管以一个更高的存在主义一元论的名义——是抽象的，二元论和一元论共同的形而上学的现实。一元论（如同二元论），就其本身而言，是非辩证的——问题是萨特未能通过他自己的"辩证的一元论"来克服这一问题。然而，从历史唯物主义的角度来看，唯一真实的答案——正如马克思自己指出——是任何支持点的停止和任何最终的结局：对自然和社会的无休止的唯物辩证法的认识。对于马克思而言，"唯一永恒的东西是运动的抽象：永垂不朽"（卢克莱修语）。

（一）作为世界生态学的社会一元论：班萨德和摩尔

今天左翼的不成熟的一元论作为二元论的替代品并非萨特的辩证的复杂性或者深刻的革命承诺——而是基于一元论断言作为机械二元论的回答——再加上观念的杂糅和"捆绑"。在这里，马克思主义变成了一个悉尼·胡克（Sidney Hook）关于反对辩证唯物主义/自然主义的简单的冷战争论者。胡克声称马克思主义已经成了一个简陋的"一元论"，他的意思是，社会成了自然的实证主义的从属关系。然而，今天这个关系在后现代主义的影响下，伴随着左翼理论家被颠倒，越来越多的人认为，马克思在他拒绝二元论世界观的社会启蒙中采用一元论哲学，把自然归入社会中去②。

这是由法国马克思主义哲学家（第一阶段的生态学社会主义者）丹

---

① 萨特在他对待"反事实"或"物质作为颠倒的做法"的某一点上引入了一个有趣的环境讨论案例，他利用农民在中国砍伐森林的例子，导致洪涝灾害和社会有组织的集体反应。
② 任何一种类型的一元论都引起了严重的哲学反对。参见例如：詹姆斯（1955）、约德（1936）和巴斯卡尔（1993）。

第五章　福斯特和奥康纳的生态学：马克思主义思想的后续效应和当代意义

尼尔·班萨德在其《我们时代的马克思》（2002）一书中采取的立场，书中声称，马克思在他的经济学和哲学手稿中提出"一个激进的一元论原则"，"经典的哲学二律背反（唯物主义和唯心主义之间，自然和历史之间）在这个激进的一元论中得到了解决"。对于班萨德而言，马克思相比唯物主义者更像唯心主义者；作为马克思超越两者的路径，他致力于哲学的一元论。班萨德认为，马克思在知名的著作《1844年经济学哲学手稿》中论述了自然主义和人类主义的融合，马克思不仅拒绝了笛卡尔的二元论，而且提出了激进的一元论作为回应。

就马克思的自然观而言，班萨德与施密特意识到"在马克思看来，自然对于社会范畴是不可还原的"。但班萨德认为马克思的一元论是一种"一般的杂交过程"导致"'混合对象'的创建（同时自然的和社会的）"。因此，马克思被看作拉图尔的前辈。借用拉图尔的著名标题，"我们从来不是时髦的"，班萨德认为马克思"他也从来不是时髦的"①。

班萨德与其把马克思对二元论的批判看作唯物的和辩证的，并以一个中介性的整体为目标，从而与革命实践联系起来，不如简单的用一元论代替二元论。此外，这里的一元论是一种后现代主义的杂交。自然不再存在，除非作为一个集合的社会产生的混合物。如果班萨德坚持做一个激进的思想家，在一个左翼的后现代主义语境中，所有的关于人类与自然的辩证的方法论都被抛弃，转而支持一种折中的混合性。同时，恩格斯受到班萨德的批判，据说是因为他拒绝热力学第二定律（虽然事实上是恩格斯仅仅质疑有关宇宙热寂的模棱两可的推论）。对于班萨德而言，所有这一切是象征着恩格斯自然辩证法的失败，它代表了反对马克思的所谓激进的一元论。

世界生态学理论家杰森·W.摩尔（Jason W. Moore）相似地认为，

---

① Bensaïd, D, *Marx for Our Times: Adventures and Misadventures of a Critique*, London: Verso, 2002, pp. 320-321.

因为他所谓的一个"一元论和相关的视角",与自然和社会的二元论相对立——运用辩证法的视角搅浑一元论。摩尔根据他所说的"奇异的新陈代谢"开展分析①。这样,他有别于马克思自身的复杂性——"普遍的自然新陈代谢"的辩证理解,视为一个整体,社会新陈代谢是一个辩证的(历史的)调解部分。相比而言,摩尔选择了"奇异的新陈代谢",基于一元论构想出来,或一个"摆脱了二元论的新陈代谢"——一个以"人性中的自然"为特征的,同时是一个"自然的人"构成"双重内在性"。这里的目标是化解资本主义自然异化下的自然与社会的对立,通过假定在一个"抽象的社会性自然"中包括所有自然过程作为前提或者(说得更贴切些)在人类历史进程的推动下,把他们捆绑在一起。

为了摆脱任何一丝的二元论——或者自然和社会的不可约性(不可还原性)——摩尔依靠一种被称为话语捆绑的策略。他要么使用连字符和介词"in"合成,表示内在的关系(比如,自然的资本主义"capitalism-in-nature"和资本主义的自然"nature-in-capitalism"),要么他依靠各种各样的比喻,例如包裹、混合动力、网。我们被说服:历史进程可以被视为一个社会与自然的捆绑(非捆绑)的进程。摩尔声称,"文明",像拉图尔说的那样,"是人类与人类以外的自然之间关系的捆绑。这些捆绑是建构的,稳定的和定期中断的"②,并且构成了"生活之网"或者"世界生态"。他质疑道:"如果自然和社会是这些混乱关系捆绑的结果,我们如何称呼捆绑本身?这个词是熟(oikeios)"③——一个古

---

① 摩尔首先说道:"新陈代谢是一个引人注意的比喻"。正是在这个语境中,他构建了一个"奇异的新陈代谢"的概念——来自根据"生活网络"的比喻。这基本上是唯心主义的方法与马克思的唯物辩证法的对比,其中新陈代谢不仅被看作一个比喻,而且折射出一个自然物理的过程,与物质再生产相关联。摩尔的方法是唯心主义的,从而与马克思的与物理科学深入相关的唯物主义相分离。
② Moore, J. W., *Capitalism in the Web of Life*, London: Verso, 2015a, p. 46.
③ Moore, J. W., Transcending the Metabolic Rift, *Journal of Peasant Studies*, 2011a, 38 (1), p. 5.

第五章 福斯特和奥康纳的生态学：马克思主义思想的后续效应和当代意义

希腊的词语，摩尔用它来表达世界生态。然而，从本体论角度来看，伯特兰·罗素（Bertrand Russell）和其他思想家的中立一元论的视角，世界被视为有捆绑的特质构成。摩尔认为，除了马克思本人以外没有任何人从世界生态学意义上把世界看作"捆绑的"——据说证明了他的对外部自然与社会相互交织的处理。当然，其含义是，捆绑的过程构成了马克思辩证法的本质，酝酿于社会一元论和奇异项中。

以拉图尔主义—马克思主义和中立一元论观点为其基础，摩尔批判了——在拒绝"笛卡尔二进制"的掩盖之下——所有马克思主义生态学理论家已经接受了马克思的新陈代谢理论的概念框架。对于马克思而言，资本主义制度下的"社会新陈代谢"（即劳动过程）是一种"自然和社会的新陈代谢"的特殊的、异化了的形式，发生在"普遍的自然新陈代谢"中。在某种情况下，这需要在"新陈代谢交互作用"的过程中有一个现实的"断裂"形式[1]。摩尔声称，这样的一个概念是一种"笛卡尔二进制"，由于它假定"两种新陈代谢，一种社会的和一种自然的"。（在这里他似乎认为一个人不能抽象地谈及——就像马克思那样——通过劳动人类与地球之间的新陈代谢关系，例如：一种社会的新陈代谢，同时也认识到在这种社会代谢中必然存在的普遍的自然代谢。）

摩尔指出，"马克思主义新陈代谢学派"（特指像伯克特和福斯特两位第二阶段的生态学社会主义思想家）将被双重谴责，因为假设资本主义异化的社会新陈代谢产生的各种新陈代谢断裂——正如这将提出一个更深入的认识论上的二元对立的部分。与之相反的，摩尔取代了他自己的"奇异的新陈代谢"，这是没有什么比理想化的资本主义市场的概念更能扩大到包括整个生活网络。这一观点坚决反对"自然极限"的整个观念，或认为在许多情况下"处于我们之外的生态限制"构成了对于生

---

[1] 关于马克思更加广泛的社会新陈代谢概念框架，普通的自然新陈代谢和新陈代谢断裂，参见福斯特相关著作（2013，2015）。

产而言的不可逾越的障碍——正如马克思自己强调的"为了实现土壤肥力持久的永恒的自然状态"。

对于摩尔而言，资本主义和自然的对立关系（或是以抽象的方式，将自然与社会分离开来）是"笛卡尔鸿沟"的牺牲品。在这种情况下，他声称，捆绑（现实的元字符）被拒绝了，资本主义高于一切已经产生了。自然与生活网络已经与资本主义无法分割，在他的世界生态观中，摩尔写道："资本主义使生物圈关系的内在化或部分的内在化"，同时，他主张资本的力量配置"生物圈的资本主义过程的内部化"。那些系统地排除在这个世界生态分析之外的，正是摩尔嘲笑的作为"绿色唯物主义的新陈代谢拜物教"，以其"狭隘的生物物理"地球系统概念的流动，被视为相对独立于资本主义的过程。

在这个抽象的概念中，资本主义比自然更加真实，不再有一个自然的本体论（或存在的本体论）；仅有市场的本体论。按照资产阶级的观点，环境因此减少一组输入或者对于经济而言的"廉价品"（食物、劳动力、原材料和能源）。生态危机的整个问题被看作经济危机的基础。反映在稀缺性上，它几乎无一例外地表现为"生产不足"，用商品价格术语来理解就是不同程度的廉价。摩尔淡化了生态生产过剩的概念，这反映在溢出的生态（碳）汇上。由于原材料持续短缺，价格趋于上涨，表现为利润下降威胁到整体经济。然而，资本主义世界的生态是永恒的胜利的，越来越内化在它自身的环境中，从而作为一个独特的新陈代谢循环，重申它称为"奇异的新陈代谢"的存在。"资本和权力（当然不只这一点）在生命之网中展开，一个整体是由多种文明项目形成"，需要通过普遍化的"全球价值关系"的手段团结所有人类和人类以外的关系。

因此，摩尔警告注意环境运动的"自然极限拜物教"的特征，并告诉读者，集中在生态断裂（或多处断裂），资本主义在地球的生物地理化学过程中只创造了"给我们一味的危机——世界末日"。与此类似，

第五章 福斯特和奥康纳的生态学：马克思主义思想的后续效应和当代意义

我们将被告知"这将被神秘化地描述为，资本主义的极限最终是由生物圈本身决定的，虽然在一个抽象的意义上，这是真的"。相反，我们被引导为相信，跟随拉图尔坚持认为资本主义是可以无限的适应"人类与额外的人造自然捆绑"的生产（或共同生产），让它超越任何公认的全球生态灾难①。

摩尔攻击那些生态学马克思主义理论家提出的所谓的二元论，而这些理论家把资本主义的自然异化置于其分析的中心，他争辩说，正是那些思想家的"笛卡尔二元论"思想使他们远离"这些价值关系，它们原本共同产生，使（世界生态）具有连贯性"，从而构成了资本主义的主要成就。他进一步分析道："这个很容易解释'增长的极限'，正如它们是被（外在）自然强加于其中。但现实是严峻的，更复杂，也更充满希望。"② 在当今世界，生态问题不应该以那些关注气候变化危险或第六次大灭绝的方式被视为"大灾难"，而应该被简单地理解为资本主义社会经济周期的"正常"运作。毕竟，"历史充满了资本主义看似不可逾越的'自然极限'的各种例子"——那么，为什么不在地球系统本身的水平内呢？恩格斯对自然的"复仇"的隐喻性指称（从人类活动带来的生态灾难）被摩尔拒绝了作为一个二元论的（而不是辩证的）观点。

正如《分子红》的作者麦肯其·华克（McKenzie Wark）在批判摩

---

① 布鲁诺·拉图尔和诺埃尔·卡斯特里及其他们的捆绑式哲学是由摩尔介绍的，构成所谓的"关联式批判二元论"的最高级形式。拉图尔在"中性一元论"中的分析是由莫雷勒（Morelle）介绍的。拉图尔的捆绑概念和其他行动网络理论家（被摩尔认为是一种超验的二元论）当然在"中性一元论"理论中包含一个很长的历史，这些理论也是伯特兰·罗素等思想家倡导的。在罗素的思想里，特殊性的捆绑的中性一元论概念被引入为一种具有攻击性的二元论方式，同时将辩证法排除在外（对此罗素遭到强烈反对）。在他的早期著作中，罗素已经发展了一种强有力的一元论批判理论，然而，这些仅仅导致了他后来接受中性一元论作为他在20世纪30年代寻找反对马克思理论的依据。在罗素的中性一元论版本中，现实是我们现在所称的捆绑的实体，在很大程度上避免精神和物质之间的区别的需要。

② Moore, J. W. 2014. "Toward a Singular Metabolism." In Grounding Metabolism, edited by D. Ibañez and N. katsikis, 10–19. Cambridge, MA: Harward University Press.

尔中谈道：这一切的结果是造成了"社会简化论的转化"。的确，我们突然回到了一个"理想主义一元论"的世界，这个世界正如西里尔·埃德温·米钦森·乔德（C. E. M. Joad）等哲学家在20世纪30年代抱怨的那样，虽然此时的资本主义形式应该是无限的社会建构主义。正如华克所言，自然客观世界的科学概念（即地球系统本身）——仅仅在"社会建构"的"文化内部"中消失——构成了摩尔的资本主义"世界生态学"。这样在一个商业化的社会里，人的自然异化问题消失了。

罗伊·巴斯卡（Roy Bhaskar）在《辩证法：自由的脉搏》中说："有的时候它是必不可少的断开，分离，区分，并划分。"命题"差异化是整体性和多样性统一的必要条件"意味着"所有好的辩证法家都是理解"整个哲学史的。然而，根据巴斯卡的解释，复杂化是"西方马克思主义的典型主观化的理想主义"。以反对笛卡尔二元论的名义（以及苏联辩证唯物主义），除了作为自然的社会支配（或社会生产）的产物，西方马克思主义通常反对一种抽象的、实体化的现实，在社会之外的物质世界几乎完全不存在，除了作为自然的社会支配（或社会生产）的产物之外。巴斯卡认为，"一元论和主客统一理论"是与"人类的谬误"相关联的，因此，存在归结为人类，主观世界归结为社会①。但是在今天具有划时代意义的生态危机时代，堕入这种狭隘的人类一元论可以证明世界上大多数的物种是致命的，不排除人类本身。

基于全球生态危机期的考虑，毫无疑问，资本主义是当今地球生物地理化学循环不断增长的裂痕背后的主要驱动力。面对处于人类世的由资本主义异化了的社会新陈代谢的再生产导致的世界真正的分歧，关注于老生常谈的道理，最终世界是一体的，人类生产不可避免地创造了新的人类与自然联系的混合形式（仿佛这本身超越了自然的过程和规律），

---

① 对于巴斯卡而言，"人类的谬误"，即存在被简化为人类，常常隐藏在"认识论谬误"背后，即存在被简化为知识。

第五章 福斯特和奥康纳的生态学：马克思主义思想的后续效应和当代意义

所有这些都低估了目前世界所处的生态危机的深度。正如马克思在《1857—1858年政治经济学大纲》中指出的那样：

> 活跃的、积极的人类和自然的、无机代谢条件与自然界的交换并不是一个整体，因此人类滥用自然，需要解释或是历史过程的结果，而是人类生存的这些无机条件与这种积极存在的分离，这样的分离是完全定位在雇佣劳动与资本的关系之上的。①

以马克思的观点来关照我们的时代，资本主义不仅颠倒了世界，还威胁要通过它的核心利益来推动厉害关系。世界不是在资本主义下走向人类与自然的统一，而是走向危险的分离；虽然它代表了在阶级社会的异化语境下，一种"无意识的社会主义倾向"，由此产生了革命性的人类干预的必要性。

（二）自然的生产：史密斯和卡斯特里

社会建构主义一元论——从他们的分析中系统地排除了资本主义制度下的自然异化——主要通过像班萨德和摩尔这样的思想家已经进入了生态学社会主义的讨论中。但是，由尼尔·史密斯和诺埃尔·卡斯特里介绍下，马克思主义地理学的"自然的生产"学派进入高校并有了长足的发展。正如史密斯所说，"自然"本身并不是一个马克思主义的范畴。自然世界因此可以作为一个范畴被大部分分解，他说："如果没有社会，自然就什么也不是。"在当今的世界里，史密斯告诉我们："自然的生产变成资本化'一路下跌'。"因此，我们正经历资本主义制度下的"自然的实际吸纳"。这也不是消极或矛盾的观点，因为资本主义在这方面起着至关重要的进步作用。史密斯宣称："自然的历史生产代表了资本主

---

① Marx, K., *Grundrisse*, London: Penguin, 1973, p. 489.

义驱动自然的统一性。"

在史密斯看来,法兰克福学派(意指霍克海默、阿多诺和施密特)和生态运动都被谴责为"自然拜物教"和"自然崇拜"。相比而言,他提出,通过自然生产视角,马克思主义的社会科学发展提供了一个更加普遍的观点,而这个观点不仅在环保主义者中是缺乏的而且在那些"所谓的自然法则"的崇拜者的自然科学主义者中也同样存在。对于史密斯而言,在环境运动和生态科学中仍然普遍存在的二元论——在他们忽视了自然生产的观点范围内——导致"左翼启示录"不承认关于自然的资本主义的统一关系。

史密斯对生态学的语言,即使它被理解为很大程度上是隐喻,他坚持认为,"拯救自然的野心是完全弄巧成拙的,因为它重申了与人类社会密不可分的自然的外部性(他性)"①。即使在当前,全球变暖的重点被谴责为二元论的证据。他写道:"最终,我们试图区分社会(即人类)和自然对气候变化的贡献。"

> ……不仅是傻瓜的辩论,而且是傻瓜的哲学:自然和社会之间是神圣不可侵犯的鸿沟——自然在一个角落,社会在另一个角落——这正是西方现代思潮的暗语,认为"自然的生产"的命题寻求腐蚀。②

史密斯强烈反对关于气候变化的环境和辩论的方向,他强调自己的历史怀疑论态度:"一个人不得不成为'一个全球变暖的否定者'"。他写道:"不得不以怀疑的态度考虑全球公众正在加入接受技术,经济和社会变革浪潮,构建为了目前行星生存的必要。"③ 在这些方面,"保护

---

① Smith, N., "The Production of Nature," in *Future Natural: Nature, Science and Culture*, edited by J. Bird, B. Curtis etc., London: Routledge, 1996, p. 40.
② Smith, N., *Uneven Development: Nature, Capital and the Production of Space*, Athens: University of Georgia Press, 2008, p. 244.
③ Smith, N., *Uneven Development: Nature, Capital and the Production of Space*, Athens: University of Georgia Press, 2008, p. 244.

第五章 福斯特和奥康纳的生态学：马克思主义思想的后续效应和当代意义

自然"和他称为一个回归自然的"救星环保主义"遭到了谴责①。

卡斯特里认为，作为史密斯激进地理学中的主要追随者，公认的"超级建构主义者"，甚至普罗米修斯主义者，史密斯分析的主要关注点在他的假设中看到，"自然成为资本主义的一种内部方式，使用这些术语以区别被斯温格道称为'社会—自然'的概念，而免受侵蚀破坏。"②卡斯特里指出，马克思避免陷入"普遍性自然的一元论主义"。然而，史密斯——通过推广他自己的马克思主义自然生产观作为对马克思的修正——转向一种社会的或人类中心主义的一元论，或者是一种"以劳动过程为中心的一元论"。因此，可以说他是掉进了一个与超社会建构主义相反的陷阱。在史密斯的一元论世界观中，实际上，普遍的社会取代了普遍的自然。

基于这个原因，卡斯特里声称：从他倾向的拉图尔主义—马克思主义视角来看：

> 史密斯给予我们一个解释性的一元论——不能解决二元论问题——赋予资本主义在社会—自然关系中的权力，因此完全抹去在非二元论理论空间的伪装下的自然。也就是说，在史密斯看来，与自然关系的资本"侧面"似乎完全吞噬了后者。③

---

① 史密斯批判这种"激进的自然浪漫主义"，质疑生态学女性主义和原住民关于他们的"地球母亲"的观念。

② 卡斯特里反复在他的不同作品中指出史密斯关于超社会建构论解释的脆弱性。因此，他提出了一个需要加以修正的根本性问题——在卡斯特里看来，通过提出一个具有史密斯自然生产视角的更加拉图尔的版本。然而，卡斯特里最近提出，尽管表面上与此相反，但他并不认为那是史密斯提出超建构主义论点的真正意图。但是，卡斯特里自己提供的所有证据都证明了史密斯在这方面的倾向，再加上他自己对强烈的社会建构主义的偏好，在这方面为史密斯进行辩护的微弱尝试听起来很空洞。例如：卡斯特里认为史密斯是一个不具有人类中心主义和普罗米修斯主义的拟人体。

③ 卡斯特里关于拉图尔对史密斯的批判在心理上是有点矛盾的——尽管把这个作为理性批判——仍旧给它多一点信任。然而，在最后，他指出收到史密斯更多的青睐是有些夸张的。但是，卡斯特里在这方面的不安——他暗示史密斯的立场有重大弱点——促使他在史密斯的自然生产理论和拉图尔的捆绑式混合物之间寻找一个合题。

卡斯特里对这个困境的解决方案——超越了史密斯本身——连接了史密斯的自然生产理论和拉图尔的行动者网络理论（Actor-Network Theory）与它的数捆混合物（hybrid）。

这个一元论的自然生产观——在史密斯表达的形式中和正如卡斯特里修改的那样——已经变成了批判卡斯特里的"二元论"所有形式的基础，不仅指向自由的分析，而且指向最生态的和最社会主义的思想。这样，史密斯对马克思提出的"自然概念二元论的某些版本"提出了指控。然而，作为他的一部分思想，卡斯特里认为生态学马克思主义理论家们"再次引进自然的假定分离"。

如今卡斯特里明确地寻找与拉图尔的中立一元论行动者网络理论和杂合概念的共同问题，作为自然和社会的二元论的一个出路，同时也超越了史密斯的自然生产的视角。拉图尔的中性一元论依赖于他称为"集成语言"（infra-language）即捆绑在一起且根据转移混乱获取事物的本质。因此，拉图尔的整体分析方法，类似于莱布尼茨的单子及其内在联系。每个推演出来的捆绑实体在其中包含"完全概括所有可能的行动"，从而构成一种无窗的单子，即指整体。

新左派混合理论喜欢使用类似于赛博格、类客体、束和纠葛等词语：任何使人联想起人类、动物和机器之间界限模糊的东西。然而，在人类世中，这样的观点很容易产生反动的框架，因为它消除了尖锐的矛盾，用模糊的纠葛来代替它们。这种"解构博学的结果"——借用史密斯的语言——将破坏所有真正的激进实践，隐含着支持现状。

然后，不出意外，拉图尔已经正式加入了超级资本主义的突破研究所及其资本积累的生态现代化项目。同样，卡斯特里最近称赞突破研究所的理论视角，以迈克尔·塞伦伯格（Michael Shellenberger）和特德·诺德豪斯（Ted Nordhaus）合作的著作《突破》为代表，这被视为与史密斯和拉图尔的观点重合。因此，卡斯特里写道："在大学以外的某些关于环境和身体—政治的研究者现在［像史密斯］把'自然'作为一个

第五章 福斯特和奥康纳的生态学：马克思主义思想的后续效应和当代意义

本体论指称。"对于后环保主义者如塞伦伯格和诺德豪斯而言，正像史密斯、卡斯特里和摩尔认为的那样，资本主义已经简单地归入自然。传统的环境保护论——甚至在左翼学者眼中——从这样一个人类中心主义一元论的角度看已不再有意义，因为生命的网络现在是资本主义的同义词。

需要指出的是，虽然拉图尔否定了资本主义制度下的自然和社会的异化中介，提出（如史密斯）免除自然的本体论地位（连同社会的），尽管如此，拉图尔认为"如果二元论不会做，一元论也不会那么做"。然而，正如我们看到的那样，他对捆绑的强调（同样被诸多思想家接受，例如摩尔、怀特、鲁迪和加鲁）已经成为中立一元论的特质性的方法——正如被罗素和其他思想家提出过——作为寻求替代的身心、社会与自然的二元论捆绑的特殊性。

事实上，拉图尔自己承诺，一个强大的社会建构主义（如果不是完全否认现实主义）是不可怀疑的。他批评了他所谓的"坏的"生态哲学的环境运动和科学。相反，他选择了一个"政治生态"，所有的人类和非人类的关系都是政治。"政治哲学突然发现自己与使环境内在化的义务。"结果是不再有外在的环境。环境保护论因此缺乏自然界中任何明确的指称。虽然拉图尔承认行动者网络理论被批判为再现黑格尔嘲笑的"那晚所有奶牛都是灰色的"，但是他说他的分析实际上引领了"一个完全相反的方向"，是完全更令人振奋的。"与其陷入相对主义，不如相对容易漂浮"[1]。然而，作为突破研究所的高级研究员，他把这看作是霸权资本主义统治自然的唯一合理化，他现在显然满足于"漂浮"。

（三）环境保护历史的本质：克罗侬和沃斯特

受到许多左翼的生态学思想家青睐的一元论理想主义在过去 20 多

---

[1] Latour, B., Technology Is Society Made Durable, In *Sociology of Monsters: Essays on Politics, Technology and Domination*, edited by J. Law, London: Routledge, 1991, p.130.

年的激进环保史中也得到了证实。许多思想家，例如威廉·克罗侬（William Cronon）和唐纳德·沃斯特在他们的著作中也阐述了这一点。克罗侬是因其社会建构主义坚持自然和社会的文化混合而闻名，前者以任何纯粹的形式大量消失——甚至作为一种必要的抽象——他反对激进的生态学家的观点。在批判深生态学时，他坚持认为我们必须抛弃"那套双重道德尺度：人与非人、非自然和自然……作为我们理解和评估世界的概念地图"。相反，我们必须拥抱自然的文化背景。虽然克罗侬的立场肯定代表了一个文化历史学家的理智的理性战略，这个观点小心地避免了生态可持续性的问题，同时在很大程度上是将自然历史置于文化史视域下。对于实践者而言，这样的诡计总是显示了自然在多大程度上被引入文化当中——而不是文化多大程度上依赖自然世界。在这个概念中，激进的环境运动被描绘为已经死去的（坚持自然和社会的启蒙运动"二元论"的）现代主义的产物。这将被更多的后现代主义理解所取代——它揭示了一个如此相互交织的世界的文化相对论，认为自然和文化不能再被区分。文化因此被认为是唯一的现实。最终结果是一种排除任何源于资本主义自然异化的生态批评的方法。

采用一个理想主义者和反唯物主义者的方法，沃斯特在他的生态科学历史著作《自然的经济》中批判20世纪初科学界的唯物主义生态观：英国生态学家阿瑟·坦斯利以介绍了生态系统概念而闻名，英国动物学家查尔斯·埃尔顿（Charles Elton），同样以发展了动物生态学的反射观而闻名。在沃斯特的词汇中，这些思想家将作为机械论者而被解雇，同时在唯心主义的目的论思想家的著作中，例如美国的植物学家弗雷德里克·克莱门茨（Frederick Clements）和南非的杨·克里斯蒂安·斯马茨将军（General Jan Christiaan Smuts）的作品则被誉为代表整体论的著作。克莱门茨提出了目的论的生态与概念，即反映在植物群落演替中的"超有机体"。这一观点在生态科学中产生了巨大影响。但后来被坦斯利拒绝，因为他支持以生态系统为基础的唯物主义生态学。斯马茨——创造

第五章　福斯特和奥康纳的生态学：马克思主义思想的后续效应和当代意义

了"整体论"概念（以及"种族隔离"），且设想出了它作为理想主义生态学种族主义的一部分——作为南非国家元首，他试图付诸实践。

正是斯马茨和他的追随者的生态种族主义"整体主义"说服了坦斯利和其他社会主义科学家（比如霍格本）用一种唯物主义，共同进化的方式对自然和自然—社会关系来反击斯马茨。不过，沃斯特指出，作为扩张主义者的斯马茨将军——以逮捕甘地闻名，他对黑人群众的谋杀式大规模袭击（以及他开创了对自己人民的空中轰炸），以及他在构建种族隔离中的作用——是代表整体的生态整体主义哲学[1]。然而，在同一本书中，沃斯特认为，在马克思和恩格斯被指责缺乏一种整体的"自然感觉"或"环境保护"的任务方面没有矛盾。[2]

这表明，马克思的辩证历史观——而不是诉诸于抽象一元论和整体论，或后现代主义混合主义等——构成了对资产阶级社会二元论唯一有意义的批判。马克思自己的反二元论在他对"蒲鲁东"的批评中就有了清楚的表明，他在那里指出"人们从一开始就发现生命和思想之间的双重性，灵魂和身体之间的二元论，一种以多种形式复现的二元论"。对马克思来说，资产阶级社会的二元论是与生产有关的异化关系的产物，因此也是社会新陈代谢的产物。这需要超越现有的历史形式，应对资本主义社会的危机和矛盾。正是他认识到了自然与社会之间的新陈代谢断裂，导致马克思把注意力转向了深入细致的生态学研究，尤其是他生命中的最后20年，这有助于激发恩格斯对自然辩证法的探索。

马克思并不赞同否定自然客观力量的以人类为中心的一元论，他将他的研究深入到进化论、古生物学的记录中，记录了等温线（气候带）在物种灭绝中的作用——在人类的起源之前。同样，恩格斯深入广泛地探索宇宙学。如果科学是人类的产品——显然不是所有的科学研究——

---

[1] 麦钱特（Merchant）提出了对斯马茨代表生态整体论的同样有利的立场，他也批评了坦斯利作为机械论者。
[2] 关于马克思、恩格斯和自然的内在价值的对立解读。

在马克思和恩格斯看来,那么可以说科学是人类的产物。

一元论首先作为一项主要的运动是在 19 世纪晚期兴起,主要伴随着社会达尔文主义和机械唯物主义,被一些理想主义者例如斯马茨所接受。与早期的一元论运动相关的名字主要是海克尔(Haeckel)、欧根·杜林(Eugen Dühring)、恩里科·菲利(Enrico Ferri)、格奥尔基·普列汉诺夫(Georgi Plekhanov)和斯马茨。海克尔、杜林、菲利和斯马茨全部是沿着种族主义的方向发展了一元论,前三者指向法西斯主义,最后一个是指向种族隔离。普列汉诺夫提倡"历史一元论解释",这代表了一种机械唯物主义,虽然措辞为"辩证唯物主义"。对于所有这些思想家而言,除了普列汉诺夫的部分例外,一元论与自然主义决定论有关。这种类型的抽象的"一元论"遭到恩格斯和列宁的强烈批评。

当今的社会一元论,或者被巴斯卡尔称之为"历史的人类中心主义一元论",与大量的西方马克思主义者和后现代左翼思想家勾连,来自相反的一面,类似于像海克尔、欧根·杜林、恩里科·菲利和斯马茨这样的思想家们。与其把社会归于自然,倒不如把自然归入社会。然而,这样做往往会抑制资本主义的真正生态矛盾,从而将其称为"灾变论"和"启示录"——正如在史密斯、卡斯特里和摩尔的作品中都有提到。

事实上,用卡斯特里的话来说,史密斯认为"环境科学(以及更广泛的生态运动)已经被它(新自由主义环保主义)所吸收。在这个意义上,他们把'自然'具体化并像'大灭绝'那样来谈论,今天环境科学是一个非政治化的力量。"[①] 从这个角度看,环境运动和生态科学之间的密切关系不过是死路一条。

[①] 卡斯特里在他最近的一些工作中对气候变化和其他环境变化采取了更现实的方法,他不再只是蔑视思想家,如纳欧米·克莱因(Naomi Klein)。然而,他与众不同地将社会未能解决全球环境问题归因于"二元论",而不是资本主义本身,从而排除了异化的现实。

四、自然/生态学辩证法的回归

西方马克思主义对恩格斯自然辩证法的批判要追溯到格奥尔格·卢卡奇（Georg Lukács）年轻时所作的著名的文本《历史与阶级意识》中，书中质疑了辩证法超越人类意识和人类历史的直接主体与客体关系的有效性。书中，卢卡奇似乎切断了辩证法和任何外部自然和人类行动之外的概念之间的联系。然而，即使是在《历史与阶级意识》中，卢卡奇仍旧坚持有限的"仅仅是客观的自然辩证法"的可能性——符合存在主义和本质主义，黑格尔的《逻辑学》的前两个细分——描述"被分离的观察者目睹的运动的辩证法"。这种"自然的客观辩证法"构成了一个至关重要的观点，即使没有像人类科学一样完全的主体—客体辩证法。几年以后，正如在他的最近被发现的《尾巴主义》手稿中，卢卡奇坚持认为，不仅他在《历史与阶级意识》中没有拒绝自然辩证法，而且也没有否定马克思通过劳动生产的社会和自然的新陈代谢概念为这种前景提供了关键的本体论—认识论基础。

卢卡奇在他以后的著作中扩展了这个观点，包括他著名的 1967 年的《历史与阶级意识》序言。正如他在《历史与阶级意识》最初版本中所说的那样，"马克思主义基本范畴——劳动作为社会与自然的新陈代谢互动的中介者——正在消失"。此外，不仅是马克思的新陈代谢论，而且包括科学实验论（如恩格斯所提出的），为自然唯物主义辩证法提供了基础。同时，卢卡奇在他的《对话》中宣称，由于人类的生命是"基于与自然的新陈代谢，不言而喻，我们在进行这种新陈代谢过程中获得的某些真理具有一般的有效性——例如数学、几何学、物理学等的真理"。根据卢卡奇的说法，马克思对社会新陈代谢的分析将"人与自然之间的相互关系"作为社会再生产的"不可逾越的先决条件"。在这个概念中，"自然边界"对人类生产而言，"只能后退，它不能永远完全消失"。

卢卡奇对物质主义的"客观辩证法"的强调——与理想主义的黑格尔主体—客体辩证法脱离，并且在一个闭合的圆圈内具有完全反身性的承诺——是由伊斯特凡·梅扎罗斯（卢卡奇的助理兼年轻的同事）发扬光大的。梅扎罗斯通过其具有权威性的著作《马克思的异化理论》（1970）和《超越资本》（1995）成为了20世纪晚期伟大的马克思主义理论家之一。梅扎罗斯通过人性—生产—自然的三元关系，构想了马克思的异化理论的"概念结构"，生产构成了人类与自然之间的调解（新陈代谢）形式。这样，人类可以被认为是自然的"自我调解"。

因此，当梅扎罗斯在他的1971年德意志奖颁奖仪式上提供第一次全面的马克思主义对全球生态危机的批评时，我们不应该感到惊讶——时间仅在罗马俱乐部出版《生长的极限》之前一年——他认为，美国垄断资本主义的基于浪费的积累将在破坏整个地球的生态预算的情况下在全球范围内扩展。在《超越资本》一书中，他将根据资本主义的异化社会新陈代谢的全面批判进一步发展，包括其生态效应——他的关于"资本的绝对极限的激活"与"社会代谢再生产的条件破坏"的相关讨论。与此形成鲜明对比的左翼的超社会建构主义，他们指控环保运动有屈从于一种"自然限制的拜物教"，梅扎罗斯早期将唯物辩证法与科学的客观历史条件结合起来，以解决生态断裂问题。

在马克思的分析中，社会代谢代表了劳动和生产过程（且是最广泛意义上的社会再生产过程），人类以共同进化的方式改变了物质关系，包括劳动和自然。商品不仅是通过交换价值和价值（或抽象劳动的结晶）的内在关系构成的，而且从社会观点来看，主要是交换价值与使用价值相关的外部（环境）关系。马克思关于自然界普遍代谢的概念清楚地表明，社会新陈代谢是这种普遍新陈代谢中的一组关系。在资本主义制度下，这最终是一种异化关系，反映了"社会代谢的相互依存过程中的一个无法弥补的裂痕，一种由生命本身自然规律所规

第五章 福斯特和奥康纳的生态学：马克思主义思想的后续效应和当代意义

定的新陈代谢"①。正如大卫·哈维所说："马克思关于'与自然的代谢关系'的概念的'普遍性'在他的现实概念中构成了一种外部（以及内部）条件或边界"②，这使得他将他对政治经济学的批判的所有"不同时刻"——以及他的生态批判——联系在一起。

正如我们看到的那样，正是这种唯物主义辩证法使我们超越了世界的简单的二元论和一元论观点，并探索其复杂性和矛盾，因为它们动态地出现，并且从现实世界对抗中出现。如果康德试图通过暗示世界是类心灵的，从而为绝对唯心主义传统和随后的黑格尔辩证法奠定基础，以便超越笛卡尔的二元论，但没有成功，那么作为唯物主义者的马克思和恩格斯则认为心灵是类世界的，并提出了唯物辩证法作为回应。这种方法遵循黑格尔认识到"真理是整体"，但承认在这个意义上的整体不能把握；相反，它需要对中介和矛盾进行分析，其中内部和外部，被介导的特定和整体，社会和自然在其流动运动中被掌握。"里面"和"外面"，正如理查德·莱文斯（Richard Levins）写道，"不是自然的属性，而是科学的属性"。然而，在我们依赖于这些抽象概念的诸多调查中，我们不能忽视任何一个。

当前的生态危机迫使我们重新思考自然辩证法的概念——在最近几十年里，莱文斯、理查德·路翁亭（Richard Lewontin）和史蒂芬·杰伊·古尔德（Stephen Jay Gould）等思想家最有说服力地提出了这一概念。"辩证唯物主义"在这些思想家的意义上——例如，参见路翁亭和莱文斯在《影响下的生物学》中对这个概念的使用——不代表教条主义，在这个标签之下，有时一些机械的观点在苏联被粗略地提出。它可以追溯到动力学、复杂性、矛盾论、倏忽进化（emergence）和转化理论在整个世界的分析，体现在马克思和恩格斯（和列宁）的著作中，并特

---

① Marx, K., *Capital*, London: Penguin, 1981, Vol. 3, p. 949.
② Harvey, D. "History versus Theory: A Comment on Marx's Method in Capital", *Historical Materialism*, 2012, 20 (2), pp. 12–14.

别以英国在 1930 年代和 1940 年代社会主义科学家和文化理论家的发现为例证。这其中包括的科学家（科学哲学家）主要是贝纳尔（Bernal）、霍尔丹（Haldane）、尼达姆（Needham）、霍格本（Hogben）、利维（Levy）、本杰明·法林顿（Benjamin Farrington）、V. 戈登·柴尔德（V. Gordon Childe）；其中包括的文化理论家主要是考德威尔和乔治·汤姆逊（George Thomson）①。也有一些与这些相关的更加费边主义式的生态学科学家，如兰基斯特（Lankester）和坦斯利。

此外，重要的是不仅忽视了苏联生态思想家的真正的概念性突破（不是没有历史矛盾）——其中的一些人，例如尼古拉·布哈林（Nikolai Bukharin）、鲍里斯·黑森（Boris Hessen）、尼古拉·瓦维洛夫（Nikolai Vavilov）——而且包括许多其他取得重要进展的人。这些人包括：巴甫洛夫（Pavlov），他介绍了人类世这个词；沃纳德斯基（Vernadsky）通过他的权威著作《生物圈》（1998）在苏联思想界产生了巨大的影响。亚历山大·I. 奥帕林（Alexander I. Oparin）同时与霍尔丹介绍了现代唯物主义生命起源理论；尼古拉耶维奇·苏卡切夫（Nikolaevich Sukachev），一种更复杂的生态系统分析形式的生物地球囊病的发展者；麦克海尔·布迪科（Mikhail Budyko），苏联主要的气候学家和加速全球变暖的主要发现者（通过他对反照率的影响分析）；伊万·T. 弗罗洛夫（Ivan T. Frolov），苏联晚期生态学先锋式哲学家。

在全球范围内，马克思主义（和社会主义）理论有着丰富的生态思想史，尽管这些丰富的传统对于那些认为自己是马克思主义者的人来说几乎不知道，这就导致了西方马克思主义随后与自然和科学辩证法异化的结果。冷战分裂使这种情况更加复杂，其中所有苏联的贡献都被谴责失控，据称是一个整体的"斯大林主义"的产品。因此，苏联科学的那些重要生态发现即使被纳入科学的核心领域一般也被西方思想所忽视。

---

① 许多这些思想家的总体观点（尽管不是他们的生态分析）在希恩这里得到了解决。

第五章　福斯特和奥康纳的生态学：马克思主义思想的后续效应和当代意义

自然辩证法更高层次的复苏——被看作与社会辩证法相联系——是马克思主义生态理论家今天的重要任务，他们正在寻求探索人类世的生态矛盾，为实现真正革命的实践铺平道路。一个更全面的辩证生态学的种子——一个植根于唯物主义自然观和唯物史观的完整的历史唯物主义批判——现在已经出现了。正如考德威尔于 20 世纪 30 年代在他的著作《虚幻与现实》（1946）中写到的那样（1937 年，他在西班牙内战中的国际旅英国营中为了掩盖战友撤退，被枪击身亡，年仅 29 岁）：

> 但是人不能在改变自己的前提下改变自然。这种相互渗透的充分了解或人与自然的反射运动，由被称为社会的必要和发展关系所调解，是对必然性的承认，不仅在自然界，而且在我们自己，因此也在社会。客观地看待这种能动的主客体关系是科学的，主观地认为它是艺术；但随着意识与实践的积极结合，它仅仅是具体的生活——在个人和自然的一个世界中，整个工作过程、感觉、思维和行为就像一个人类个体。

那不是粗糙的机械主义或理想主义的一元论，至多是二元论，马克思主义理论提出的与人类世的危机有关，是一个开放的唯物辩证观，着眼于整体而非封闭，揭示了我们时代的局限性和可能性。它所指的是需要创造一个新的世界存在——其对象不再是对自然的征服，而是一个可持续的人类发展的世界①。恩格斯说："自由是对必要性的洞察"。今天，生态革命最好地体现了必要性的自由。

这样的生态革命必须旨在创造一个超越资本主义社会的新的"生态文明"②。需要的是社会行动，它将产生一种更加集体的、平等的和可持

---

① P. Burkett, Marx's Vision of Sustainable Human Development, *Monthly Review*, 2005, 57 (5), pp. 34–62.

② F. Magdoff, Ecological Civilization, *Monthly Review*, 2011, 62 (8), pp. 1–25.

续的,因此是社会主义模式的全球性生产。以这种方式构想的生态文明必然会扭转自然与社会之间"社会新陈代谢相互依存的过程中的断裂",并实现这一基本关系的"恢复"①——同时满足不那么重要的人类需求。从这个角度来说,人类依旧不得不面对这个最大的历史挑战。

第四节 反思福斯特和奥康纳的生态思想与捍卫历史唯物主义

生态学马克思主义作为西方马克思主义发展的最新流派,不仅构建了历史唯物主义的生态学维度,开启了历史唯物主义的生态视阈,形成了马克思主义哲学的生态哲学研究范式②,而且它以生态问题为切入点,对当代资本主义社会展开了生态批判,深化了马克思主义的资本主义理论。

在《马克思的生态学》中,福斯特从哲学的视角,重构了马克思主义哲学研究的范式。福斯特主要做了两个方面的工作:"一是通过对马克思博士论文的解读,发掘生态学马克思主义的哲学渊源。他的观点是,马克思通过评价伊壁鸠鲁的原子论,提出了非决定论的唯物主义自然观,从而奠定了生态学马克思主义的理论基础。二是融西方人道主义马克思主义的实践观于自然本体论和认识论为一体,建立起人和自然、社会相互作用的新的哲学本体论,通过这两方面的工作,他建构起了自己的哲学问题和研究范式。"③ 与奥康纳的理论不同,福斯特之所以不用生态学社会主义,是因为以"生态学马克思主义"自居的奥康纳阵营用

---

① J. B. Foster, and P. Burkett, *Marx and the Earth: An Anti-critique*, Boston, MA: Brill, 2016, pp. 239-40.
② 何萍:《生态学马克思主义:作为哲学形态何以可能》,载《哲学研究》2006年第1期。
③ 何萍的观点。参见郭剑仁:《生态地批判——福斯特的生态学马克思主义思想研究》,人民出版社2008年版,序(何萍),第4页。

第五章 福斯特和奥康纳的生态学：马克思主义思想的后续效应和当代意义

"生态学社会主义"替代或遮蔽或否定了马克思主义的"社会主义","生态学社会主义"本质上是对马克思主义的社会主义的重构，不是传统科学社会主义的内容，甚至在某些方面是背离了科学社会主义的精神。相比较而言，第二阶段的生态学社会主义回到了经典历史唯物主义，挖掘并构建了具有生态学维度的唯物史观。第二阶段的生态学社会主义倾向于生态学社会主义本身就是社会主义自身发展的一部分，而不是否定社会主义。

奥康纳和福斯特生态思想分别代表了生态学社会主义的两个阶段，奥康纳代表的是第一阶段的生态学社会主义（非生态学马克思主义），福斯特代表的是第二阶段的生态学社会主义（生态学马克思主义）。他们的生态思想无论从理论出发点、理论发展进路、对生态危机根源的判断，还是提出解决生态危机的路径都有本质的不同。通过分析我们得出结论：作为第一阶段的生态学社会主义代表的奥康纳不能称为生态学马克思主义的代表，他充其量只能称作社会主义者或改良的资本主义者，而不能称作马克思主义者；而作为第二阶段的生态学社会主义代表的福斯特才是生态学马克思主义的真正代表。奥康纳和福斯特对马克思生态思想的不同解读代表了不同的话语体系，其本质是一种对话语权的争夺。

我们对待理论界的新动态、新发展、新概念要报以开放的、包容的态度，正如张一兵教授说的那样："不接受新的概念，恰恰证明人们无法放弃旧有的思维模式。在欧洲近代思想史中，概念和方法论创新的过程是比较自觉和迅速的，思想家比较习惯于汲取自然科学、艺术或其他方面涌现出来的新的概念、新的理解的方式，很迅速地消化和引入自己的研究当中，这已经成了一个惯例。但是，我们民族的传统文化是偏向保守的，加之苏联的斯大林教条主义教科书体系的灌输，研究者习惯于用永恒不变的原有概念和学统。"[①] 以福斯特和奥康纳为代表的生态学马

---

① 张一兵：《构境、塑形与格式塔——访张一兵教授》，载《哲学分析》2014年第3期。

克思主义，他们以敏锐的洞察为我们提供了一个新的视角来分析当代的资本主义，深刻地分析了当下资本主义制度内存在的生态危机，批判性地提出了化解这一危机的建设性路径。

福斯特和奥康纳代表不同的生态学马克思主义研究路向。福斯特的目的是发展一种分析方法，用它来分析资本主义条件下自然和人之所以遭到破坏和剥削的原因，他的研究偏向理论。奥康纳则是着眼于生态学社会主义实践或者说他想找到一条改革资本主义政治制度的现实路径。①目的不同决定了研究方式的不同，福斯特回到马克思主义特别是马克思的经典著作，奥康纳则更多地把眼光投到现实的社会运动实践。

对比而言，无论是从理论的研究目的、研究方式还是理论指向，福斯特的生态学马克思主义思想更加接近于经典马克思主义，而奥康纳的生态学马克思主义似乎走了一条"不同的路"，甚至是偏离了经典马克思主义的路线图。福斯特的理论始终是在经典马克思主义的范围内挖掘、发展和开拓，沿着正统的理论方向，以经典马克思主义思想为依托，深刻剖析马克思之后的资本主义生态现象，试图寻找破解资本主义（全球）生态危机的良方。而奥康纳的理论从一开始就试图"扬弃"马克思对资本主义矛盾论的判断，从自然、劳动、文化三位一体这个前提出发，重新理解生产力、生产关系、生产条件概念，赋予人与自然之间文化、价值上的联系，提出资本主义生态危机的根源是资本主义的第二重矛盾。奥康纳甚至认为马克思提出的生产力决定生产关系，经济基础决定上层建筑已经不再适合于解释当代资本主义的经济危机—生态危机，在当代资本主义社会，传统的资本主义"第一重矛盾"已经让位于"第二重矛盾"。具体到他们对待资本的态度上的差异：福斯特的批判是为了消灭资本，而奥康纳是批判但不消灭资本。奥康纳是想继续保持资

---

① 郭剑仁：《生态地批判——福斯特的生态学马克思主义思想研究》，人民出版社2008年版，第215页。

第五章 福斯特和奥康纳的生态学：马克思主义思想的后续效应和当代意义

本在人类社会中的作用，这就意味着资本主义的本质核心没有被触动。福斯特的生态学马克思主义更多的是采用政治经济学的视角分析，而奥康纳则从政治学或政治哲学视角进行批判。

福斯特的新陈代谢断裂理论揭示了马克思的自然观的唯物主义性质、历史性和科学性。福斯特的生态学马克思主义比奥康纳的生态学马克思主义对我们更有借鉴意义。区别主要在于他们研究的路向不同，奥康纳主要从发达资本主义国家的新社会运动出发来修正马克思主义，而我国的实际国情与发达资本主义是不同的，这局限了奥康纳的学说对我们的理论意义。福斯特主要从马克思和马克思主义思想史出发来重构马克思的相关思想，并且没有忽略对当代资本主义的批判，因此，他的学说对我们的理论意义更大。[①] 福斯特对19、20世纪初的资本主义农业史的梳理和对马克思的新陈代谢断裂理论的建构能为我们思考人与土地关系、人与自然关系、城市与乡村关系及城乡分离对环境和生态的影响等问题提供哲学上的和社会学上的启发。福斯特对当今发达资本主义治理环境生态问题所做的资本主义制度上的思考和批判也可以成为我们的借鉴。[②]

有证据表明，20世纪20年代苏联的生态学在世界上是最先进的。当生态学在西方模式仍然倾向于依赖还原论、线性论和意识形态导向的模式，以适应自然的连续性时，苏联的生态学则率先向更加辩证复杂、动态的、历史的和共同进化的模式发展。但是，随着列宁1924年的早逝，随后的斯大林统治时期，环保主义遭受到与日俱增的攻击，被说成是属于"资产阶级"的东西。到20世纪30年代末，苏联的环保运动已经被彻底扼杀。许多环保思想家遭到清洗，包括布哈林、瓦维洛夫、乌

---

① 郭剑仁：《生态地批判——福斯特的生态学马克思主义思想研究》，人民出版社2008年版，第122页。

② 郭剑仁：《生态地批判——福斯特的生态学马克思主义思想研究》，人民出版社2008年版，第123页。

兰诺夫斯基等。一个最大的讽刺就是，生态因素在苏联经济增长率的急剧下降和 20 世纪 70 年代的停滞开始的过程中起了一种主要的作用。①可喜的是，福斯特认为从中国倡导的生态文明建设中看到了希望。

福斯特指出："马克思深切关注生态限制和可持续性问题"，在马克思的著作中，"完全没有任何迹象表明：他相信与自然的可持续性关系可能随着向社会主义的过渡而自动地出现"。② 这为中国开展生态文明建设给出警示：人与自然的可持续性关系不会因为社会主义的出现而自动出现，所有这一切都需要通过改变生产关系而根本性地改革人类与自然的关系。福斯特说，所有这一切说明，我们需要通过斗争来创造全球性社会，以提升整个自然与人类社会的地位，使自然与人类社会高于资本积累，公平与公正高于个体贪婪，民主制度高于市场经济。我们需要与自然构建新的和谐关系。更为重要的是，我们需要重新思考人类进步的含义。③

第五节　研究两者的生态思想对中国生态文明建设和构建中国形态的生态文明理论的启示

在新的历史时期，我们深刻地意识到：生态就是资源，生态就是生产力。④ 面对生态环境遭遇破坏的日益严重，我们要深刻反思。正如有学者讲道："西方马克思主义的生态学社会主义理论，能为我们如何解决开辟中国道路必然面临的第二对矛盾即人与自然之间的矛盾（生态危

---

① John Bellamy Foster, *The Vulnerable Planet*, Monthly Review Press, 1999, pp. 96 – 101.
② John Bellamy Foster, *The Ecological Revolution Making Peace with the Planet*, Monthly Review Press, 2009, p. 183.
③ John Bellamy Foster, *Ecology Against Capitalism*, Monthly Review Press, 2002, p. 82.
④ 曹新：《生态就是生产力》，载《中国青年报》，2016 年 6 月 6 日第 2 版。

第五章 福斯特和奥康纳的生态学：马克思主义思想的后续效应和当代意义

机的日益加剧）提供启示。"① 福斯特和奥康纳的生态学马克思主义思想为我们揭示了生态危机与资本主义之间的对立。当然，如前所述，他们分别从不同的角度进行了阐发和理论构建。福斯特继承了马克思主义的经典唯物史观的方法论，着重分析了生态危机与资本主义制度之间的矛盾；而奥康纳则独辟蹊径，在否定和重构马克思主义政治经济学经典理论的基础上，提出了资本主义的第二重矛盾，从社会实践路径分析生态危机的解决路径，提出生态学社会主义是化解生态危机的最终归宿。生态学马克思主义者认为，资本的以下两个属性决定了资本在本质上是反生态的：第一是效用属性，第二是增值属性。正是基于以上两个属性，资本对自然界的利用就变得无止境，资本追求的是无限的增值，由此带来的对自然界的破坏也是没有尽头的。那么，按照马克思的生态理论，在当今中国，消除对自然环境日益严重破坏的关键就在于限制资本逻辑。离开了对资本逻辑的限制谈论保护生态环境无疑是缘木求鱼，一句空话。②

福斯特和奥康纳代表不同的生态学马克思主义研究路向。福斯特的目的是发展一种分析方法，用它来分析资本主义条件下自然和人之所以遭到破坏和剥削的原因，他的研究偏向理论。奥康纳则是着眼于生态学社会主义实践或者说他想找到一条改革资本主义政治制度的现实路径。目的不同决定了研究方式的不同，福斯特回到马克思主义特别是马克思的经典著作，奥康纳则更多地把目光投到现实的社会运动实践。

福斯特的生态学马克思主义思想相比奥康纳的生态学马克思主义思想对我们更有借鉴意义。福斯特的新陈代谢断裂理论旨在阐发马克思的

---

① 陈学明：《西方马克思主义研究在当代中国之意义》，载《思想理论教育》2016年第3期，第4—11页。文章中陈学明提出在我们开辟中国道路中，必然要面临的三个矛盾：1. 人与人之间的矛盾（两级分化的日益加剧）；2. 人与自然的矛盾（生态危机的日益加剧）；3. 人自身内部身心之间的对立，人的单向度的日益加剧提供启示。

② 陈学明：《西方马克思主义研究在当代中国之意义》，载《思想理论教育》2016年第3期，第10—11页。

历史唯物主义中的生态意蕴，奥康纳主要从发达资本主义国家的第二重矛盾和新社会运动出发来修正唯物史观，提出建立生态学社会主义，这与我国的实际国情大相径庭，因此，奥康纳的学说与我国的生态文明建设路径相去甚远。福斯特主要基于马克思和马克思主义的经典文本，重构马克思的生态学，而且是针对当代资本主义制度的批判，继承了马克思主义的一贯的社会批判思想，因此，他的学说相对更加接近我国的生态文明建设的现实需求。

福斯特对19、20世纪初的资本主义农业史的梳理和对马克思的新陈代谢断裂理论的建构能为我们思考人与土地关系、人与自然关系、城市与乡村关系及城乡分离对环境和生态的影响等问题提供哲学上的和社会学上的启发。福斯特对当今发达资本主义治理环境生态问题所做的资本主义制度上的思考和批判也可以成为我们构建具有中国特色的社会主义生态思想的借鉴。

正如哥伦比亚大学教授刘易斯·普罗耶克特（Louis Proyect）指出的那样，福斯特在用马克思主义来研究当代环境生态问题时走在了正确的理论道路上，但是任务远未完成。① 福斯特指出："马克思深切关注生态限制和可持续性问题。"在马克思的著作中，"完全没有任何迹象表明：他相信与自然的可持续性关系可能随着向社会主义的过渡而自动地出现"②。这为中国生态文明建设给出警示：人与自然的可持续性关系不会因为社会主义的出现而自动地出现，所有这一切都需要通过改变生产关系而根本性的改革人类与自然的关系。在笔者研读福斯特的相关文献资料时，越发感受到作为一名"公共知识分子"的社会良知，福斯特对人类发展的深刻的人文关怀，对资本主义制度的无情鞭挞和揭露。这些

---

① 郭剑仁：《生态地批判——福斯特的生态学马克思主义思想研究》，人民出版社2008年版，第217页。
② John Bellamy Foster, The Ecological Revolution Making Peace with the Planet, *Monthly Review Press*, 2009, p. 183.

都是值得敬佩的！作为一名身处西方发达国家的左翼学者，福斯特提出的观点是针对资本主义制度的批判，为发展中国家代言，这样的观点和行为是需要理论勇气的。

中国生态学马克思主义哲学的研究应该是既基于中国自身的生态问题，又要有世界眼光，具有普世性，为世界贡献可供参考和复制的中国方案，最终形成和传播中国新哲学。① 我国生态文明建设的最终目标是建设成"蓝天常在、青山常在、绿水常在"的美丽中国②。我们研究国外生态学马克思主义流派的代表人物思想，就是要更好地吸收和借鉴世界范围内优秀的理论成果，从而为落实构建经济建设、政治建设、文化建设、社会建设、生态文明建设五位一体总体布局提供理论支撑，努力构建具有中国特色社会主义的生态思想。

构建中国形态的生态文明理论是立足于中国国情，以马克思主义关于人与自然的思想为指导，吸收中西生态思想（潮）的积极成果，在解决生态文明理论的内在矛盾的基础上实现研究范式和研究主题转换③，为实现中国式现代化和构建人类文明新形态提供理论支撑。

---

① 彭永捷：《中哲、西哲、马哲互动与建立中国新哲学》，载《中国社会科学》2004年第1期，第120—123页。
② 国务院：《水污染防治行动计划》，http：//www.gov.cn/zhengce/content/2015-04/16/content_9613.htm，2016年7月7日。
③ 王雨辰：《论中国形态的生态文明理论构建的方法论问题》，《山西师范大学学报》（社会科学版），2022年第5期，第1—9页。

参考文献

中文文献

著作类

1. 《马克思恩格斯全集》,第21、22卷,人民出版社1965年版。
2. 《马克思恩格斯全集》,第1卷,人民出版社1995年版。
3. 《马克思恩格斯全集》,第30—33卷,人民出版社1995年版。
4. 《马克思恩格斯全集》,第3卷,人民出版社2002年版。
5. 《马克思恩格斯文集》,第1—10卷,人民出版社2009年版。
6. 《马克思恩格斯选集》,第1—4卷,人民出版社2012年版。
7. [德]马克思:《1844年经济学哲学手稿》,人民出版社2000年版。
8. [德]马克思、恩格斯:《共产党宣言》,人民出版社1997年版。
9. [德]马克思:《马克思博士论文:黑格尔辩证法和哲学一般的批评》,贺麟译,世纪出版集团2012年版。
10. [美]约翰·贝拉米·福斯特:《马克思的生态学:唯物主义与自然》,刘仁胜、肖峰译,高等教育出版社2006年版。
11. [美]约翰·贝拉米·福斯特:《生态危机与资本主义》,耿建新、宋兴无译，上海译文出版社 2006 年版。

12. ［加］本·阿格尔：《西方马克思主义概论》，慎之等译，人民出版社 1991 年版。

13. ［美］詹姆斯·奥康纳：《自然的理由——生态学马克思主义研究》，唐正东、臧佩洪译，南京大学出版社 2003 年版。

14. ［加］威廉·莱易斯：《自然的控制》，岳长岭、李建华译，重庆出版社 2007 年版。

15. ［英］达尔文：《物种起源》，周建人等译，商务印书馆 2002 年版。

16. ［苏］尼·布哈林：《历史唯物主义理论》，人民出版社 1983 年版。

17. ［匈］卢卡奇：《历史与阶级意识》，杜章智等译，重庆出版社 1996 年版。

18. ［德］A. 施密特：《马克思的自然概念》，欧力同译，商务印书馆 1988 年版。

19. ［美］D. 梅多斯等：《增长的极限》，商务印书馆 1984 年版。

20. ［美］威廉姆·肖：《马克思的历史理论》，阮仁慧等译，重庆出版社 1989 年版。

21. ［德］霍克海默：《启蒙辩证法》，重庆出版社 1990 年版。

22. ［德］于尔根·哈贝马斯：《作为"意识形态"的技术与科学》，李黎、郭官义译，学林出版社 1999 年版。

23. ［德］汉斯·萨克塞：《生态哲学》，文韦筍等译，东方出版社 1991 年版。

24. ［美］詹姆斯·奥康纳：《自然的理由——生态学马克思主义研究》，唐正东等译，南京大学出版社 2003 年版。

25. ［美］霍尔姆斯·默斯顿：《环境伦理学》，杨通进译，中国社会科学出版社 2000 年版。

26. ［德］狄特·富尔特：《人与自然》，周美琪译，生活·读书·新知三联书店 1993 年版。

27. ［美］唐奈勒·H. 梅多斯等：《超越极限》，赵旭等译，上海译文出版社 2001 年版。

28. ［美］蕾切尔·卡逊：《寂静的春天》，吕瑞兰、李长生译，吉林人民出版社 1997 年版。

29. ［美］巴里·康芒纳：《封闭的循环》，侯文蕙译，吉林人民出版社 1997 年版。

30. 世界环境与发展委员会：《我们共同的未来》，吉林人民出版社 1997 年版。

31. ［美］卡洛林·麦茜特：《自然之死》，吉林人民出版社 1999 年版。

32. ［美］芭芭拉·沃德、勒内·杜博斯：《只有一个地球》，《国外公害丛书》编委会译校，吉林人民出版社 1997 年版。

33. ［美］戴维·佩珀：《生态社会主义：从深生态学到社会正义》，刘颖译，山东大学出版社 2012 年版。

34. ［印］萨拉·萨卡：《生态社会主义还是生态资本主义》，张淑兰译，山东大学出版社 2012 年版。

35. 北大哲学系：《人与自然》，北京大学出版社 1989 年版。

36. 俞吾今、陈学明：《国外马克思主义哲学流派》，复旦大学出版社 1990 年版。

37. 陈学明：《谁是罪魁祸首——追寻生态危机的根源》，人民出版社 2012 年版。

38. 陈学明：《时代的困境与不屈的探索》，黑龙江大学出版社 2000 年版。

39. 何萍：《马克思主义哲学与文化哲学》，武汉大学出版社 2002 年版。

40. 方世南：《马克思恩格斯的生态文明思想》，人民出版社 2017 年版。

41. 郇庆治：《绿色变革视角下的当代生态文化理论研究》，北京大学出版社 2019 年版。

42. 郇庆治：《当代西方绿色左翼政治理论》，北京大学出版社 2011 年版。

43. 王雨辰：《生态批判与绿色乌托邦：生态学马克思主义理论研究》，人民出版社 2009 年版。

44. 王雨辰：《生态学马克思主义与生态文明研究》，人民出版社 2015 年版。

45. 张云飞：《中国生态文明新时代》，中国人民大学出版社 2020 年版。

46. 张云飞：《唯物史观视野中的生态文明》，中国人民大学出版社 2018 年版。

47. 刘大椿：《环境问题：从中日比较与合作的观点看》，中国人民大学出版社 1995 年版。

48. 余谋昌：《生态学哲学》，云南人民出版社 1991 年版。

49. 黄承梁：《新时代生态文明建设思想概论》，人民出版社 2018 年版。

50. 郭剑仁：《生态地批判——福斯特的生态学马克思主义思想研究》，人民出版社 2008 年版。

51. 曾文婷：《"生态学马克思主义"研究》，重庆出版集团 2008 年版。

52. 李明宇、李丽：《马克思主义生态哲学：理论建构与实践创新》，人民出版社 2015 年版。

53. 曾刚等：《我国生态文明建设的科学基础与路径选择》，人民出版社 2018 年版。

论文类

1. 陈学明：《寻找构建生态文明的理论依据——评福斯特对马克思的生态理论的内涵及当代价值的揭示》，《中国人民大学学报》，2009 年第 5 期。

2. 陈学明：《马克思"新陈代谢"理论的生态意蕴——J. B. 福斯特对马克思生态世界观的阐述》，《中国社会科学》，2010 年第 2 期。

3. 陈学明：《西方马克思主义研究在当今中国之意义》，《思想理论教育》，2016 年第 3 期。

4. 何萍：《自然唯物主义的复兴——美国生态学的马克思主义哲学评析》，《厦门大学学报（哲学社会科学版）》，2004 年第 2 期。

5. 何萍：《生态学马克思主义的理论困境与出路》，《国外社会科学》，2010 年第 1 期。

6. 王雨辰：《文化、自然与生态政治哲学概论——评詹姆斯·奥康纳的生态学马克思主义理论》，《国外社会科学》，2005 年第 6 期。

7. 王雨辰：《福斯特的生态学马克思主义理论评析——生态唯物主义哲学的重建与生态政治哲学》，《马克思主义研究》，2006 年第 12 期。

8. 郇庆治：《生态马克思主义的中国化：意涵、进路及其限度》，《中国地质大学学报（社会科学版）》，2019 年 4 期。

9. 郇庆治：《作为一种政治哲学的生态马克思主义》，《北京行政学院学报》，2017 年第 4 期。

10. 郇庆治：《国内生态社会主义研究论评》，《江汉论坛》，2006 年第 4 期。

11. 郇庆治：《西方生态学社会主义研究述评》，《马克思主义与现实》，2005 年第 4 期。

12. 唐正东：《基于生态维度的社会改造理论——利比兹、奥康纳、福斯特的比较研究》，《马克思主义研究》，2009 年第 1 期。

13. 唐正东：《异化的生产方式与资本主义的生态危机——福斯特的资本主义危机论解读》，《南京社会科学》，2015 年第 1 期。

14. 郭剑仁：《探寻生态危机的社会根源——美国生态学马克思主义及其内部争论析评》，《马克思主义研究》，2007 年第 10 期。

15. 郭剑仁：《奥康纳学术共同体和福斯特学术共同体论战的几个焦点问题》，《马克思主义与现实（双月刊）》，2011 年第 5 期。

16. 李庆霞，《福斯特的生态危机理论研究》，《北方论丛》，2014 年第 6 期。

17. 贾学军：《"生态帝国主义"：福斯特对垄断资本主义批判的新视角》，《理论视野》，2013 年第 6 期。

18. 卜祥记，《福斯特生态学语境下的马克思哲学——〈马克思的生态学〉的旧唯物主义定向》，《哲学动态》，2008 年第 5 期。

19. 曾庆娣：《马克思与生态学的关系——评福斯特生态学马克思主义理论的核心问题》，《学术论坛》，2008 年第 3 期。

20. 韩欲立：《自然资本主义还是生态学社会主义——评福斯特与奥康纳之间的生态学马克思主义论战》，《学术月刊》，2010 年 2 月。

21. 周怀红：《生态危机与社会变革——福斯特对资本主义主流经济学家的批判》，《马克思主义与现实》，2012 年第 6 期。

22. 赵成：《福斯特对马克思关于人与自然关系理论的生态唯物主义解读及其启示》，《东岳论丛》，2013 年第 4 期。

23. 赵卯生：《福斯特生态学马克思主义主旨探究》，《中州学刊》，2012 年第 3 期。

24. 赵卯生，《生态学马克思主义主旨探究》，《学术研究》，2011 年第 8 期。

25. 田世锭，《生态危机还是社会危机了——戴维·哈维与约翰·贝拉米·福斯特的生态理论比较》，《社会主义研究》，2013 年第 2 期。

26. 张乐民：《福斯特和奥康纳的生态学马克思主义思想比较探

析》,《河南师范大学学报（哲学社会科学版）》，2014年第3期。

27. 胡莹：《生态唯物主义诠释中的自然、人与社会——论福斯特生态学马克思主义的思想基础》,《学术交流》，2012年第9期。

28. 陈爱华，《福斯特关于超越资本主义生态危机相关方略的道德哲学审思》,《伦理学研究》，2014年第4期。

29. 夏劲：《福斯特对新陈代谢断裂理论的建构及其对我国生态文明建设的启示》,《自然辩证法研究》，2014年第1期。

30. 彭学农：《生产条件与第二重矛盾——论奥康纳的生态学马克思主义理论》,《自然辩证法研究》，2007年第2期。

31. 韩欲立：《自然资本主义还是生态学社会主义——评福斯特与奥康纳之间的生态学马克思主义论战》,《学术月刊》，2010年第2期。

32. 张才国、许红梅：《奥康纳双重危机理论及其得失》,《中共云南省委党校学报》，2014年第4期。

33. 吴苑华：《奥康纳的环境史视界意义探微》,《马克思主义研究》，2013年第3期。

34. 孙晓艳：《保罗·伯克特对奥康纳"环境工业批判"思想的批判与超越》,《天府新论》，2012年第4期。

35. 谢昌飞、韩秋红：《究竟是生产正义还是分配正义——兼谈马克思与奥康纳的区别》,《当代世界与社会主义》（双月刊），2013年第5期。

36. 曾文婷：《生态学马克思主义的乌托邦社会主义理想》,《南京社会科学》，2010年第3期。

37. 陈食霖：《生态批判与历史唯物主义的重构——评詹姆斯·奥康纳的生态学马克思主义思想》,《武汉大学学报（人文科学版）》，2006年第2期。

38. 陈永森：《资本主义生态危机及其出路——评奥康纳的"生态危机理论"》,《科学社会主义》，2008年第1期。

39. 陈永森：《奥康纳"交换价值从属于使用价值"与"抽象劳动从属于具体劳动"思想论析》，《社会主义研究》，2013年第2期。

40. 曲鹏：《马尔萨斯是生态思想家吗？——福斯特对马尔萨斯主义的批判》，《社会主义研究》，2008年第3期。

41. 崔永杰：《福斯特对马克思"新陈代谢断裂"理论的生态学重建》，《社会主义研究》，2013年第2期。

42. 崔永杰：《福斯特对马克思"生态可持续性"思想的论释》，《东岳论丛》，2014年第8期。

43. 胡建：《论生态学社会主义的理论创新——以奥康纳的"重构历史唯物主义"为范本》，《浙江社会科学》，2013年第2期。

44. 隋秀英：《奥康纳与克沃尔生态学社会主义思想比较研究》，《当代世界与社会主义（双月刊）》，2011年第4期。

45. 解保军：《社会主义与生态学的联姻如何可能？——詹姆斯·奥康纳的生态学社会主义理论探析》，《马克思主义与现实（双月刊）》，2011年第5期。

46. 何怀远：《寻求"自然"的历史唯物主义理论空间——奥康纳对传统历史唯物主义的生态学批评》，《南京社会科学》，2004年第12期。

47. 莫放春：《国外学者对〈资本论〉生态思想的研究》，《马克思主义研究》，2011年第1期。

48. 赵凌云：《生态学马克思主义与马克思主义的当代发展——〈自然的理由——生态学马克思主义研究〉述评》，《伦理学研究》，2005年第2期。

49. 马万利、梅雪芹：《生态学马克思主义述评》，《国外理论动态》，2009年第2期。

50. 黄炎平、金雪芬：《论奥康纳的"生态学马克思主义"理论》，《中南大学学报（社会科学版）》，2006年第2期。

51. 华章琳:《自然意义的本质道说——生态学马克思主义对马克思生态思想解读的研究》,博士学位论文,陕西师范大学,2007年。

52. 王喜满:《新陈代谢及其断裂理论——福斯特解读马克思生态学思想的最新视角》,《社会主义研究》,2008年第3期。

英文文献

Works

1. John Bellamy Foster, Brett Clark. *The Robbery of Nature: Capitalism and the Ecological Rift*. New York: Monthly Review Press, 2020.

2. John Bellamy Foster. *The Return of Nature: Socialism and Ecology*. New York: Monthly Review Press, 2020.

3. John Bellamy Foster and Paul Burkett, *Marx and the Earth: An Anti-critique*. Boston, MA: Brill. 2016.

4. John Bellamy Foster. *Ecology against Capitalism*. New York: Monthly Review Press, 2002.

5. John Bellamy Foster. *Organizing Ecological Revolution*. New York: Monthly Review Press, 2005.

6. John Bellamy Foster. *The Ecological Revolution: Making Peace with Planet*. New York: Monthly Review Press, 2009.

7. John Bellamy Foster, Brett Clark, Richard York. *The Ecological Rift: Capitalism's War on the Earth*. New York: Monthly Review Press, 2010.

8. John Bellamy Foster. *Marx's Ecology: Materialism and Nature*. New York: Monthly Review Press, 2000.

9. John Bellamy Foster. *The Theory of Monopoly Capitalism*. Monthly Review Press, 1986.

10. John Bellamy Foster. *The Vulnerable Planet: A Short Economic Histo-*

ry of the Environment . New York: Monthly Review Press, 1999.

11. James O' Connor. *Natural Causes.* New York and London: The Guilford Press, 1998.

12. Paul Burkett. *Marx and Nature.* Lip: Macmillan Press, 1999.

13. William Leiss. *The Domination of Nature.* Boston: Beacon Press, 1974.

14. Reiner Grundmann. *Marxism and Ecology.* Oxford: Clarendon Press, 1991.

15. Frank Benjamin Golley. *A History of the Ecosystem Concept in Ecology.* New York and London: Yale University Press, 1993.

16. Michael a Zimmerman (Edt). *Environmental Philosophy* . Prentice: Prentice Hall Inc, 1993.

17. Howard L. Parsons (Edt). *Marx and Engels on Ecology* , Greenwood Press, London, 1977.

18. Joel Kevel. *The Enemy of Nature.* Zed Books Ltd. 2002 (2).

19. David Pepper: *Eco-socialism: From Deep Ecology to Social Justice*, Routledge, London and New York, 1993.

20. Andre Gorz. *Critique of Economic Reason*, London, Verso: 1989.

21. David Pepper. *Eco-Socialism: From Deep Ecology to Social Justice*, London and York, Routledge, 1993.

22. William Leiss. *The Limits to Satisfaction*, McGill-Gueen University Press, 1988.

23. Joan Martinez-Alier. *The Environmentalism of the Poor: A Study of Ecological Conflicts and Valuation*, Edward Elgar Publishing, Inc. MA, USA, 2002.

Articles

1. John Bellamy Foster. Marx's Theory of Metabolic Rift: Classical Foun-

dations For Sociology, *America Journal of Sociology*, Vol. 105: 2, 1999.

2. John Bellamy Foster. Marx's Ecology in Historical Perspective, *International Socialism Journal*. No. 96, 2000.

3. John Bellamy Foster. Capitalism and Ecology: The Mature of the Contradiction, *Monthly Review*, 2002 (4).

4. John Bellamy Foster. Is it not a Post-capitalist World, nor is it a Post-Marxist One, *Monthly Review*, 2002 (5).

5. John Bellamy Foster. Capitalism and Ecology: The Nature of the Contradiction. *Monthly Review*, 2002 (9).

6. John Bellamy Foster. The New Age of Imperialism, *Monthly Review*, 2003 (3).

7. John Bellamy Foster and Brett Clark, The Paradox of Wealth: Capitalism and Ecological Destruction, *Monthly Review*, 2009 (11), p. 1 – 18.

8. John Bellamy Foster, Marxism in the Anthropocene: Dialectical Rifts on the Left, *International Critical Thought*, 2016 (3).

9. James O'Connor. Marx's Ecology or Ecological Marxism, *Capitalism Nature Socialism*, Vol. 12, Iss. 2. 2001.

10. Stewart Rosswan. Marxism, the Second Contradiction and Socialist Ecology, *Capitalism Nature Socialism*, 1997 (2): 99 – 120.

11. Michael Lowy. From Marx to Eco-socialist. *Capitalism Nature Socialism*. 2002 (3).

12. Paul Burkett. Natural Causes: Essays in Ecological Marxism-Review. *Monthly Review*, 1999 (2).

13. Paul Burkett. Marx's Ecology and the Limits of Contemporary Eco-socialism, *Capitalism Nature Socialism*, 2001, Vol. 12, Iss. 3.

14. Paul Burkett. Fusing Red and Green, *Monthly Review*, Vol. 50: 9, 1999.

15. Paul Burkett. Marx's Ecology and the Limits of Contemporary Eco-socialism, *Capitalism Nature Socialism*, Vol. 12: 3, 2001.

16. Paul Burkett, Marxism and ecology a comment on Lipietz, *Capitalism Nature Socialism*, 2002, 11: 2, 90 - 96.

17. Alan Rudy. Marx's Ecology and Rift Analysis, *Capitalism Nature Socialism*, Volume 12, Issue 2, 2001.

18. Maarton Kadt, S. E. Mauro. Failed Promise, *Capitalism Nature Socialism*, 2001, Vol. 12, Iss. 2.

19. Costas Panayotgkis. Nature, Dialectics and Emancipator Politics, *Capitalism Nature Socialism*, 2001, Vol. 12, Iss. 2.

20. Joel Kovel. Materialism Worthy of Nature, *Capitalism Nature SociaLism*, 2001, Vol. 12, Iss. 2.

后　记

　　时光荏苒，岁月如梭，一眨眼十年的时间已过，我现在回忆起来却也历历在目。这本《生态批判与生态唯物史观：福斯特与奥康纳的生态学马克思主义思想比较研究》是我在 2017 年的博士学位论文的基础上修改而成。回想 2012 年刚入学之初，我和同学一同上课，一同讨论学术问题，一同分析彼此的学习感悟。一路走来，既有许多欢笑也有刻骨铭心的焦虑和努力。由于是在职攻读博士学位，我面对的最大的困难是如何平衡工作和学习的关系，如何利用和争取有限的时间，如何提高自身的学习效率。面对同学一个一个先后提前或按时顺利完成学业，我的心里不免有些焦虑和无形的压力。只有充分利用好平时有限的碎片化时间和每年的寒暑假，我才能够相对集中地思考学术问题和研读相关的文献。幸运的是，我在通过邮件多次联系被研究者——约翰·贝拉米·福斯特教授后，终于收到了他的回信，令我深受鼓舞，促使我有信心继续完成相关研究。

　　回首往事，我首先要感谢的是我的导师欧阳光明教授，无论从最初的选题还是中期考察，直至最后的答辩，欧阳老师都无微不至地教导和指点我。往往一个问题，我要思考很久不得结果，欧阳老师总能醍醐灌顶式地点醒我，使我能够瞬速地拨云见日，重新整理好自己的思路。在论文写的最辛苦的时候，是欧阳老师的鼓励和支持使我有了坚持的力量，顺利地完成了论文的写作。师恩浩荡，我将永生不忘。

感谢陈新汉教授，他是我的硕士研究生导师，他那有如父爱般的关怀使我心存感激，他的治学精神是我学习的榜样。感谢哲学系杨庆峰教授，正是在他的鼓励之下，我才勇敢地联系福斯特。感谢周丽昀教授，在她的鼓励和帮助下，我的英语水平和研究能力有了较大的提高。

感谢宁莉娜教授、吴德勤教授、张丹华教授、刘铮教授、杨秀君教授、彭学农副教授等，他们在我论文开题和预答辩过程中给予我宝贵的意见和建议。

感谢中南财经政法大学的王雨辰教授和郭剑仁教授，他们对我的论文提出了宝贵的建设性的修改意见。

感谢复旦大学肖巍教授、吴海江教授，南京大学蓝江教授，华东师范大学吴冠军教授，上海应用技术大学李国娟教授，上海立信会计金融学院孙玉良教授，他们或参与我的论文答辩，或作为评阅人，不仅给予我巨大的鼓励和宽容，而且还提出了我进一步研究的方向。

感谢约翰·贝拉米·福斯特教授热情地、及时地回复我的诸多疑问，并推荐相关文献和成果供我开展研究。最主要的是，他的鼓励和热情使我体会到做好相关研究的重要意义。

感谢上海大学给予我在职攻读博士学位的机会，感谢我的同事和领导多年来给予我的帮助和支持，感谢他们对我的包容。

感谢我现在的工作单位——上海对外经贸大学马克思主义学院对本专著的出版资助。感谢各位领导和同事的支持和帮助。

感谢中央编译出版社的郑永杰和刘溪两位编辑老师和他们的同事，正是有了他们认真负责、细致入微的专业精神才使得本书的面世。

最后，我要感谢我的妻子、岳父母、父母，是他们在过去十年的时间里任劳任怨，从不给我压力，并且在我失落和苦恼的时候及时给予我鼓励和支持。